JN437096

All About VEGAN

비 건

2nd ed.

상 헌

도서출판 두남

서문

Preface

비건은 동물해방에 관한 이야기다.

활동가로서 거리에서, 채식주의 강의 및 비거니즘 강연, 줌zoom을 통해 만났던 국내외 수천 명, 그리고 특강을 들었던 수만 명의 사람들이 궁금해 하였던 내용을 책으로 정리하고 싶었다.

채식 관련 비거니즘에 대해서도 시간이 모자랄 정도로 질문을 받아왔다. 지금도 이야기가 이어지지만 현대의 삶에 바쁜 사람들과 충분한 시간으로 소진하는 토의는 드물다.

비거니즘veganism은 단순한데 질문은 많다. 요즘은 어린이도 동화책으로 이해하는 상식 같은 사상(ism)이다. 보통의 '이즘ism'은 이론이 복잡하거나 때로는 추상적이라 이즘끼리의 이해부족은 의견 충돌과 심지어 전쟁에 이르게도 한다. 이에 비해 비거니즘은 지금까지 숨겨져 왔던 진실에 대해, 누구든 조금만 생각해도 알 수 있는 상식이다.

이 책에서는 현대의 도덕 기준으로 생각하는 비거니즘을 통해 우리가 진실에 대해 덜 생각했던 상식들을 전한다. 이러한 상식과 새로운 생각은 한 인간으로서의 삶에서도 명확한 판단을 할 수 있게 도와준다. 이제는 느끼는 고통 속에 죄없이 죽어가는 동물을 위해서나, 바로 다음 세대가 살아야 하는 보금자리 지구를 위해서나, 더 이상 진실TRUTH*에 대해 외면하기는 어려운 시대이다. 그 동안 우리가 알았어야 하는 진실은 누군가의 이익을 위해 가려져 있었다.[1)]

살면서 다음과 같은 간단한 생각을 해 본 적이 있는가.

소고기는 어떻게 식탁까지 왔을까/ 내가 우유를 마시면 송아지는/ 왜 고기의 얼굴은 우리와 비슷할까/ 내가 닭을 죽여 치킨으로 먹을 수 있을까/ 도축장은 어디에 숨어 있나/ 구제역 살처분(대량 학살)을 멈추는 방법은/ 지구가 보는 인간은 무엇일까/ 동물의 시체가 고기인가/ 물살이(물고기)도 우는가/ '가축'은 우리가 무엇으로 보일까/ 나는 동물을 정말 사랑하는가.

2023년 초

인간이 같은 동물을 죽이지 않는 시대와

비건 활동가들을 위해

* 동물권 활동단체 AV에서 대문자 'TRUTH(진실)'는 동물학대의 실상을 알리는 상징과 표식으로 쓰인다.

Enhanced Edition

인간의 어두운 부분에 진실truth이 있다.
그 진실은 오랜 시간 분명한 고통이 존재하였음에도
암흑으로 보이지 않았고 외면할 수도 있었다.

이제 세상은 비거니즘veganism으로 그 어둠을 걷고 있다.
진실을 보고 진정한 휴머니즘으로 살든 여전히 기피의 삶을 살든, 훗날 역사는 그 삶을 명확히 평가해 줄 것이다.

아직도 동물의 고통을 증명하는데 과학이 있어야 하는가.
아직도 죄 없는 생명의 목을 자르는 일에 도덕이 필요한가.
우리는 우리였던 사람들을 위해 오늘도 동물해방을 이야기한다.

2024년 초여름
동물해방을 이루는 비건 세상을 꿈꾸며

차례

Contents

정의 베지테리언과 비건은 다르다 12

분류 의미 없는 채식의 종류 20

생활 비건끼리만 키스한다고 33

이유 활동가는 왜 시끄러운가? 42

역사 사유하는 채식 철학자들 52

연구 육식에 대한 도덕적 논쟁, 2017 64

분포 당신 옆에도 비건이 있나요 68

변화 비건 세상이 되어가다 74

비난 불편한 비건들 80

우유 아기 송아지는 뭘 먹니? 85

단체 동물해방 모의작당 94

건강 육체의 배신 102

연구 채식과 건강, 1999 114
연구 처음부터 비건이 아니었다, 2014 117
고기 죽은 동물입니다 125
내 새끼 동물을 사랑한다는 착각 130

유기 모으고 버리고 148
연구 고양이 채식에 관한, 2021 158
흔적 탕아의 시대 161
반출생 태어나지 않았어야 173

학대 우리가 무슨 죄를 지었나요 182
증언 도축인이 찾은 행복 209
공감 갈치구이 214
중독 쾌락한 요리 218

관계 비건섹슈얼리즘 226
가치 그림 1,000억 원 233
구조 출구 없는 뫼비우스의 길 239
개만 고양이도 먹어요 245

86% 고기 먹는 채식주의자 254

경고 비건의 죽음 259

비질 같은 죽음 다른 슬픔 264

역설 육식의 심리학 269

종교 신은 이미 죽었다 276

옛일 나의 과거를 묻지 마라 280

논쟁 굴 먹는 비건 285

인물 리처드 라이더 290

해탈 해방된 자아 298

철폐 반려 생활 303

일상 자질구레한 이야기 308

한국 차별로 사라진다 321

대화 비거니즘, 채식주의가 더 궁금하면 362

맺음말 406

각주 외 참고자료 407

찾아보기 410

V E G A N

VEGAN

- **정의** 베지테리언과 비건은 다르다
- **분류** 의미 없는 채식의 종류
- **생활** 비건끼리만 키스한다고
- **이유** 활동가는 왜 시끄러운가?

정의 베지테리언과 비건은 다르다

이제 비건을 모르는 사람은 드물다.[1)]

그런데 베지테리언, 비건, 채식주의자, 채식인, 비건지향, 페스코, 락토, 오보, 플렉시 등의 정확한 의미와 사회적 가치는 무엇일까?

국내에서도 용어들이 많이 알려졌지만 혼란스러운 부분도 있다. 동물권리의 시각에서 명확한 조작적 정의operational definition[2)]를 설정하였다.

♣ 베지테리언vegetarian: 채식인[3)]

(한국에서) 채식주의자[4)]라 한다.

1) 불과 7년 전의 동물해방활동에서는 비건의 뜻을 아는 사람이 1% 정도였으나, 이젠 모르는 사람의 비율이 되었다.

2) 본문의 주요 단어에는 추가 정보검색의 편리를 위해 영문표기도 붙였다.

3) Vegetarian이 채식주의자로 쓰이지만, 단어에 '주의자'라는 철자가 없으므로 채식인으로 번역함이 적절하다.

- 주로 건강을 위한 수단으로 채식 위주의 식사를 하는 사람이나 동물
- 동물 착취 대상인 우유와 계란 등을 섭취하므로 동물 배려는 아니다.

♣ 베지테리어니즘vegetarianism: 채식주의

잘 쓰지 않는 용어로, 건강을 위해서 채식 위주의 식단을 선호하는 생각이나 사상

♣ 비건vegan: 동물해방주의자

(한국에서) 엄격한 채식주의자

- 동물해방을 위해 모든 동물식과 동물 착취유래 상품을 거부하는 사람
- 비건은 비건 음식이나 친환경 생활을 뜻하기도 한다.
- 동물해방은 갇혀 있는 동물을 풀어준다는 의미와 더불어 모든 동물을 인간의 착취에서 벗어나게 함을 의미한다. 따라서 동물사랑과는 다름이 크다.

♣ 비거니즘veganism: 동물해방주의, 자연환경주의

- 동물해방, 자연환경을 지향하고 그 결과로 건강도 유지한다.
- 채식은 동물해방의 수단과 동시에 결과이지만 목적은 아니다.

---

4) 비건에 대한 인지도가 낮았던 초기에는 비거니즘을 이해하기 쉬운 '채식주의'로 전달하였다.

♣ 비거니스트veganist

- 동물해방활동가, 비건활동가vegan activist
- 인류의 비건생활 및 동물해방, 지구환경을 위해 기획, 실행하는 활동가

♣ 비건지향vegan-oriented

- 간헐적 육(잡)식인이지만 비건을 향해 실천 중인 사람이나 상태
- 비건지향으로 자신을 표현하는 비건들 즉 자연을 떠난 인간은 현대의 사회환경에서 이론상 완벽한 비건생활이 불가능하다. 따라서 불완전한 비건이므로 스스로 비건지향이라고도 한다. 적극적으로 비거니즘을 실천한다는 의미에서 비건지향은 비건과 같다. 불완전한 비건은 소홀한 비건이 아니라 인간으로서 의식할 수 없는 상태나 실수 등에 의해 매우 드물게 논비건non-vegan이 됨을 의미한다.

♣ 베지탤리언Vegetalian

'비건식을 하는 사람들'이란 뜻으로 프랑스어 Vegetalien, Vegetalienne에서 유래하였다. 베지테리언과 달리 닭의 알, 메추리알 등 난류나 우유, 치즈 등 유제품을 먹지 않고, 동물유래식품인 꿀이나 젤라틴도 피한다. 완전 채식을 하나 비건과 다른 점은 동물착취(승마, 노동 등)나 동물의 고통(실험, 모피 등)을 외면하고 동물해방에의 관심은 적거나 없다. 채식의 목적은 베지테리언과 마찬가지로 자신을 위한 건강식이다.

♣ 프리건freegan

프리건은 없음free과 비건vegan의 합성어로 잘 사용하지 않는 용어다. 1990년대 중반에 생겨난 프리거니즘freeganism을 근본으로 특히 음식물 쓰레기 등을 회수하여 재사용한다. 즉 쓰레기통에 버려진 음식물을 찾아 먹기도 한다는 뜻이다. 현대의 인간이 버리는 음식은 생산량의 1/3 이상이다. 과도한 생산에 따른 환경오염과 토지황폐화에 대한 저항사상이다. 따라서 소비로 이어지는 경제생활을 가급적 회피한다. 프리비건은 홈리스homeless 노숙자와는 무관하다.

국내외 비건들이 식당에서 남들이 먹다 남긴 음식도 가져온 통에 담아가는 행동도 같은 사상이다. 보통 일주일 단위로 식단 계획을 짜 음식 쓰레기를 극소화하는 비건들도 흔하다.

♣ 마이크로비건micro-vegan

최근에 Dr. Vegan 등에서 세부적으로 나눈 비건의 종류다. 비건을 상황별로 흥미롭게 나누었지만 주로 먹거리에 집중하고, 동물 노동착취 등에 대한 고찰보다는 인간중심의 시각이 많다. 비건은 그냥 단순히 비건이다. 따라서 가벼운 상식으로 즐기면 될 듯하다.

- 6시비건VB6[5]: 매일 저녁 6시까지만 엄격한 비건 식단을 실천한다.
- 계란비건Veggan[6]: 고기와 유제품은 먹지 않지만 건강을 걱

---

5) VB6Vegan Before 6는 New York Times 칼럼니스트인 마크 빗맨Mark Bittman의 저서로 사람들이 여유롭게 비건식단을 따를 수 있도록 쉬운 요리를 소개한 책의 제목이다.

정하며 자연방사계란은 먹는다.

- 생식비건Raw Vegan: 식물식 비건으로 식재료를 화씨 105°(섭씨 41°) 이상으로 요리하지 않는다.
- 식단비건Dietary Vegan: 고기, 유제품, 계란 등을 먹지 않는 비건이란 뜻으로 식단에 초점을 맞추었다.
- 식물식비건Plant-Based Vegan: 모든 가공 식품을 피하고 콩이나 견과류 같은 통곡물을 선택하는 비건이다. 채소와 과일도 당연히 포함한다.
- 여행비건Travel Vegan: 여행시 현지의 음식 문화에 맞추기 위해 식단 제한을 포기한다.
- 윤리비건Ethical Vegan: 식단비건과 유사하지만 동물 성분에 매우 주의한다.
- 주중비건Weekday Vegan: 주중에는 비건식단을 따르지만 주말에는 원하는 음식을 제약없이 먹는다.
- 파리비건The Paris/편의비건Convenient Vegan: 비건옵션이 없는 식당에서는 편의상 베지테리언식단을 먹는다.
- 현실비건Virtual Vegan: 음식에 피하고자 하는 우유나 알레르기 성분의 흔적이 있더라도 무시한다.
- 환경비건Green Vegan: 식단에서 팜오일 등 환경도 살핀다.

6) 가짜 비건 비깐Veggan들은 "모든 계란은 평등하게 태어나지 않았다. Not all eggs are created equal."를 주장하며 건강을 위해 동물복지계란을 섭취한다. 따라서 오보Ovo채식인이다. 사실 많은 닭들을 가두어 두며 산란촉진제, 항생제, 살충제 등으로 키우고 죽이는 현실에서 '동물복지'는 상업용 광고에서 이용하는 마케팅 도구에 불과하다(학대 장의 인도적 도살 참고).

♣ 정크비건junk-vegan, junk-food vegan

공장에서 만드는 비건식품을 주로 섭취하는 비건

- 가끔 쓰이는 용어지만 비건들의 건강을 위해서 주의해야 하는 부분이다. 햄버거 등 패스트푸드fast foods를 junk food(쓰레기 음식)라 부르는 것처럼 자연농산물이 아닌 공장이나 실험실에서 가공된 식품으로 색소와 방부제 등 수십 가지의 비자연물질이 첨가되어 유의해야 한다.
- 비건 식재료로 만들었지만 과도한 포장이나 플라스틱 등 환경오염 물질이 포함되면 논비건non-vegan이다.

♣ 비거니즘veganism의 주요 사상

- 비건들의 철학인 비거니즘의 주요 사상은 모든 부당한 차별에 저항함 그리고 실천을 통한 개선함이다.
- 국적nationality, 사회계급(계층)class, 사회제도social customs, 성정체성sexual identity, 언어language, 정치성향political identity, 종교religion, 직업profession, 피부색skincolor 등과 여기서 파생한 국수주의nationalism, 지역주의(지역차별)regionalism,[7] 계급주의(계층차별)classism, 연령주의(나이차별)ageism,[8] 동성애차별(공포증)homophobia, 민족말살genocide,[9] 성차별sexism, 인종차별

---

7) 지역을 차별하는 사상이다.

8) 연령주의agism, ageism는 나이에 대한 차별이다. 1969년 로버트 버틀Robert Neil Butler가 주로 노인층과 젊은 층을 언급하며 정의한 용어다. 모든 차별은 집단에 따라 크게 3계층이 있다. 개인에 의한 개별차별individual, micro-level, 사회에 의한 일상차별social networks, meso-level, 그리고 기관과 문화에 의한 전체차별institutional and cultural, macro-level이다. 마지막 단계는 노예제도, 반상제도처럼 차별이 합법인 상태다.

racism, 자본주의(빈부차별)capitalism, 종차별speciesism,[10] 트랜스젠더차별(적대적 태도나 감정) transphobia 등 사회의 관습과 편견, 그리고 법에 의한 부당한 차별에 대한 저항 사상이다.

특히 종차별에 대한 비거니즘은 인간의 욕심을 충족하기 위해 불필요하게 구속하여, 고통을 받고 있는 수많은 동물들의 사육을 철폐하고, 지금 당장 동물해방과 지구환경을 실천하자는 사상이자 활동이다.

위키피디아에서는 비거니즘을 "특히 식단에서 동물성분의 사용을 절제하는 행위이며, 동물들의 상품화 거부와 관련된 철학적 협의로 정의하고 있다.

Veganism is the practice of abstaining from the use of animal products, particularly in diet, and an associated philosophy that rejects the commodity status of animals.

◑ 나는 인간의 권리와 더불어 동물들의 권리도 지지한다. 모든 인류가 가야 할 길이다.

I am in favor of animal rights as well as human rights. That is the way of a whole human being.

— 에이브러햄 링컨Abraham Lincoln

9) '대량학살'로 주로 민족, 인종이 대상이다.

10) 현재의 비거니즘은 종차별이 핵심 저항대상이다. 혹시 개고기는 기겁하고 초밥은 좋아한다면 왜 그럴까.

◑ 동물에 대한 동정심은 선한 인격체에 가깝다. 마찬가지로 동물에게 잔인함은 선한 사람이 될 수 없음을 확신한다.

Compassion for animals is intimately associated with goodness of character, and it may be confidently asserted that he who is cruel to animals cannot be a good man.

— 애서 쇼펜하우어Arthur Schopenhauer

◑ 비거니즘, 고통을 느낄 수 있거나 두려워 하고 죽기 싫어하는 것들을 먹기 싫음이다.

Veganism, because I don't eat anything that can suffer pain, be afraid and don't want to die.

◑ 비거니즘은 식단, 라이프스타일, 소비자의 선택이 아니라, 비폭력과 착취의 폐지abolition of exploitation를 위한 실천이다.

— 게리 프란숀Gary L. Francione

분류 의미 없는 채식의 종류

물고기도 안 먹어요? 곤충은요?
활동 중에 수백 번은 들은 질문이다.
대답은 간단하다. (네...)

채식인들을 '고기를 먹지 않는 사람', 심지어 '풀만 뜯는 사람'으로 생각하지만 알려진 대로 다양한 유형이 있다.

그런데 저마다 다양한 채식의 이유가 있겠지만, 식단으로 나눈 채식주의자 혹은 채식인은 논리 혹은 상식으로도 어색하다. 인간의 식탁을 위해 죽이는 동물의 수와 양을 줄이는 채식인은 의미가 있지만, 수만 줄이고 양은 그대로라면, 혹은 양을 줄이고 수는 그대로라면 채식이 아니라 그냥 육식 혹은 잡식이다. 계란(난류)과 우유(동물유), 특히 생선(물살이)과 닭(조류)이 채식으로 분류되는 비상식은 분명히 저항할 필요가 있다. 따라서 기존의 상업적 분류를 합리적으로 분류해 보았다.

▌채식단의 유형과 채식인의 분류▐

1 소 2 돼지 3 닭(조류) 4 어류 5 난류egg 6 동물유milk
7 채소(해조류 포함) 8 과일 9 곡물 0 견과류

기존의 상업적 채식인 분류 Current Commercial Vegetarian Classification (CCVC)	합리적 채식인 분류 Rational Vegetarian Classification (RVC)	
프루테리언fruitarian 87 비건vegan 7890	비건 Vegan	비건 (로비건)
로비건raw vegan 7890 오보ovo 5+7890 락토lacto 6+7890 락토오보lacto-ovo[11] 56+7890	채식인 Vegetarian	프루테리언 오보 락토 락토오보
폴로pollo(tarian) 356+7890 페스코pesco, pescatarian 456+7890 세미semi 123456+7890 플렉스테리언flexitarian 123456+7890	잡식인 (육식인) Omnivore (Carnist)	폴로 페스코 세미 플렉스테리언

♣ 비건식Vegan-diet, 로비건Raw Vegan

비건의 식단은 채소, 과일, 곡물, 견과류로 구성된다. 아시아에서는 곳곳의 바다 덕분에 김, 다시마, 미역, 파래, 톳 등 다양한 해조류도 추가된다.(상세한 식단은 '생활' 장 참고)

로비건은 비건이지만, 식재료를 가열하지 않거나 저온으로만 가열하여, 동물처럼 자연상태로 섭취하는 차이가 있다.

11) lacto와 ovo는 각각 라틴어 lac(milk)과 ovum(egg), pollo와 pesco는 각각 스페인어와 이태리어 polo(chicken)와 pesce(fish)에서 파생.

♣ 프루테리언Fruitarian (과식인, 과일식인)

과일은 자연이 만들어 주는 가장 완벽한 음식으로 모든 동물들이 좋아한다. 과일나무는 번식 목적으로 씨를 품은 과일을 만들고 채취 시점을 색깔과 크기, 향기로 동물에게 알려준다.

프루테리언의 의미는 과일을 먹는 사람이지만, 보통 과식수와 같이 약 80%~90%의 과일과 10~20% 정도의 채소, 견과류 등을 섭취한다.

프루테리언과 유사한 식사를 하는 동물을 과식수(果食獸, frugivore)라 하는데, 전체 포유동물의 약 20%이다.[12] 이들 초식동물은 자연상태의 과일과 채소를 먹는다(가둬놓고 풀만 주는 소나 말, 그리고 음식물 쓰레기를 먹이는 돼지도 사실 과일을 매우 좋아한다). 알다시피 과일나무와 과식동물의 관계는 상리공생mutualism으로 동물이 먹은 과일 씨는 파괴되기도 하지만 넓게 퍼뜨리는 역할을 한다. 드물게 모든 종류의 씨를 먹지 않는 채식주의 사상도 있는데, 자연을 위해 씨의 DNA를 보존하기 위함이다.

현대 인간에게 과일식이 중요한 다른 이유는 신선한 과일 및 채소에 포함된 많은 수분이 생수나 수돗물보다 자연에 의해 만들어진 완벽한 물이라는 점이다.[13] 이를 겔워터gel water[14](H_3O_2, 끈

12) Danell, Kjell; Bergström, Roger. "Mammalian herbivory in terrestrial environments". In Herrera, Carlos M.; Pellmyr, Olle (eds.). Plant-Animal Interactions: An Evolutionary Approach. Blackwell Publishing, February, 2002.

13) 환경오염 물질인 플라스틱이 포함된 생수의 파급으로 해양심층수도 다시 등장하고 있다. 한국은 지형적으로 해양심층수를 생산할 수 있는 5~6개국 중 하나이다.

적한 성질의 물)라고도 하는데, 인체 세포에 필요한 알칼리성 영양소가 완벽하게 포함되어 있으며, 물은 인체에 흡수되기 위해서 변환과정을 거쳐야 하지만 겔워터는 인체의 물성분과 유사하여 흡수가 용이하다는 주장이 있다.

프루테리언은 비건보다 엄격한가.

최근 페이스북 프루테리언그룹[15]에서 이루어진 채식의 동기에 관한 조사에서 약 100명의 과식인들이 답하였는데, 대부분이 몸의 독소제거detox, 질병치료, 식습관개선, 건강, 감정이나 느낌vibration을 동기로 들었다. 가끔 프루테리언들은 몸의 독소를 제거하는 목적으로 금식fasting도 한다.

비건그룹의 토의나 전달내용은 대부분 동물권리와 지구환경에 관한 정보로 이루어지는데 반해, 1만7천명 이상[16]으로 이루어진 프루테리언그룹을 수 개월간 분석한 결과, 지구환경이나 동물권리 및 해방에 대한 언급은 찾기 어렵다. 과일식에 관심이 있는 비건들도 다수 포함되어 있으나 주로 먹거리와 건강에 집중하는 모습이다. 따라서 건강이 목적인 과일식은 비록 식단은 비건식의 요건을 충족하나 동물해방 비거니즘과는 상관성이 낮다.

---

14) 2021년 Gerald Pollack이 명시한 네 번째 형태의 물로서 살아있는 물living water 혹은 육각수Hexagonal water라고도 한다. Gel water에 대한 상세한 연구가 축적되지 않아, 자료를 통해 개인이 판단할 문제이지만 자연이 선사하는 물임에는 틀림이 없다. 과일의 수분 함유량은 보통 70~90%이다.

15) Facebook THE FRUITARIAN GROUP

16) 참가자 수가 지금도 늘고 있다.

프루테리언을 선호하더라도 현실에서 실천하기 어려운 이유는 경제적 요인이다. 과일식은 수박과 바나나 이외에도 다른 계절과일을 포함하는데 가격 때문에 실행이 어렵다. 과일식은 생각보다 하루 섭취량이 많아 과일의 종류가 다양하고 싼 국가에서 가능하고, 100% 과일식으로 사망한 사례들도 있어 주의할 필요가 있다.

프루테리언들이 주장하는 몸의 변화를 요약하면 다음과 같다.

과일식의 장점으로 대부분 초기 수개월 동안 디톡스 과정을 거치면서 체취가 사라지고, 피부보습효과, 체온증가, 정서적 안정, 신체생기가 나타난다. 그리고 과일은 섬유질과 강력한 항산화물질로 구성되어 몸의 염증을 낮추어 암 발생위험, 소화기 질환, 심장병의 위험을 낮춘다.[17)]

♣ 오보 베지테리언Ovo-vegetarian

비건식단에 계란 등 동물의 난류(여러 종류의 알)가 추가된다. 동물의 알은 완전한 영양소라는 믿음[18)]과 피트니스에서 몸 만들기 등 특수목적으로 사용한다.

♣ 락토 베지테리언Lacto-vegetarian

비건식단에서 소, 염소, (산)양 등의 젖과 여기서 파생한 버터, 분유, 연유, 요구르트, 유청, 치즈, 크림 등을 포함한 식단이

17) Fruits are packed with fiber and powerful antioxidants that can help lower inflammation in the body and reduce the risk of cancer, digestive diseases and heart disease (www.medicalnewstoday.com)

18) Ovo-vegetarianism 건강을 위해 동물 알을 먹어야 한다는 생각과 사상.

다. 락토는 육식에 의한 비만[19]을 피하고자 18세기 초 인디아에서 만들어진 식단으로 알려져 있다.

♣ 락토오보 베지테리언Lacto-Ovo vegetarian

비건식에 난류와 동물의 젖이 추가된 전형적인 채식인 식단이다. 거의 모든 빵이나 과자, 케이크 등의 섭취가 가능하므로 비건보다 외식생활에서 많이 자유롭다.

♣ 폴로Pollo, 폴로테리언Pollotarian

소, 돼지 등의 빨간색 고기를 제외한 닭, 새, 오리, 터키 등 가금류와 우유, 계란을 먹는 사람이다.[20] 폴로주의pollotarianism는 동물에서 단백질을 섭취해야 한다는 믿음[21]에서 비롯된다.

가금류와 더불어 어류까지 식단에 포함하면 페스크폴로테리언Pesce-pollotarian으로 부른다. 육식을 하지만 종을 제한한다는 의미에서 다음의 페스코와 함께 세미베지테리언semi-vegetarian으로 정의[22]한다.

♣ 페스코Pesco, 페스카테리언Pescatarian

채식과 어류를 섭취하는 '채식인'이다. 비건활동에서 "물고기

19) Spencer, Colin, The Heretic's Feast. A History of Vegetarianism, London, Fourth Estate, 1993: 69-84.

20) Chakrabarty, Kaveri; Chakrabarty, A. S., Textbook of Nutrition in Health and Disease. Springer, 2019: 296.

21) Lagua, Rosalinda T; Claudio, Virginia S., Nutrition and Diet Therapy Reference Dictionary. Chapman & Hall, 2012: 356.

22) Green, Marilyn L; Harry, Joann, Nutrition in Contemporary Nursing Practice. Wiley, 1981: 205.

도 안 먹어요?"라는 말을 자주 듣는다. 우리는 관습대로 생각 없이 물에 사는 생명들을 고기라 한다. 하지만 동물권에서는 대신 물살이, 바다살이로 부른다. 물에서 살아가는 존재라는 뜻이다. 제주살이나 타향살이처럼.

페스코를 채식인이라 할 수 있을까. 소고기와 물살이 대신에 물살이를 두 번 먹는다면 어떤 다른 의미가 있는가. 물살이와 채소의 합은 그냥 육식이다.

한 연구[23]에 따르면 어류식pesco은 잡식보다 탄소발자국carbon footprint을 45% 절감한다. 이를 지지하는 선행 연구들[24][25]도 있다. 탄소발자국의 절감이 일부 페스코들의 어류식에 대한 변명이 될 수 있지만, 물살이도 고기가 아니라 사람과 똑같은 감정이 있는 지구의 생명체이다. 그런데 현세대는 바다생물의 90%[26]를 먹어 치웠다. 자연생물이 사라지면 생태계의 파괴로 바다가 사망한다. 학자들은 이 시점을 2048년쯤으로 계산하고 있다.

책 '물고기는 알고 있다'[27]는 여러 검증된 이야기를 들려준

---

23) Magkos, Faidon; Tetens, Inge; Bügel, Susanne Gjedsted; Felby, Claus; Schacht, Simon Rønnow; Hill, James O; Ravussin, Eric; Astrup, Arne, A Perspective on the Transition to Plant-Based Diets: a Diet Change May Attenuate Climate Change, but Can It Also Attenuate Obesity and Chronic Disease Risk?, Advances in Nutrition, 11 (1), Jan. 1, 2020: 1-9.

24) Tilman, David; Clark, Michael, Global diets link environmental sustainability and human health, Nature, 515 (7528), Nov. 1, 2014: 518-522.

25) Scarborough, Peter; Appleby, Paul N.; Mizdrak, Anja; Briggs, Adam D. M.; Travis, Ruth C.; Bradbury, Kathryn E.; Key, Timothy J., Dietary greenhouse gas emissions of meat-eaters, fish-eaters, vegetarians and vegans in the UK, Climatic Change, 125 (2), July 1, 2014: 179-192.

26) 대형과 중형 어류 기준.

다. 당연히 물살이도 감정이 있으며 고통을 느끼고 소통언어도 무려 네 가지나 된다. 어항에 갇힌 붕어는 밥 달라고 돌을 물어 유리를 두드리기도 한다. 잡힐 때는 당황해서 발버둥치거나[28] 조용히 우는 물살이도 있다. '물고기'도 알고 있고 이를 본 낚시꾼들도 있다. 요즘은 인간에게 잡혀 온 돌고래가 눈물을 뚝뚝 흘리는 동영상도 쉽게 찾을 수 있는 시대이다.

우리가 또 생각해야 하는 부분은 물살이를 사냥하기 위해서는 외국인노동자 등 사회적 약자들이 목숨을 걸어야 한다. 2019년 기준 국내 해양선박사고[29] 3,274건 중 65%인 2,134건이 '물고기'를 잡으러 나갔던 어선이다. 2013년 839건에 비해 비율은 비슷하나 건수는 크게 늘었다. 그러다 보니 어선사고 인명 피해자[30]는 2013년 190명(62%)에서 2019년 450명(82%)으로 크게 늘었다. 농부와 달리 이 중에서 사망과 실종은 지난 3년 연평균 41명으로, 한 달에 3~4명의 인간이 찬 바다에서 끊임없이 죽어야, 같은 인간이 먹는 고기가 물살이다.

♣ 지중해식Mediterranean Diet

늘 멋진 배경의 지중해식은 인근 그리스와 이태리 등의 전통식이다. 식물식을 기초로 치즈나 버터 대신 올리브오일olive oil이 요리의 핵심이다. 종종 연어와 닭을 포함하는 식단으로 채식주의나 비건식과는 무관하다.

---

27) 물고기는 알고 있다, 조너선 밸컴, 에이도스, 2017.

28) 갑자기 잡혀서 놀라는 동물들에게 인간은 싱싱하다고 표현한다.

29) 나라지표, index.go.kr

30) 사망, 실종, 부상 등.

♣ 식물식Plant-based Diet

육류를 제외한 식단을 넓게 보통명사로 식물식이라 한다. 참고로 1990년경부터 99% 비건[31]이자 장기적 관점에서 영양이 인체에 끼치는 연구를 집중한 미국의 생화학자이자 코넬대 명예교수인 콜린 캠벨(Thomas Colin Campbell, 1934~)은 저지방low-fat, 통곡물whole foods, 그리고 식물식plant-based diet의 주창자이다.

그가 추천하는 식단[32]은 동물성 성분만 제외한 비건식보다는 조리하지 않고 자연에 가까운 식물식으로, 곡식, 밥, 면보다는 바나나, 망고, 수박 등 열대성 과일(80%)과 콩, 땅콩 등의 식물지방(10%), 그리고 두부 등의 식물성 단백질(10%)로 구성된다.

♣ 종교식

인디아의 자이나교 채식주의Jain vegetarianism는 육류를 금하고, 채소 뿌리에 있는 작은 동물을 해치지 않기 위해 뿌리식물도 먹지 않는다.[33] 동물권에서 비폭력의 뜻으로 사용하는 용어 아힘사Ahimsa가 BC 8~6경 여기서 나왔다.

2022년 Pew Survey에서 종교에 따른 채식인의 비율을 조사[34]하였다. 전체 평균은 39%이나, 자이나교Jains 92%, 시크교Sikhs 59%, 힌두교Hindus 44%, 불교Buddhists 25%, 기독교Christians 10%,

31) "Interview with T. Colin Campbell", www.vegparadise.com. 2007.

32) "Nutrition Advice From the China Study", The New York Times, Jan. 7, 2011.

33) 뜨거운 물을 마당에 붓지 않는 불교의 규율도 여기서 유래되었다.

34) The Indian Index, @Indian_Index

이슬람교Muslims 8% 순으로 나타났다.

이슬람교(돼지), 힌두교(소), 대승불교(모든 육류) 등 종교적 이유로 특정 동물과 식물(오신채)을 피하기도 한다. 이슬람은 다른 이유도 있지만 주로 건조지역에서 물을 많이 먹는 돼지의 특성 등으로 사육과 섭취를 금한다.

인구의 약 80%가 힌두교인 인디아는 채식이지만 우유를 마시거나 어류를 먹는 등 지역에 따른 식단의 차이[35]가 크다. 더구나 동물을 위한 금식으로 볼 수 있는 타당한 자료는 찾기 어렵다.[36]

♣ 잡식과 육식

채식인 분류와 달리 식단에 따른 동물은 크게 셋으로 나눈다.

- **잡식동물**Omnivore

채식과 육식을 함께 할 수 있다. 대표적으로 개와 인간이 잡식동물이다. 그 외에 개미, 곤충, 곰, 라쿤, 새, 여우, 원숭이 등이 있다.

- **육식동물**Carnivore

주로 동물의 살을 먹는 동물 혹은 육식을 주장하는 육식주의자carnist이다. 식충식물인 파리지옥은 거미 같은 동물행동을 한

---

35) Chakravarti, A. K., Regional Preference for Food: Some Aspects of Food Habit Patterns in India, The Canadian Geographer, 18 (4), December 1974: 395-410.

36) 아이러니하게 자이나교, 불교의 발상지인 인디아는 세계 최대 쇠고기 수출국이다. 그 뒤로 브라질, 호주, 미국, 뉴질랜드가 따른다. 인디아 서쪽으로 갈수록 도살이 불법이지만 북동쪽 아쌈Assam 지역으로 갈수록 대규모 학살이 허용된다. ('학대'장 참고)

다.[37] 고양이와 사자 등 고양이과 동물들은 대표적인 육식동물이지만, 새로운 연구들은 육식동물의 존재를 부정하고 있다. 즉, 채식만으로도 건강하게 장수한 육식동물 생존 사례들이 나타나고 있다.

• **초식동물**Herbivore

사슴, 양, 코알라, 토끼, 판다 등이 풀을 뜯고 과일도 먹는 초식동물이다. 거대한 코끼리, 오래 사는 거북, 힘센 고릴라, 투우도 하는 황소, 빠른 말과 제브라도 초식동물이다.

♣ 채식과 육식 중 더 잔인한 식단은?

해외에서 비건이 대놓고 채식인vegetarian을 비난하는 논쟁이 종종 있다. 베지테리언은 육식인보다 잔인할 수 있다. 그 이유를 살펴보자.

몸부터 챙기는 채식인은 채소와 더불어, 고기를 먹는 육식인보다 더 많은 계란과 우유를 먹게 된다. 고기량을 채소로 채우지 않는다면.

그럼 잔인한 부분을 보자.

고기를 위해 목이 베어지는 '수컷'들의 고통은 그래도 짧은 한 번이지만, 여자 닭과 소는 좁은 틀에 갇힌 채 더위와 추위, 악취와 피부병 등을 견디며 몸이 '걸레'[38]가 될 때까지 알과 젖

---

37) 자연세계에서는 동물과 식물을 구분하기 어려운 종들이 많이 보인다. 멍게는 유충 때 뇌가 있지만 바위에 정착하면 자신의 뇌부터 먹고 식물과 유사한 생활을 한다. 파리지옥에 대한 최근 연구에서는 명확한 실체와 행동을 파악하였고, 정확한 메커니즘 연구단계에 있다.

38) '수컷', '걸레' : 인간에게도 쓰는 말이다.

을 갈취당해야 한다. 젖을 만들기 위해서는 매번 유사강간을 당해야 하고, 출산을 해야 하고(인간은 경제성을 위해 종종 소의 배에서 미숙아를 빼내기도 한다), 자식인 송아지가 입마개 때문에 곁에서도 젖을 못 먹고 비벼대는 괴로움과 결국은 아기 송아지를 빼앗겨 떠나보내야 하는 현실을 눈물로 감당해야 하는 죽음보다 힘든 삶이다. 게다가 수컷들이 당한 죽음의 고통도 그대로, 결국 피할 수 없다. 고기와 계란의 생산과정도 잔인하지만, 우유[39]는 이렇게 만들어져 인간에게 온다.

여자 닭과 소의 삶을 인간에게 대입한 삶을 선택하는 사람은 아무도 없었다. 이미 태어난 상태면 죽음의 고통이 두려워 그래도 견뎌보겠지만, 아무도 그렇게 태어나고 싶지는 않다고 하였다.

◑ 동물들은 우리를 위한 존재가 아니라, 함께 사는 존재이다.

Animals are here with us, not for us.

◑ 동물들의 눈을 보고 영혼을 보지 못했다면, 그건 아마도 아직 당신의 영혼도 찾지 못해서이다.

If you can look in their eyes and not see a soul, maybe it's because you still haven't found your own.

◑ 비거니즘이 어렵다는 사람들은 자신들을 생각하였고, 비거니즘이 쉽다는 사람들은 희생자들을 생각하였다.

People who say veganism is hard are focused on themselves, people who say veganism is easy are focused on the victims.

39) 조금 더 상세한 진실은 '우유' 장에서.

◑ 비건은 지구를 살리는 사람들이다.

— 미국 최대뉴스 방송 CNN

◑ 비건이 되면서 잃어야 할 것은 없다. 원래 내 것이 아닌 것을 더 이상 갖지 않을 뿐이다.

When you go vegan you give up nothing. You just stop taking what was never yours to take.

— 재미슨 스칼라Jamison Scala

◑ 아무리 생각해도 인간이 육식동물로 태어난 것 같지는 않다.

It almost seems to me that man was not born to be a carnivore.

— 아인슈타인Albert Einstein

생활 비건끼리만 키스한다고

뭐 먹고 살아요? 단백질은 어떻게. 동물을 무지 사랑하나 보다.
(이런 질문에 웃으며 '풀만 뜯고 있어요'... '아니요'.)

동물해방활동을 하는 비건들은 종종 개에 푹 빠진 개빠나 동물에 '미친'사람으로 오해받는다. 육식인이 동물가족을 사랑하듯, 비건 중에도 동물을 사랑하는 사람도 많지만, 보기만 좋아하거나 가까이 가기도 싫어하는 활동가도 많다.

그리고 동물들을 사랑해서 구출하거나 먹지 않을 수 있지만, 더 큰 이유는 그들이 죄 없이 고통 받고 있는 상대적 약자[40)]이기 때문이다. 마치 위험에 빠진 사람을 사랑하지 않아도 구하려는 이유와 같다.

비건의 일상은 단순하지만 생각은 복잡하다. 일반식당은 많

---

40) 사실 동물은 약자가 아니다. 자연환경에서 적절히 생존하도록 태어났다. 영리한 힘을 휘두르는 인간의 시각에서 약자라 부른다.

고 채식당은 드물어서 반갑다. 메뉴를 고르는 고민이 적어 오히려 편하기도 하다. 시장이나 마트를 가면 주로 채소와 과일 쪽만 가면 된다. 공장식품 쪽에는 약간의 양념 외에는 갈 일이 없으니 장보기가 간단하다. 농산물은 오히려 생김새가 다양하고 풍부해 충분하다는 느낌이 든다.

일상생활에서는 동물권리와 환경에 대해 생각하고 실천해야 하는 부분이 많다. 발밑의 작은 생물을 밟지 않도록 조심하고, 멀리는 연지벌레cochineal[41]를 기억한다. 자칫 방심하면 살해로 이어진다.

비거니즘을 실천하는 삶 중에 식단은 당연히 (어류, 조개류, 곤충을 포함하는) 모든 육류, 유제품, 계란류와 꿀 등을 제외한 식물로 구성한다.

채식단 이외에도 가죽, 다운(오리 등의 솜털), 덕다운(오리털), 구스다운(거위털), 앙고라angora(토끼털), 모피(동물의 털과 피부가죽), 비단(누에고치) 등 동물노동, 동물유래, 동물실험, 동물착취 상품을 거부한다. 환경오염 최소화를 위해 폴리에스터 대신 면제품, 플라스틱 대신에 나무나 철제품을 선택하지만, 적극적으로 미니멀리즘minimalism생활을 추구한다.

번거롭지만 휴지 대신 손수건 조각(재활용), 잔반통을 챙기고 (보통 음식을 남기지 않는다), 수자원 오염을 줄이기 위해 샴푸, 린스, 세제,[42] 자외선 차단제 등[43]을 사용하지 않거나 최소

---

41) 연지벌레, 코치닐cochineal: 빨간 색소를 착취하기 위해 대량 살상하는 선인장 서식 벌레. 연간 여성 220~890억이 살해된다. 자연산이 170~710억이지만, 나머지 약 20%를 차지하는 농장에서는 5~21조가 생산단계에서 부수적으로 죽어 나간다.

42) 육식이 없으면 주방세제 없이도 미지근한 물만으로 설거지가 쉽게 된

화한다.[44] 사실 식물성 비누와 무동물성(동물실험도 없는) 치약만으로도 모든 일상생활에서 불편함이 '전혀' 없다. 일회용품을 줄이기 위해 텀블러는 필수다. 가죽이 조금이라도 포함된 제품[45]은 당연히 사지 않는다.

비건은 늘 소식(素食)[46]으로 지낸다. 새로운 비건 음식이 소개되면 좀 시끌하게 정보를 공유하는 비건도 있지만 과식을 위한 열광은 아니다. 그냥 많이 알림이다.

비건생활을 할수록 밀고기, 콩고기 등 대체육에 대한 관심도 적어진다. 그냥 태양과 땅과 물과 바람이 만든 자연 음식이 몸과 마음에 편함을 알게 된다.

다큐멘터리 "소의 음모Cowspiracy" 등에 따르면 비건생활은 평균식단 기준, 연간 150만 리터의 물과 6,607kg의 곡물, 1,022평

다. 이를 통해 동물성 지방이나 기름이 혈관에 쌓여 죽상동맥경화증atherosclerosis을 만드는 과정을 배우게 된다.

43) 자외선 차단제sunblock는 옥시벤존oxybenzone이라는 차단성분의 화학물질이다. 이 물질에는 내분비계를 교란하는 환경호르몬endocrine disruptor이 포함되어 인체 발암성 추정, 정자 수 감소, 자궁내막증endometriosis 유발, 기형유발의 원인으로 발표되고 있다. 선블럭 사용자의 대부분이 이 위험에 노출되어 있다. 또한 산호초의 DNA를 손상시킴으로써 하와이 일부 지역에서는 사용이 금지되어 있다.

44) 지구에 무엇이나 버릴 수 있는 '하수구'는 없다. 도시의 하수구는 강과 바다가 시작되는 곳이다. 화장품 등 인간이 사용하는 모든 화학제품은 환경오염을 가속화한다. 특히 수백 가지의 화학물질로 만들어진 담배꽁초는 여러 독성화학물질로 어디에 어떻게 버리든 비가 오면 땅과 지하수를 오염시키고, 이미 바다에서도 최대 수질오염 원인이 되었다.

45) 자동차도 대부분의 제조사들이 (가죽이 없는) 비건카를 만들기 시작하였다.

46) 한글에는 두 가지 뜻이 있다. 중국 어원 채소의 소식(蔬食=채식) 그리고 소박한 식사의 소식(素食).

방미터의 숲을 보전하고, 3,322kg의 이산화탄소배출을 줄임과 동시에 365명의 동물을 살린다.[47]

잡식인omnivore의 시각에서는 인간의 기본 욕구인 먹거리를 자제하고 차단하는 생활이 고통스럽게 보일 수도 있지만, 비건 생활은 오히려 행복이다.

소비주의나 육식, 그리고 과도한 식사는 채워지지 않는 인간의 욕심이다. 부작용도 늘 따른다. 한계효용체감의 법칙처럼 소비의 반복은 만족감 상실과 종종 중독구매와 강박구매로 이어져 부채 등 금전문제도 발생한다. 최소주의의 장점은 개인적으로 영향을 받은 스캇과 헬렌 니어링 부부의 여러 자서전[48]에서도 알려졌지만, 극대화 방향에서는 행복을 찾기 어렵다. 반대로 극소화의 생활은 매우 쉽게 만족감과 즐거움을 느낀다. 비건이 밥도 '제대로' 못 먹으면서도 웃고 다니는 비밀이다. 예를 들어 '명품' 가죽가방은 지구와 동물, 그리고 비건의 시각에서는 잔혹한 동물시체의 피부일 뿐이다. 따라서 값싼 에코백만으로 충분하다.

가끔 강의, 강연에서 '진지하게' 비건들은 육식인과 키스하지 않는다고 하면 '에이 설마', '극단적이다'라는 반응이 있지만 …….

반려동물을 키우는 사람들이 같은 동물을 먹는 사람과 키스할 수 있을지 궁금하다.

---

47) The Vegan Calculator (https://theveganCalculator.com/#calculator)

48) Scott Nearing and Helen Nearing의 예; The Making of a Radical(한글판: 스콧 니어링 자서전), Scott Nearing, 1972; The Good Life: Helen and Scott Nearing's Sixty Years of Self-Sufficient Living, Jan 3, 1990.

♣ 먹거리, 비건푸드Vegan Food

욕심을 낸다면 비건의 먹거리는 사람들의 생각과 달리 매우 풍부하다.[49] 육류의 종류는 몇 가지에 그치지만 채식의 종류는 끝이 없다. 다음 각 분류 안에서도 수많은 먹거리가 있다. 채식인은 채소 맛의 차이를 쉽게 느끼는 능력이 생겨난다. 가령 채소는 크기나 두께 그리고 색상에 따라 다른 느낌의 맛을 알 수 있다. 마치 다양한 종의 사과처럼.

- 견과류 : 도토리, 땅콩, 밤, 아몬드, 은행, 잣, 호두 등
- 과일류 : 망고, 바나나, 배, 복숭아, 사과 등 그리고 오이와 토마토[50]
- 종실류 : 참깨, 커피, 해바라기씨, 호박씨 등
- 채소류 : 깻잎, 나물, 당근, 상추, 케일 등
- 콩류 : 강낭콩, 검은콩, 동부콩, 땅콩, 백태콩, 밤콩, 병아리콩, 서리태, 신장콩, 얼룩강낭콩, 완두콩, 울타리콩, 작두콩, 제비콩, 팥, 호랑이강낭콩, 호랑이콩, 흰콩 등
- 통곡류 : 거친 밀, 귀리oatmeal, 기장수수millet, 대맥barley, 메밀buckwheat, 보리, 불구르bulgur, 쌀, 찹쌀, 통밀빵whole-wheatbread, 파스타pasta,[51] 팝콘popcorn, 현미brownrice 등
- 해조류 : 개우무, 김, 꼬시래기, 다시마, 매생이, 미역, 우뭇가사리, 톳, 파래 등[52]

---

49) 채식당은 'Happy cow'와 '채식한끼'에서 찾을 수 있다. 해피카우는 국내외 비건식당, 비건옵션 등을 찾을 수 있는 유용한 앱이다.

50) 오이와 토마토는 채소가 아니라 씨를 품은 과일이다.

51) 우유가 함유된 파스타 제외.

52) 국내 해조류 생산 동향, 통계청.

♣ 논비건non-vegan

(1) 모든 육류(살해 동물, 사고사 동물 및 자연동물의 신체)

(2) 동물유래 제품

- 의류 : 가죽(스웨드가죽, 통가죽……), 동물털(거위털, 밍크, 양털, 오리털……), 비단 등
- 동물실험제품 : 비타민, 약, 위생용품(치약, 동물성분 비누, 샴푸……), 화장품 등
- 치장품 : 깃털, 박제, 상아, 동물성 악기, 진주 등

(3) 동물노동학대 상품

- 동물싸움 : 닭싸움, 스페인투우, 국내소싸움, 투견 등
- 동물노동 : 꿀,[53] 누에고치, 짐마차 등
- 인간오락 : 곤충채집,[54] 경주마, 동물원, 관광마차, 사막낙타, 승마, 코끼리관광 등

(4) 기타 모든 동물성 포함 공산품과 서비스 상품

(5) 환경오염제품 : 비누, 린스, 샴푸, 선블럭, 세제, 플라스틱 등[55]

♣ 논비건 성분

다음은 비건생활에서 거부하는 식품의 동물성분표시를 정리하였다. 공산품은 항상 새로운 성분이 나타나므로 제조회사나

53) 한 스푼의 꿀은 12명의 벌이 평생 노동하여 얻는 양이다.

54) 21세기에도 방학숙제로 생명을 경시하는 학습인 곤충채집이 만연하다. 심지어 곤충채집대회도 열린다.

55) (5) 환경오염제품은 개인에 따라 다를 수 있으나, (1)~(4) 항목은 비건이 엄수하는 품목이다.

구글자료로 확인작업을 계속한다. 먹거리는 자연식품produce과 공장제품products으로 나눠지는데, 특히 공장제품은 공장에서 화학물질이 첨가되어 변형된 가공식품이다. 계란, 닭고기, 돼지고기, 쇠고기, 우유 등의 성분표시 이외에도 다음의 성분이 기재되어 있으면 제외한다.

- 대구간유(cod liver oil, 로션크림 등 화장품, 비타민, 보충제의 미끄럼용으로 사용)
- 라놀린(lanolin, 양털 등 동물털에서 추출, 보습화장품 및 비타민 D3 원료)
- 라드(lard, 돼지비계를 정제한 기름)
- 락토즈(lactose, 유당)
- 락티톨(lactitol, 유당lactose에서 추출한 감미료)
- 로얄젤리(royal jelly, 여왕이 될 유충에게 주는 젊은 일벌의 인두선 분비물)
- 비늘곤충(tachardia lacca, lac insect, 랙깍지벌레)
- 비타민 D3(vitamin D3, 어류간유, 양털 추출물)
- 셸락(shellac, 비늘곤충 추출물)
- 아이징글래스(isinglass, 부레풀, 어류부레로 만든 젤라틴)
- 알부민(albumin, 계란흰자albumen추출 단순 단백질)
- 양지(sheep tallow, 양의 동물성 지방)
- 에스픽(aspic, 젤라틴 산업대체재, 정제된 육류, 어류, 젤라틴에서 추출)
- 엘라스틴(elastin, 동물신체의 결합조직, 힘줄 등 탄력성 높은 단백질)

- 우지(beef tallow, 소의 동물성 지방)
- 유청(whey, 乳清, 리코타치즈의 재료)
- 젤라틴(gelatine, 소돼지의 끓인 피부, 힘줄에서 추출)
- 카민(carmine, 코치닐cochineal 등 선인장을 먹고 사는 밀깍지벌레과의 암컷을 말려 분쇄한 가루로 붉은색 염료로 사용, 1kg 생산을 위해 16만 코치닐이 죽음)
- 카제인(casein, 우유단백질)
- 케라틴(keratin, 표피세포의 모발, 뿔, 발굽 등 동물보호 구조 단백질)
- 콜라겐(collagen, 동물피부나 뼈의 연결세포인 힘줄이나 부위의 아교질)
- 탤로우(tallow, 지방조직)
- 펩신(pepsin, 돼지위에서 추출하는 위액, 소화효소)
- 프로폴리스(propolis, 벌집을 짓기 위해 벌이 사용하는 물질, 식물수지+벌의 타액)
- E120(carmine, 카민 참조)
- E441(gelatine, 젤라틴 참조)
- E542(인산염)
- E901(밀랍, 비즈왁스beeswax, 벌의 천연 왁스로 만들어짐)
- E904(shellac, 셸락 참조)
- E910, E920, E921(동물모발 유래 성분)
- E913(lanolin, 라놀린 참조)
- E966(lactitol, 락티톨 참조) 등이 논비건이다.[56)]

56) 이외에도 Eve Vegan 등 비건제품 인증기관에서도 상세한 성분과 사항을 볼 수 있다.

◑ 부엌에서 세상을 바꾸자.

Change the World from Your Kitchen.

— 호아킨 피닉스Joaquin Phoenix

◑ 비거니즘의 수단은 낚시와 동물노동, 동물실험, 동물원, 동물의류, 사냥, 유제품, 육식 등을 거부하는 행동이다.

◑ 비건, 동물들이 고통 받으면 안 된다는 미친 생각을 하는 사람

Vegan, a person who has the crazy idea that animals shouldn't suffer.

◑ 진정한 종교는 진지한 삶이다: 모든 영혼과 모두의 선과 정의와 함께.

True religion is real living; living with all one's soul, with all one's goodness and righteousness.

— 아인슈타인Albert Einstein

이유 활동가는 왜 시끄러운가?

남의 먹거리에 신경꺼라!

혼자 조용히 하면 되지.

쟤들 데모 끝나면 삼겹살 먹을거야!

이상한 신념을 가진 관종들……

너무 극단적이야. 57)

동물권활동이 언론에 실리면 많은 비난 댓글이 달린다. 내용은 늘 비슷하고 특이함은 없다. 새로운 사람들이 동물권을 인식한 모양이다. 다행히 시간이 지날수록 비난의 수는 조금씩 줄어들고 공감의 수가 늘고 있다. 아직도 비난이 대다수지만.

근데 대체 비건들은 왜 조용히 살지 못하고 남에게 강요하고, 먹거리에 참견하고 눈치 주고, 때때로 잘난 체를 할까, 게

57) 개나 고양이를 죽이면 정신병, 돼지와 소를 죽이면 괜찮고, 아무도 안 죽이면 극단적인 삶을 산다고 한다.

다가 밥맛은 도덕적으로도 우월한 선민인척 할까.

비건활동가 커뮤니티에 가끔 재미있는 포스터가 떠도는데, 죽은 비건이 엄지발가락에 “비건이 되자Go Vegan”는 꼬리표tag를 달고 있는 모습이 있다. 아마 비건들은 죽어서라도 비건 세상을 꿈꾸지 않을까.

왜 그럴까.

당신의 점심 삼계탕은 원래 친구들과 멀리 가서 놀다 오기를 좋아했고, 당신의 저녁 스테이크는 덩치에 어울리지 않게 사람 품에 안기기를 무척 좋아했다. 당신이 치킨을 먹으면 닭이 죽었음을 믿는 신념이 아니라 그냥 안 봐도 팩트fact인 진실이다.

생추어리sanctuary 닭들을 보면 멀리서도 지인을 보고 달려와 안긴다. 소들도 활동가들이 방문하면 안기고 부비부비를 무척 좋아한다. 우리나라에서 처음 구조한 소 중 메밀이는 손을 내밀면 개처럼 핥기를 즐긴다. 돼지들도 사람들과 장난치며 뛰어다닌다. 문어도 사람과 놀자며 팔을 당기고, 팔뚝만한 물살이들도 사람에게 오가며 장난을 친다. 새끼 돼지piglet나 송아지도 씻기면 얼마나 깨끗하고 귀여운지, 보는 순간 개빠처럼 될 수 있다.

그런데 인간의 한 끼가 되기 위해 태어나서 죽는 순간까지 좁은 곳에 갇혀 있다 잔혹하게 죽는 어린 생명들이 대부분이다. 죽일 때 순한 돼지나 소를 만나면 정말 미안하다. 차라리 발버둥치는 애들이 낫다. 도축인의 말이다. 순하든 힘이 없든 얼마나 많은 동물들이 몸부림치고 비명을 지르며 죽어 가는지, 사람들이 이 진실에 공감한다면 비건이 되지 않을 수 없다.

시민들을 상대로 직접 대화하는 동물권단체 AV의 활동에서는 여러 종류의 동물들이 참혹하게 죽어가는 모습을 적나라하게 보여준다. 동영상을 잠시 본 대다수가 무슨 장면이냐고 물어볼 때, 고기가 만들어지는 과정이라 설명하면 모두가 놀란다. 그리고 잔혹한 장면에 공감하여 눈물을 흘리는 사람들도 있다. 해외 활동에서도 같은 일이 종종 일어난다. 이들에게는 추가자료를 건네면 대부분 비건이 된다.

사람들의 심성은 보통 착하지 않은가. 길가에서 다리가 낀 닭을 발견하면 온갖 장비를 동원해서라도 구출한다. 그 장면만 봐도 가슴 뭉클하고 뿌듯한 감동도 한다. 그리고 저녁에는 '치맥'을 착하게 먹을 수 있다.

어릴 적에는 대부분 동물 인형을 갖고 놀며 사랑했다. 동화책 속에서도 여러 동물 친구와 얘기하며 꿈을 키워왔지 않은가. 그런데 지금 그 친구들을 먹고 있다. 맛있다며.

비건생활을 차분히 즐기며 말없이 사는 이들도 있지만, 더 많은 비건들이 활동가가 되어 설쳐대야 하는 까닭은 지금처럼 소수로는 억울하게 죽어야 하는 동물들이 너무 많다. 모든 사람들이 비건이 되어야 하는 이유이기도 하다.

♣ 비건활동가들veganists

비건들은 적극적이건 소극적이건 활동을 한다. 성격의 문제가 아니라 고통 받는 동물들의 진실을 알고는 외면하기가 어렵다.

비건활동가들은 다양하게 움직인다. 동물해방과 지구환경을 위해 탐구하고 실천한 내용을 세미나 혹은 전 세계로 연결된 SNS를 통해서 정보를 공유하고 종종 토론도 한다. 비건 활동가 그룹의 특징은 자료(사진, 동영상 등)에 대해 저작권을 주장하지 않고 널리 퍼트리게 한다.

한 채식인 단체에서 '비건활동가의 자세'라는 주제로 강연을 요청받아 경험을 정리하는 기회가 되었다. 활동가들은 누구를 가르치는 의미가 아니라 좀 더 엄격하고 사색하는 생활을 위해 서로 정보를 교류하는 동지이다.

비건생활에서 이전에 구입한 가죽제품을 사용하기 싫다면 대체품을 구입해야 하는데 환경오염이 추가로 발생하는 소비행동이 된다. 하지만 활동에서는 상대에게 상세히 설명하기 어려운 환경과 오해 때문에 가죽처럼 보이는 인조제품도 사용하지 않는다.

채식인이나 비건들이 좋아하는 비욘드밋beyond meat 등 대체육(배양육은 동물성이므로 착취다)은 평소에도 피함이 바람직하다. 고기 맛을 즐김은 고기를 그리워하는 모습, 마치 금연을 선언한 사람이 하얀 볼펜을 물고 있는 이상한 모습이 될 수 있다. 다행히 시간이 지날수록 고기의 모습이나 냄새가 역겨워지며 자연 인간으로 회귀한다.

비건도 그렇지만 발밑의 개미[58]도 살펴야 하는 생활을 한다. 개미가 많은 지역을 산책할 때는 해치지 않기 위해 발밑을 계속 볼 수밖에 없는 맨발이 효과적이다. 그리고 인간이나 동물이나 맨발이 건강에도 좋음을 느낄 수 있다(발이 유리처럼 깨

58) 개미는 눈이 없고 소리도 진동으로 듣지만, 숲속에서 인간이 좋아하는 꽃의 약 40%를 심는다. New Scientist(2017.01.13.)에서는 수십 만개의 씨를 저장한 수확개미는 씨앗을 심어 싹이 트면 먹을 농사를 짓는다는 새로운 연구도 발표하였다. 유튜브에서 "Soldier ants and soldier termites in a stand off while their respective trails pass"를 입력하면 인간보다 훌륭한 개미의 지혜를 볼 수 있다.

끗해진다).

동물학대와 관련된 상표의 의류나 소지품을 갖지 않는다. 예를 들어 버버리(Burberry, 말을 타고 전쟁을 하는 표식), 폴로(Polo, 동물의 노동을 착취하고 학대하는 영국 스포츠) 등의 로고나 상표를 피한다.

긴급한 의사결정 상황이 아니면 스스로 말할 때까지 개인의 정보에 대해 묻지 않는다. 거주지, 나이, 성별, 신장, 체중, 학력 등의 인구통계변수는 차별과 수직적 관계를 형성할 수 있는 사회경제적 요인이므로 관계에서 배제한다. 활동가들의 호칭은 '이름+님'으로 통일되어 있다. 그래서 상호존중이 가능하다.

대부분의 활동가들은 해외여행에서도 현지의 동물활동 일정을 우선순위에 둔다. 또한 동물학대나 환경에 대한 정보를 제공하기 위해 다크투어dark tour를 실시한다. COVID-19로 침체된 동물활동 환경에서도 입국하는 외국활동가들의 문의가 이어지고 있다.

끝으로 활동가들은 많은 사람의 물음에 답하기 위해 대화방법 그리고 동물학, 심리학, 식품학, 의학, 환경 등 비거니즘을 설명할 수 있는 교과서나 연구를 공부한다.

개인사로는 거리에서 시민들과 수년간 토론을 한 동물권단체 AV가 코로나로 대화 및 밀접 접촉이 불가능하여 당분간 다른 활동을 하고 있다.

먼저 교직원 식당[59]에 고기 없는 금요일을 만들었다. 교직원들이 함께 밥을 먹으면 죄의식을 느꼈단다. 이 의도가 성사되

59) 채식반찬이 없으면 간혹 밥만 먹어도 맛있다.

어 여러 사람이 채식인이 되었다. 매년 봄학기 신입생 5천명이 비건특강을 듣는다. 담당교수들과 모의작당[60]해서 만들었다.

2019년부터 시작한 채식주의(영문교과목명: Veganism) 수강생들은 도미니언Dominion[61] 시청소감 과제의 충격으로 비건이나 지향으로 많이 바뀐다. 대학에서 3학점 정규과목 개설은 세계 최초다.[62] 봄, 가을 학기마다 100명 정도 수강하니 점차 비건공장이 되어가는 느낌이다.

전공강의에서도 수년간 특강으로 비거니즘을 '주입'해 왔다. 근데 요즘은 따지는 학생들이 있어 전공과목 강의에서는 뺐다. 국제경영학과 비거니즘은 ESG[63] 측면에서 환경과 긴밀히 연관되는데 말이다.

줌zoom 등 비대면 영상회의가 보편화되면서 오히려 기부강연도 자주 생겼고, 국내에서 해외교포들까지 편하게 연결되었다. 강의나 강연에서 그동안 비건을 비난했던 사람들의 오해가 많이 풀린다.

위드코로나로 동물권그룹Anonymous for the Voiceless(책 뒷면의 사진 참고) 재개를 해야 하는데 활동가들이 아무도 나서지 않

---

60) 동물권리 활동가들은 새로운 활동을 기획할 때 모의작당이라는 말을 즐겨 쓴다.

61) 유튜브에서 '도미니언' 혹은 'Dominion' 검색, 한글자막버전도 시청가능하다.

62) 동시에 시작한 하버드대학 로스쿨이 세계 최초로 언론들이 발표하였으므로 우리도 세계 최초다. 우리는 채식과 친환경이 늦었지만 변화는 빠르다.

63) 과거의 소극적인 기업의 사회적 책임(CSR)에서 이제는 기업들이 평가를 받아야 하는 적극적 책임분야인 환경(Environmental), 사회문제(Social), 지배구조(Governance)의 약자인데 환경이 가장 먼저다.

는다. 사실 팬데믹 이전 수년간의 활동이 신체적으로나 정신적으로 너무 힘들었기 때문이다. 아무런 보상 없이 매번 자비로 활동비용을 충당함도 쉽지 않다.[64]

♣ 비건활동가들의 고통

비건들은 보통 쉽게 행복을 느끼고 실제로 상쾌한 삶을 산다. 활동가들은 모든 사람이 비건이 되면, 고통받는 동물이 없는 비건 세상에서 '떠들지 않고' 조용하게 살고 싶어 한다.

현재는 활동가들이 육식인에 비해 극소수이므로 거대한 장벽을 종종 느낀다. 세상은 많이 바뀌었지만 함께 활동한 비건들이 사라지는 일도 빈번하다. 이를 쉽게 번아웃burn-out으로 표현하지만, 대부분 매우 고통스러운 '태움'이다.

심리학 용어로 많이 알려지지 않았지만, 사회심리학자이자 비건활동가인 멜라니조이[65]가 부연한 이차성외상스트레스장애Secondary Traumatic Stress Disorder(STSD)를 종종 겪는다. 직접 피해자 혹은 가해자(실제는 구제역 살처분 참가자 등의 피해자)로서 겪는 외상후스트레스장애Post-Traumatic Stress Disorder(PTSD)와 달리 사고나 폭력의 목격자들이 겪는 장애다. 비건활동가들이 도살을 앞둔 동물들을 애도하는 비질vigil, 동물권 조사나 다크투어dark tour 등에서 피해자의 고통을 공감하면서 함께 느끼는 장애다.

64) AV는 지출이 적은 활동 영역이어서 모금을 하지 않는다.

65) Melanie Joy, Beyond Belief: A Guide to Improving Relationships and Communication for Vegans, Vegetarians, and Meat Eaters, Lantern Books, 2017, 2018.(한국판: 나의 친애하는 비건친구들에게, 푸른숲, 2022)

그냥 '번아웃'된 활동가와 수년이 지난 지금도 서로 안부를 묻지만 공황장애와 같은 증상이 쉽게 반복되기 때문에 활동재개는 어려워 보인다.

정확히는 알 수 없지만 지금까지 STSD와 비슷한 일이 몇 번 있었었다. 혼자 있는 조용한 저녁, 목이 반쯤 잘려 죽어가는 소의 눈에 마음이 닿아버렸다. 지금도 죽어가고 있는 소들에 대해 내가 아무것도 할 수 없다는 생각에 순간 가슴이 답답하며 숨쉬기가 어려워지고 앞이 잘 보이지 않으며 내가 어디에 있는지 희미한 생각이 들었다. 동물권 활동 중의 하나인 진실의 큐브 CUBE of TRUTH 특성상 잔혹한 영상을 공개하면서 반복적으로 시청해야 하는 업보 때문이 아닐까.

한 번은 방심하다 금붕어를 금붕어 크기의 플라스틱 통에 넣어 열쇠고리로 판매하는 가까운 나라 영상에 공감해버렸다. 내가 그 금붕어가 되었다. 지독한 폐쇄공포와 같은 느낌이다. 우주로 보내기 위해 좁은 틀에 가둔 원숭이 사진들, 동물실험을 위해 좁은 곳에 묶인 상태인 비글들의 영상을 봐도 고통을 쉽게 공감해버린다. 이런 자료에는 심호흡이 먼저다.

다른 하나는 10년이 지나도 생각나고 느끼는 스트레스다. 가까운 외국공항 면세구역 투명냉장고 안에서 몸과 집게손이 밧줄에 묶인 채 거품을 뿜으며 죽어가고 있는 게들을 본 이후다. 조금씩 멀어지기는 하지만 여전히 고통스럽다. 인간은 모든 동물을 묶는다. 입을 묶고, 입술을 뚫고, 코를 꿰고, 다리도 묶는다. 마트에도 묶여 있는 아이들이 많아 보기가 힘들다. 아무리 작은 동물이라도 인간과 같은 고통을 느낄 수 있음을 알기에.

웃기는 현상은 경험과 극복이 오히려 힘이 된다. 숨을 못 쉬어 응급실까지 갔던 적도 있지만 그래도 죽지 않았고 앞으로도 죽지는 않겠다는 확신은 STSD에 대한 면역이 되었다. 애초에 내가 죽더라도 다른 동물을 먹지 않겠다는 '극단적' 생각이 이 때는 도움이 된 듯하다.

◑ 당신은 식사 때마다 희생자를 '고르고' 있습니다.

You 'choose' a victim, when you choose breakfast, lunch, and dinner.

◑ 당신의 아침이나 점심이 목욕하기를 좋아한다면, 가치관을 재설정할 필요가 있다.

If your 'breakfast' and 'lunch' love baths, you need to rethink your values.

◑ 비건들은 당신이 무엇을 먹는지에 관심이 없다. 비건들은 당신이 먹는 생명들에게 관심이 있다.

Vegans don't care what things you eat, vegans care about the beings you eat.

◑ 주위에 자는 동물이 있으면 조용히 지켜보자. 그들이 내쉬는 숨소리, 조금씩 부풀었다 앉는 가슴, 두 눈과 코 하나, 그리고 입과 귀 …… 개와 고양이가 아니더라도 사람이 먹는 동물이다.

◑ 죽이지 않고, 죽임을 내버려 두지 않고, 세상의 모든 살해를 지지하지 않기로 하였습니다.

I am determined not to kill, not to let others kill, and not to support any act of killing in the world.

— 틱 낫 한Thich Nhat Hanh

- **역사** 사유하는 채식 철학자들
- **연구** 육식에 대한 도덕적 논쟁, 2017
- **분포** 당신 옆에도 비건이 있나요
- **변화** 비건 세상이 되어가다

역사 사유하는 채식 철학자들

(여러분은 전공을 잘못 택했습니다!)

매년 있는 철학과 특강에서 학생들의 표정이 심각해진다.

(여러분들의 선배인 피타고라스를 비롯하여 아리스토텔레스, 플라톤 등 모두가 채식주의자입니다. 그들이 왜 채식주의자일까요. '생각하는' 철학자66)였기 때문입니다. 철학은 외우고 모방하는 학문이 아니라 생각하는 학문입니다. 여러분들도 이제 불운하게도 채식주의자가 되어야 하는 이유를 생각하고 깨달아야 합니다. 그러나 너무 걱정할 필요는 없습니다. 채식주의자가 되면 깨달음의 희열을 느낄 수 있어 행복합니다.)

---

66) 박사학위를 전공과 무관하게 모두 Ph.D.(철학박사, Ph.D.: Doctor of Philosophy)를 수여하는 이유. 철학은 사유하는 학문이자 모든 학문의 뿌리이기 때문이다.

동물해방을 위한 채식주의자, 비건이라는 용어의 역사는 짧지만, 실재한 비건은 이보다 많이 앞섰다. 채식의 목적이 건강이 아니라 생명존중인 사람들의 등장은 공식적으로 약 2,500년 전 철학자이며 수학자인 피타고라스를 시작으로 본다. 그 뒤에 철학자들을 비롯한 많은 사람들이 따르게 되었다. 비건들은 동물에 대한 과잉공감자[67]로 오해를 받기도 하지만, 그냥 부당한 동물학대에 저항하고 해방을 위해 노력하는 사람들이다.

많이 알려졌듯, 비거니즘veganism이라는 용어는 영국에서 동물권리를 주창하던 도널드 왓슨Donald Watson(1910~2005)에 의해 1944년 11월 명명되었다. 이때는 왓슨이 동물권을 위한 법정기부단체인 비건소사이어티The Vegan Society를 설립한 날과도 같다.[68] 미국의 비건소사이어티는 1948년에 시작되었고,[69] 매년 11월1일은 세계 비건의 날World Vegan Day로 다양한 행사를 한다. 2019년은 이코노미스트지The Economist, 포비스Forbes 등에서 정한 비건의 해이다.

비건소사이어티는 1944년 비건을 '유제품과 계란을 제외하는 채식인non-dairy vegetarian'으로 정의하였으나, 1951년 '모든 형태의 동물착취를 제외한exclude all forms of animal exploitation'으로 개정하였다.

1951년 개정된 정의[70]는 다음과 같다.

---

67) 과잉공감자Highly Sensitive Person, HSP

68) IVA: International Vegan Association

69) 최초의 베지테리언소사이어티(UK, 1847), American Vegetarian Society (1850)

70) Definition of veganism, The Vegan Society.

비거니즘은 (현실에서) 가능하고 실행할 수 있는 한, 모든 형태의 착취와 학대, 식단과 의복, 기타 다른 목적으로서의 동물을 차단하는 삶의 방식이다. Veganism is a way of living which seeks to exclude, as far as is possible and practicable, all forms of exploitation of, and cruelty to, animals for food, clothing or any other purpose.

식단에서의 비건, 베지테리언 차이는 계란과 유제품인데, 윤리적 측면에서 이를 공개적으로 거부한 첫 유럽인은 1806년으로 거슬러 올라간다. 영국의 물리학자이자 초기 비거니즘 활동가, 비건 영양식의 아버지로 평가되는 윌리엄 램William Lambe(1765-1848) 박사[71]와 영국의 유명한 낭만파 시인 퍼시 비시 셸리Percy Bysshe Shelley(1792-1822) 가 그 주인공들이다. 이후 우유와 계란이 가장 잔인한 '먹거리'가 되는 환경으로 인해 비건vegan이라는 용어가 탄생한다.

'채식인vegetarian'은 비건보다 약 100년 빠른 1847년 맨체스터의 채식인 사회 설립에서 알려졌으나[72] 용어는 그보다 6년 전인 1841년 건강인Healthian이라는 팜플렛[73]에서 인쇄되며 쓰였다.

현재 채식인과 비건의 비율은 10:1 정도이다. 최근 널려있는 통계발표에서는 비건의 비율이 증가하는 추세이다. 베지테리언

---

71) International Vegetarian Union (https://ivu.org/index.php/blogs/john-davis/121-dr-william-lambe-father-of-vegan-nutrition-and-his-vegan-biographer)

72) Rod Preece, The origins of the term "vegetarian", In: Sins of the Flesh: A History of Ethical Vegetarian Thought. University of British Columbia Press, Vancouver, 2008.

73) Davis, John. "History of Vegetarianism: Extracts from some journals 1842-48 – the earliest known uses of the word 'vegetarian'", International Vegetarian Union, 2018.

이 추구하는 건강은 인간으로서 당연한 욕구지만 비건의 욕구와는 다르다. 간혹 건강을 위한 수단으로서 채식을 하는 사람도 종종 자신을 비건으로 표현하는 사례[74)75)]도 있는데 비건에 대한 정보가 부족하기 때문이다. 하지만 채식인과 비건이 관련이 없다고 단언하는 이유는 채식인은 건강을 위해서라면 언제든지 육식이나 다른 수단을 선택할 가능성이 높음이다.

이에 비해 비건의 채식에는 명확한 두 이유가 있다. 하나는 동물 스스로의 자유와 권리를 존중하여 죄 없이 구속된 동물들의 해방이다. 다른 하나는 육식과 과소비에 의해 오염되는 지구환경의 개선이다. 그리고 건강은 육류를 거부한 식단의 결과이지 목적이 아니다. 즉, 건강을 위해서 비건이 될 수는 없다는 뜻이다.

단호하게 표현하면 대부분의 비건은 '내가 죽더라도 다른 생명을 먹지 않겠다'는 생각에서 출발한다. 이 생각이 도덕적 우월성으로 반영되어 불쾌하게 생각하는 이들도 있지만, 사실 비건은 도덕적 우월성에 대해 무관심하며 이에 대한 토론도 거의 없다. 마치 쓰레기는 아무데나 버리지 않아야 한다는 당위성이다.

일상에서 채식인과 비건들의 공통점은 비슷한 식단이지만, 일부만 겹치는 부분이다. 자전거를 타는 모습은 같을 뿐, 속한 사람들의 개인 생각이나 사상, 그리고 목적이 서로 다르듯 여기서도 그렇다.

---

74) Barr SI, Chapman GE, "Perceptions and practices of self-defined current vegetarian and nonvegetarian women", Journal of the American Dietetic Association. 102 (3), March 2002: 354-360.

75) Yabroff, Jennie, "Vegetarians Who Eat Meat", Newsweek, Mar. 19, 2018.

비건과 채식인을 구분하며 그 차이를 강조하는 이유는 두 단어의 혼용으로 인해 여러 연구오류와 오해에서 빚어진 왜곡된 정보들이 매체를 통해 확산하기 때문이다. 인터넷상에서도 왜곡된 비거니즘에 대한 정의가 퍼져 혼란을 가중시키고 있다.[76)]

대표적인 예로 11,000명의 응답자를 대상으로 한 '2014년 미국 Humane Research Council 연구[77)]'에서는 비건과 채식인을 혼용하여, 비건과 채식인들의 84%가 채식을 포기한다는 발표를 하였는데, 사실은 비건이 아닌 대부분 채식인들이었다. 이 연구는 다른 장에서 상세히 분석하였다.

♣ 베지테리언과 비건의 식단 차이

건강이 목적인 채식인vegetarian의 식탁이 동물성분으로 오염되고 사상이 깊어지면서 차별화를 위해 비건이라는 용어가 생겼다. 대비되는 용어는 육식인, 잡식인, 그리고 논비건(비건과 무관한) 등이다.

채식인은 동물학대의 핵심 부분인 유제품(우유 등 동물의 젖, 주로 우유의 파생식품인 치즈와 버터 등)과 계란 등의 난류, 그리고 종종 동물성분을 섭취한다. 식욕이 동물 생명과 그들의 고통을 이기지 못하거나 관심이 없는 상태이다. 우유를 마시면서 동물을 사랑한다함은 무심함이다. 어미소도 아기소도 동물

---

76) Gale, Catharine R. et al. "IQ in childhood and vegetarianism in adulthood: 1970 British cohort study", British Medial Journal, December 15, 2006, vol. 333, issue 7581, p.245.

77) Kathryn Asher외 5, Study of Current and Former Vegetarians and Vegans, Humane Research Council 2014, Dec. 2014.

이다.

최근 비거니즘의 확산으로 채식인 가운데 비건으로의 전환이 늘고 있다.[78] 연구[79]에 따르면 채식인은 중도 포기율이 매우 높다. 건강에 좋다지만 까르마Karma도 잦고, 자극적인 맛을 먹는 재미도 없기 때문이다.

현대의 채식주의에서는 가장 잔혹한 계란과 우유를 허용한다는 표현을 하는데, 채식주의는 허용의 주체가 없다. 상업적 분류일 뿐이다.

오래전에는 새끼와 인간이 나눠 먹은 동물의 젖은 도덕적으로 큰 문제가 되지 않았고, 자연방사로 생기는 계란도 드물게 먹어[80] 동물학대에서 비교적 자유로웠다. 하지만 1970년대 이후 저비용 대량생산을 위해 미국에서 생겨난 공장식 축산factory farm으로 동물들을 가두어 밀집사육하는 학대를 시작하였다. 동물권에서 계란과 우유가 고기보다 잔인하다[81]고 여기는 이유는 이 순간에도 수백억의 동물들이 죽음보다 힘든 학대의 고통 속에 빠져 있기 때문이다. 이는 여성의 신체적 구조에 기인한 삶과도 연관이 있다.

♣ 채식의 기원

채식의 시작은 기원전 3,300~1,300년 고대 인더스문명지역Indus Valley Civilization으로 알려져 있고, 동물생명에 대한 엄격한 교

78) 각국 자료에 의한 추정치.

79) 뒷장 논문정리 참조.

80) 1900년대 초까지 닭과 계란은 '주식'이 아니었다.

81) 고통스러운 삶의 지속보다 죽음이 낫다는 가정에서.

리를 가진 힌두교도와 자이나교를 포함한다.

유럽지역에서는 로마를 중심으로 한 남부 이탈리아와 그리스 지역의 고대 그리스 문명이 시작점이다. 알려진 바와 같이 로마에서는 검투사[82]들도 채식인이었다.

우리 역사를 살펴보면 백제로 들어 온 불교의 영향으로 삼국은 동물의 생명을 중시하게 되었고, 그 결과 다양한 채소와 나물, 과일 중심의 현재 한식이 만들어졌다. 따라서 우리의 채식단은 서구 못지않게 오래됨을 찾을 수 있다. 특히 기원전부터 존재한 부여는 기마민족임에도 불구하고 말의 생태를 존중한 사료가 있다.

우리 역사 중에서 비거니즘과 관련된 내용을 이광조[83]와 삼국사기, 고려도경 등에서 요약한 내용은 다음과 같다.

- 부여(BC200~494): 말이 있어도 타지 않고 죽이는 것을 금하고 방생한다.(태백일사의 삼신오제본기 제1)
- 신라 23대 법흥왕(514~540년 재위) 16년에 영을 내려 살생을 금지시켰다.(삼국유사, 1285년)
- 백제 제29대 법왕(599~600년 재위)이 전 국민에게 살생을 금하였다.

  "겨울 12월, 명령을 내려 살생을 금함과 동시에 민가에서

82) 2014년, 오스트리아 비엔나 의과대학과 스위스 베른 대학이 공동 조사한 DNA 분석(무덤에서 뼈를 조사)에서 약 2000년 전의 로마 검투사 gladiator들은 대부분 채식인으로 밝혀졌다. 당시 수입된 용병들은 육식인이었다.

83) 이광조, 역사 속의 채식인 - 피타고라스에서 뉴턴까지 -, 살림출판사, 2008.10.31.

기르는 매, 비둘기 등속을 거두어 놓아주고 어렵의 도구를 불태웠다(삼국사기 중).

- 6세기 삼국시대의 살생, 육식금지법을 일본으로 전파하였다. "신이 듣기에, 후한서(범엽서(范曄書)[84])에 이르기를 "이(夷, 고려인)는 뿌리인데 어질고 생명을 좋아하여 만물이 땅에서 기원해 생명이 난다는 것을 말하므로 타고난 성품이 유순하다"" – 선화봉사고려도경(1123년, 서긍)

이후 몽골(원나라)의 침략(13세기)으로 고려에 육식문화가 반입되었고, 불교의 영향에서 벗어난 유교의 조선왕조는 육식의 영향으로 36위 왕들의 평균수명이 47세 정도였다. 당시 조선은 백성들 모두가 백정일 정도로 소를 마구 잡아먹었다는 기록이 실록 곳곳에 등장한다.

일본은 삼국시대의 영향을 받아 아스카시대[85]에 다음과 같은 살생 금지령을 내렸다.

- 1차 675년 텐무왕 육식금지법
- 2차 721년 텐쇼왕 살생금지법

일본은 이때부터 메이지유신까지 약 1,200년간 채식 위주의 식단이 지속되었다.[86]

---

84) 학자 범엽(398~445)이 5세기 전반에 편찬한 후한서이다.

85) 아스카시대(Asuka period, 592~645년 혹은 넓게 538~710년)

86) 안타깝게도 일본채식역사 자료는 쉽게 찾을 수 있는데, 우리의 채식역사는 찾기가 어렵다. 역사는 원래 젬병이라 채식에 관심 있는 역사학자들이 사료를 정리하면 좋겠다.

♣ 초기 채식주의자 혹은 동물권리 주창자[87]

육식의 역사는 최소한 200만 년이 넘었다는 다양한 주장과 연구[88]가 여럿 있지만, 오래전에도 동물과의 교감이나 고통에 대한 공감으로 육식을 피한 현재의 비건이 없었음을 확인할 수는 없다. 대다수의 우리처럼 유명하지 않은 사람들의 행위는 철학적이라 하더라도 기록으로 남지 않기 때문에.

피타고라스를 비롯하여 초기의 채식주의자들은 동물의 생명과 존중을 단지 깨우침만으로 실천한 독특한 사람들임에 틀림없다. 지금처럼 다양한 외부자료에 의한 수월한 공감이 아니라 어려운 자각을 통해 채식을 하였다는 행위는 매우 존경스러운 부분이다. 그래서 유명인이 아닐까.

다음은 역사적으로 유명한 채식인 중에서 일부만을 출생연도 순 그리고 수명[89]을 보기 쉽게 나열하였다. 기록 차이가 있어 출생연도가 다수이면 하나만 기재하였다.

- 570BC 피타고라스Pythagoras (75세)
- 563BC 붓다Siddhartha Gautama Buddha (80세)
- 551BC 공자Confucius (73세)
- 470BC 소크라테스Socrates (71세)

---

87) https://poweredbyorange.com/11-most-famous-vegans-in-history/

88) Pobiner, B. (2013) Evidence for Meat-Eating by Early Humans. Nature Education Knowledge, Volume 4, number 6.

89) 사람들은 채식인들의 수명에 관한 질문이 많았다. 비건소사이어티(The vegan Socirty)에 탑재된 연구("vegan diet support excellent health")를 보면 8,000명의 비건을 포함한 조사에서 채식인들은 육식인보다 사망률이 상당히 낮았다.

- 424BC 플라톤Plato (76세)
- 412BC 디오제네스Diogenes (89세)
- 70BC 버질Virgil (Publius Vergilius Maro, 51세)
- 65BC 호라스Horace (Quintus Horatius Flaccus, 57세)
- 43BC 오비디우스Ovid (Publius Ovidius Naso, 26세)
- 973 알 마아리Al-Ma'arri (84세)
- 1181 성 프란치스코 아시시St Francis of Assisi (45세)
- 1452 다빈치Leonardo da Vinci (67세)
- 1533 몽테뉴Sieur de Montaigne (59세)
- 1623 파스칼Blaise Pascal (39세)
- 1643 뉴튼Isaac Newton (84세)
- 1694 볼테르Voltaire (Francois-Marie Arouet, 84세)
- 1706 프랭크린Benjamin Franklin (84세)
- 1712 루소Jean-Jacques Rousseau (66세)
- 1757 윌리엄 블레이크William Blake (70세)
- 1788 쇼펜하우어Arthur Schopenhauer (72세)
- 1790 라마틴Alphonse de Lamartine (79세)
- 1797 메리 셸리Mary Shelley (54세)
- 1802 휴고Victor Hugo (83세)
- 1809 다윈Chharles Darwin (73세)
- 1809 링컨Abraham Lincoln (56세 피살)
- 1813 웨그너Wilhelm Richard Wagner (70세)
- 1820 수잔 B. 앤서니Susan B. Anthony (86세)
- 1828 똘스또이Leo Tolstoi (82세)
- 1840 졸라Emile Zola (62세)

- 1844 니체Friedrich Wilhelm Nietzsche (56세)
- 1847 에디슨Thomas Edison (84세)
- 1853 반고흐Vincent Van Gogh (47세)
- 1856 쇼우George Bernard Shaw (94세)
- 1856 테슬라Nikola Tesla (87세)
- 1869 간디Mahatma Gandhi (79세)
- 1875 슈바이처Albert Schweitzer (90세)
- 1879 아인슈타인Albert Einstein (76세)
- 1883 카프카Franz Kafka (41세)
- 1883 니어링Scott Nearing (100세)
- 1894 헉슬리Aldous Leonard Huxley (69세)
- 1895 크리슈나무르티Jiddu Krishnamurti (91세)
- 1904 니어링Helen Nearing (91세)
- 1910 모노Jacques Monod (66세)
- 1955 잡스Steve Jobs (56세)

◑ 레오나르도 다빈치(음란함을 피하고, 식이에 관심을 두라), 석가모니(산 풀도 밟지 않는 것이거늘), 소크라테스(전쟁의 기원은 육식에 있다), 예수(의인은 그 동물의 생명을 돌아보나 악인의 긍휼은 잔인이니라), 플라톤(바른 정치는 채식생활에서 시작된다), 피타고라스(내면의 언어는 사람과 동물이 같다)[90]

90) 전기 이광조에서 발췌.

◑ 약 50년 전 내 접시의 돼지고기를 보고 생각했다. 이건 공포와 고통과 죽음이다.

I stopped eating meat some 50 years ago when I looked at a pork chop on my plate and thought: This represents fear, pain, and death.

— 제인 구달Jane Goodall[91)]

◑ 인간에게는 비폭력이지만 불쌍한 동물에게는 살해자가 됨은 악마의 생각이다. 이는 살인과 고통의 씨앗을 심음이며 여기서는 즐거움과 사랑이 수확될 수 없다.

To be non-violent to human beings and to be a killer of poor animals is Satan's philosophy. He who sows the seeds of murder and pain cannot reap joy and love.

— 피타고라스Pythagoras

◑ 접시 위에 죽은 동물을 두고, 사랑과 평화를 논하지 마라.

Don't talk of love & peace when you have a dead animal on your plate.

— 소크라테스Socrates

91) 영장류 동물학자 제인 구달 박사(1934년생)는 가족도 비건이다. 비건인 어머니는 95세까지 건강하게 장수하였다.

연구 육식에 대한 도덕적 논쟁, 2017

육식에 대한 도덕적 논쟁The Ethical Arguments Against Eating Meat은 동물권 활동이 활발한 호주 멜버런 출신의 철학자이자 윤리학자 줄리언 사불레스쿠Julian Savulescu[92]와 프란시스 버근스트Francis Vergunst가 'The Conversation'지에 실은 내용을 영국 옥스퍼드대 맷 피클스Matt Pickles가 요약하여 2017년 4월 옥스퍼드지[93]에 게재하였다.

많이 알려진 내용이지만, 육식의 영향을 근거자료에 의해 명확하게 정리하고 있어 부연 설명으로 소개한다.

"고기와 동물제품의 소비를 줄이는 것은 우리가 보다 도덕적으로 살 수 있는 가장 쉬운 일 중의 하나다"

---

92) 줄리언 사불레스쿠Julian Savulescu는 옥스퍼드대 실천윤리학 교수 및 동물권 학자인 피터 싱어Peter Singer의 박사학위 제자이다.

93) https://www.ox.ac.uk/news/arts-blog/ethical-arguments-against-eating-meat

♣ 환경 영향

가축농장은 땅과 지하수 및 수질을 악화시키는 원인이다. 수질오염으로 생물의 다양성이 손실된다. 수증기는 산성비로 변환되어 내리며 이는 산호초를 황폐화하고 대지에서는 마치 벌초된 현상이 일어난다.

가축농장에서 발생하는 이산화탄소는 기후변화의 주범이다. 인간이 생산하는 이산화탄소의 18%를 차지하는데, 이는 지구상 모든 수송에서 발생하는 이산화탄소보다 많다. 기후변화는 21세기 특유의 홍수와 더불어 가뭄, 열풍 등의 형태로 나타나고 있다.

♣ 곡물, 물, 땅

인간의 육식을 위한 축산업은 식물보다 훨씬 많은 곡식과 땅, 그리고 물이 소요된다. 예를 들어 소고기 1kg을 생산하기 위해서는 소가 약 25kg의 곡물을 먹어야 하고, 15,000리터(큰 생수병 7,500개)의 물도 필요하다. 현재 지구 땅의 표면 중 약 30%가 가축사육을 위한 농장으로 사용되고 있다.

♣ 극빈자에게의 영향

축산업 동물 수의 증가는 곧 곡물사료값의 인상으로 이어져, 한계 구매력에 있는 기아층이 새롭게 발생한다. 동물에게 먹여야 하는 곡물의 양은 약 35억 명의 식량과 같다. 알려진 바와 같이 현재 아프리카와 동남아를 합쳐 10억 정도의 기아자가 있다. 기아자의 정의는 식량부족으로 식사를 정기적으로 못하거나 항상 부족한 상황에 처해 있는 사람들이다.

♣ 동물고통

인간과 유사한 감정과 고통을 느끼는 동물로서 출생부터 도살까지 지속적인 학대를 받아 정신적, 육체적으로 피폐된 상태가 된다. 국가에 따라 동물복지 기준이 있지만 무의미하거나 지켜지지 않고 있다.

♣ 인간도 병들게 한다

동물생산단계에서는 성장촉진제와 살충제뿐만 아니라 많은 항생제가 투여된다. 미국은 생산된 항생제의 80%를 가축에 사용한다. 그 결과 육식으로 인하여 체중이 증가하며, 감염관리infection control 질병이 발생한다. 미국에서만 항생제에 대한 저항성 생성으로 매년 23,000명이 내성균resistant bacteria에 의해 사망한다.

이 외에도 알려진 바와 같이 육식은 심장병, 심장마비, 당뇨, 각종 암 등 심각한 건강 악화의 발병 원인이다. 따라서 채식단으로 전환할 경우 2050년까지 연간 800만 명이 구조되는 효과와 더불어, 의료비 및 기후변화에 의한 손실 약 1조5,000억불을 절감하는 효과도 있다.

◑ 과거에는 진실이 숨겨졌고, 현재는 사람들이 진실로부터 숨는다.

In the past, the truth was hidden, Today, people hide from the truth.

◑ 당신의 음식은 오늘도 제발 살려달라고 울부짖으며 죽어갔습니다.

◑ 한 국가의 위대함과 도덕적 진보는 동물을 대하는 태도에 의해 판단된다.

The greatness of a nation and its moral progress can be judged by the way its animals are treated.

— 간디M. K. Gandhi

분포 당신 옆에도 비건이 있나요

비건 처음 봅니다. 단백질은 어떻게 섭취합니까.

외부 심사회의에 처음 참가한 교수들이 묻는다. 점심은 따로 먹고 갈테니 먼저 드시라는 말에서 채식 얘기가 나온듯하다. (살짝 연예인이 된 착각...)

♣ 채식주의자 분포

2021년 발표[94]와 2018년 시장조사기관인 Ipsos MORI의 한국 포함 전세계 주요 28개국 조사(n=20,313)[95]에서는, 잡식omnivorous 73%, 플렉스테리언flexitarian(간헐적 육식) 14%, 어류식pescatarian 3%,

94) Mandy Meyer, This Is How Many Vegans Are In The World Right Now (2021 Update), Jan. 17, 2021.

95) Ipsos MORI, 2018. https://www.ipsos.com/sites/default/files/ct/news/documents/2018-09/an_exploration_into_diets_around_the_world.pdf)

채식vegetarian 5%, 그리고 비건vegan은 3%로 나타났다.

흥미로운 다음 표는 Ipsos MORI의 Online Panel System에서 발표한 '식단을 전환shift한 사람들의 기간별 유지비율'인데, 응답자 수(괄호 안)가 있어야 이해하기가 쉬워 추가하였다.

잡식 항목을 예로 들면, 전체 잡식(육식)인에 비해 비율은 4%로 적지만 절대 수(596명, 1개월)로는 꽤 많은 비잡식인이 잡식으로 전환하고 있다[96]. 모든 사람이 태어났을 때 잡식으로 가정하면 채식인을 포기하는 비율이 된다. 잡식항목의 대부분(85%)은 태생부터 잡식을 하였거나 일부 전환한 사람으로 구성하고 있다.

간헐식, 채식, 어류식, 비건식 등 비잡식으로의 전환은 절대수도 높고 기간이 달라도 안정적이다.

기간별 식단 유지 비율 (명)

기간별 채식인	잡식 14,911명	간헐식 2,793명	채식 968명	어류식 559명	비건식 540명
1개월	4 (596)	15 (419)	16 (155)	18 (101)	21 (113)
6개월	4 (596)	15 (419)	17 (165)	23 (129)	22 (119)
1년	4 (596)	16 (447)	17 (165)	18 (101)	19 (103)
2-5년	4 (596)	17 (475)	11 (106)	13 (73)	14 (76)
5년 이상	85 (12,674)	36 (1,005)	38 (368)	27 (151)	24 (130)

96) 2차자료Secondary Data의 한계로 어느 식단에서 왔는지는 알 수 없다.

다른 식단도 큰 차이는 없지만, 비건식으로의 전환은 5년 이상이 전체의 24%이고, 나머지 76%는 5년 미만으로 새로운 비건들이 꾸준히 늘고 있음을 보여준다.

세계적으로 비건 수는 2016년 이후 급속히 증가하였다. 연구[97]에 따르면 미국은 2016년 0.5%에 불과하였으나 2018년 6%로 증가하였다. 인구수로는 약 2천만 명이다. 이에 비해 채식인vegetarian은 과거 비건 수의 10배이었으나, 2018년에는 8% 정도[98]로 상대비율이 줄었다. 이는 비거니즘의 확대로 채식의 의미를 건강보다는 동물권과 환경을 전환하는 채식주의자가 증가하였음을 의미한다. 영국에서도 2014년 15만, 2016년 27.6만이던 비건 수가 2018에는 60만으로 4년 만에 4배로 증가하였다.[99]

2019년의 한 조사에서는 조사대상국 확대 후 세계인구대비 비건 비율은 약 2%로 나타났다. 사실 국가, 세대, 성별에 따른 편차가 커서 정확한 비건의 수를 알기 어렵지만, 지금까지 발표된 여러 출처를 어쩔 수 없이 기억과 체득으로 종합하면[100] 국내 어림수 비건은 1%, 50만 명 정도이나 급속히 증가하고 있다.

♣ 세대별 비건구성

약 15년 간격으로 나눈 2020년 비건의 세대별 구성은, 1996년 이후 출생인 Z세대Generation Z가 35%, 1981-1996년 사이 출

97) Top Trends in Prepared Foods 2017: Exploring trends in meat, fish and seafood; pasta, noodles and rice; prepared meals; savory deli food; soup; and meat substitutes, June 2017.

98) 2018 갤럽연구, Gallup study.

99) Ipsos Mori Surveys by The Vegan Society, 2016 & 2019.

100) 경영자 판단과 유사한 방법으로(경영학).

생인 밀레니얼Millennials세대에서 32%, 그리고 침묵세대The Silent Generation(1928-1945 출생)에서 12%를 차지하였다.[101)]

따라서 20대 중반 이하의 Z세대가 실질적으로는 10대 중후반에서 시작함을 감안하면, 연령이 낮을수록 비건 비율이 급속히 높아짐을 알 수 있다. 이는 통계조사가 아니더라도 비건활동에 참여한 활동가의 연령, 성별 등으로 인구통계변수를 쉽게 파악할 수 있다.

♣ 비거니즘 활성화 국가

구글트렌드google trends[102)]에 따라 비거니즘이 가장 활성화된 국가를 순서대로 정리하면;

① 호주, ② 영국, ③ 뉴질랜드, ④ 스웨덴, ⑤ 캐나다, ⑥ 이스라엘, ⑦ 미국, ⑧ 아일랜드, ⑨ 오스트리아, ⑩ 독일 순이다. 이는 보통 구글에서 비건과 관련된 검색어를 사용하는 빈도로 산출한다.

♣ 비거너리veganuary 참가자

매년 1월에 실시하는 비거너리 캠페인Veganuary campaign 참가자 수[103)]에 따른 2021년 비건소사이어티의 통계를 보면, 2014년 3,300명, 2015년 12,800명, 2016년 23,000명, 2017년 59,500명, 2018년 168,500명, 2019년 250,000명, 2020년 400,000명,

---

101) UK diet trends 2020, Finder, Feb. 2020.

102) Google Trends Data, The most popular countries and cities for vegans, Chef's pencil, Jan. 2019.

103) The Guardian (https://veganuary.com/a-record-breaking-veganuary-2018).

2021년 582,000명으로 꾸준한 상승세를 보인다. 이는 비건숫자가 아니라 매년 비건을 시도하며 이 프로그램에 등록한 사람의 수이다.

비거너리 참가자 수

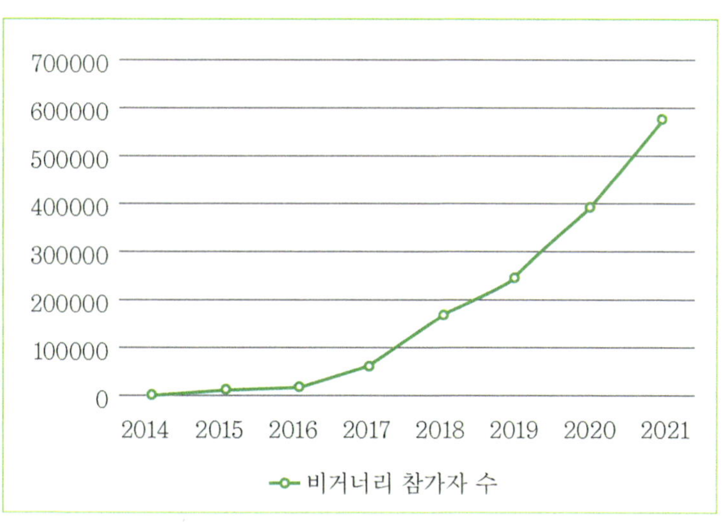

비거너리에 참가하는 이유는 동물권리보호 43%, 자신의 건강 39%, 지구환경 10%, 그리고 기타 8% 등이다. 비거너리 참가자의 참가 전 식단 형태는 잡식omnivore 47%, 채식vegetarian 22%, 비건vegan 17%, 어류식pescetarian 14%이다. 그리고 비거너리 참가자의 성별 구성은 여 84%, 남 14%, 성불복종gender non-conforming[104)] 1%, 그리고 기타 1%이다.

이상과 같이 비건 및 채식인의 수와 분포를 살펴보았는데,

---

104) gender non-conforming(성불복종): 성비순응은 성별을 남녀 두 가지로 나누어 속하거나 표현하는데, 이에 동의하지 않는 사람이다.

전체 인구에 비해 채식인의 모집단이 상대적으로 작고, 채식의 행위 특성상 고정값을 가진 변수가 아니므로 정확한 통계를 산출하기는 어려운 면이 있다.

하지만 전반적으로 비건의 증가세는 명확하고, 과거에 비해 채식인 보다 비건 및 비건 지향자의 수가 늘고 있다. 점점 더 많은 기업이 다양한 식품과 상품으로 비건산업에 진출하는 이유이기도 하다.

비거니즘은 계층주의classism를 거부하지만, 보통 셀럽celebrity으로 부르는 유명인들을 소개하는 이유는 그들이 갖는 공공성과 공개성에 있다.

사생활이 숨겨진 '보통사람' 비건들의 생활은 알 수가 없다. 따라서 비건생활을 하면서도 건강한지, 행복한지를 보여주는 유명인들의 생활은 비거니즘이 유익하다는 증거가 된다.

◑ 나의 음식은 비명에 죽지 않아, 편히 잘 수 있는 나는 비건이다.

I'm vegan. Because I sleep better knowing that my dinner didn't die screaming.

◑ 당신은 먹거리로 보고 우리는 아기로 봅니다.

You see food we see babies.

◑ 사랑하지 않습니다. 하지만, 그들도 고통을 느끼는 동물이기 때문입니다.

◑ 오늘도 나의 식탁에서 죽지 않아도 되는 아이들이 있음이 행복이다.

변화 비건 세상이 되어가다

지금은 익숙하지만 2017년 AV, 동물해방물결, 서울애니멀세이브 등 한국의 비건 동물권단체 활동 초기에는 '비건'을 아는 사람이 드물었다. 채식을 주로 소개하는 '한국채식연합'에 따르면 2008년 채식인구는 15만 명에서 최근에는 채식인 100~150만, 비건 50만 명으로 국내인구의 1~3%를 차지하며, 이 중 25%는 20대 연령층으로 발표하였다.

세계적으로는 인구의 8%[105]가 채식 위주 식사를 한다. 비거니즘 확산으로 지난 몇 년간 괄목한 사회변화가 있었고 지금도 계속 확산 중이다. 사례는 많지만 국내외 주요 사례는 다음과 같다.

105) Visualcapitalist.com, Vegetarianism: Tapping Into the Meatless Revolution, 2022.

♣ 국내 변화 사례

- 비건 수 급증
- 초중고 채식단 도입, 군대 채식 도입, 대학 채식동아리 증가
- 대학들 채식주의veganism 강의 시작
- 녹색당 채식선택권 헌법소원 준비
- 국내 E-Mart 등 대형마트 비건 식품코너 설치.
- 롯데(비건 푸드 대전 실시)
- 아모레퍼시픽, 올리브영 등(다양한 비건 화장품)
- 기업변화(비건식품출시, 무순서)

  사조식품(비건만두 등), 오뚜기(만두와 여러 종류의 볶음밥), 풀무원(김치, 라면, 짜장, 두부면, 냉면, 만두, 발효유 등 "지구식단"군단), 삼육(오랫동안 다양한 비건제품 출시), 자연드림(비건 만두, 볶음밥, 찐빵), CU(버거, 김밥, 도시락 등), GS25(떡볶이 등), 동원F&B(미국 대체육 Beyond Meat과 독점 공급계약), SPC삼립(미국 대체육 기업 Eat Just와 비건식품 공급), CJ(비비고 버섯잡채 등), 나투르(캐슈, 코코넛아이스크림 2종), 롯데마트(비건식당 '제로비건'), 비비고(김치왕교자 등), 고기대신(대체육, 만두 등), 베지가든(탕수육, 교자 등), 스타벅스(스윗칠리 올리브 치아바타, 멕시칸 라이스 브리또, 리얼감자 베이글, 진한 초코렛 퍼지 케이크 등 비건메뉴 제공), 이니스프리(비건 샐러드와 음료) 등등[106)]

106) 지금도 신제품이 출시되어 모든 열거가 불가능하다.

♣ 국외 변화 사례

- 미국, 고기 소비 감소로 동물도살 5억 감소
- 캘리포니아, 가장 오래된 목축농장 아몬드 재배로 전환
- 뉴욕시, 오리, 거위의 간 푸아그라 판매금지
- 슬로바키아, 모피 금지
- 미국 타겟Target, 스타벅스 비건 프라푸치노
- 미국 하버드 로스쿨, 동물권리를 위해 싸우는 교육 시작(2019)
- 뉴욕시, 고기 소비량 50% 감소
- 하겐다이즈, 비건 아이스크림
- 미국 유명백화점 니만 마커서Neiman Marcus(PETA, CAFT,[107] Designer Takedown[108]에 의해) 모피판매 중단
- 영국, 인구의 26%인 650만 명이 더 이상 고기 소비를 하지 않다.
- 호주, 고기 소비 25년 이래 최저
- 에르메스, 사과껍질 스니커즈, 버섯 핸드백 등 비건 패션 출시
- 뉴욕 공립학교, 93만 명 학생들에게 매주 금요일 비건식단 제공
- 미국, 730만 (인구의 3.2%) 채식인, 2,280만 채식지향 중[109]
- 뉴질랜드 보건복지부, 탄소발자국 감소와 건강을 위해 전 국민들에게 채식을 권유

---

107) CAFT(Coalition to Abolish the Fur Trade, 모피무역폐지연합) 모피무역반대 풀뿌리 연합.

108) 모피산업에 종사하는 디자이너를 대상으로 반모피활동을 하는 글로벌 단체.

109) Vegetarian Times, “Vegetarianism in America”

- 영국 런던대학, 기후변화와 싸우기 위해 소고기 금지
- 영국 써브웨이Subway, 비건 마늘빵 출시
- 영국 의사 300명, 코로나를 피하기 위해 비건을 추천
- 루이비통, 샤넬, 에르메스 등 동물가죽제품에서 탈피 시작
- 영국왕 찰스3세, 잔인함 때문에 모든 왕실에 푸아그라 금지를 선포[110)]

다행히 한국에서도 비건들이 많아지고, 훌륭한 먹거리도 심심찮게 출시되어 맛보기가 즐겁다. 비건시대가 되어 가는가.

◑ 동물도 우리처럼 목숨이 하나밖에 없다는 생각을.

Consider that animals, like us, have one life.

◑ 수의사는 자신의 환자를 먹는 유일한 의사이다.

110) 우리 현실과 비교하면 참 멋진 '정치권'이 아닌가.

V E G A N

VEGAN

- **비난** 불편한 비건들
- **우유** 아기 송아지는 뭘 먹니?
- **단체** 동물해방 모의작당
- **건강** 육체의 배신

비난 불편한 비건들

혹시 숨어서 고기 먹지 않아. 몸이 좋은데.

(지나가는 대화는 가볍게 넘긴다. '찌지직~ 불고기 구워 먹지')

비건들은 사실 모두를 불편하게 만든다. 만나는 사람마다 밥 먹을 때 '죄 있이' 죄의식을 갖게 한다. 그래서 이런 모함도 만든다.

개인사로는 코로나 전까지 매년 참가한 동남아 봉사활동에서 학생, 교직원, 교수로 구성된 수십 명의 봉사단원들을 '조금' 불편하게 만들었다. 매끼 잡식단까지 막을 수는 없어도 유명한 바비굴링babi guling[111] 정도는 이유를 설명하며 막는다. 굳이 아기 돼지까지 통구이로.

가끔 귀국 직전에 시내로 들어와서 마차나 말을 타는 일정에

111) 바비굴링: 아기돼지piglet다. 바비는 베이비baby, 굴링은 돼지를 뜻한다. 한국 포함 전세계에서 먹고 있다.

서는 혼자 걸어가며 말에 올라탄 모두의 마음을 무겁게 만든다. 얼마나 불편했을까. 얼마나 내가 미웠을까.

그런데 그 불편한 마음이 사람들을 변하게 했다.

서두처럼 몸매에 대한 평가112)는 건강편에서 설명하고, 사람들은 비건들이 육식을 참는 줄 안다. 초기에는 육식의 까르마karma가 있어 음식광고 등을 보고 동물식이 생각날 때도 있지만, 대부분 몇 초안에 사라진다. 잔인하게 죽어가는 장면들이 그 생각을 완전히 덮어버린다.

사람들의 비건에 대한 공격 내용은 단순하고 반복적이다. "식물도 아파한다", "약육강식이 자연법칙이다", "채식을 강요하지 마라", "몰래 고기를 먹는다" 등이 흔한 주장이다. 더 많은 주장이나 질문에 대한 설명은 마지막 장에 추가하였다.

종종 위선이라는 말을 들을 때도 있다. 왜 비건을 위선이라고 할까. 비건이 위선으로 보이고, 가끔 위선일 때도 있겠다. 부모나 교육자처럼. 하지만 경험상 이는 비건의 의미를 이해하지 못하는 단계에서 발생한다.

비건들도 익숙한 생활에서는 문제가 없지만, 비건 초기나 낯선 환경에서 정보 부족으로 인한 실수가 위선으로 보이기도 한다. 그러나 실수는 시간이 지날수록 줄어든다.

설명하였듯 사회동물으로서의 인간은 완벽한 비거니즘의 실천이 불가능하다. 무지와 무의식의 실수 이외에 완벽한 비건생활을 위해 노력하는 태도가 비거니즘이다.

특히 육식주의자carnist나 축산업자 중에 비건이나 비건활동가

---

112) 비건(비거니즘)은 차별을 위한 평가를 하지 않는다.

를 향한 비난이 많다. 2018년 영국의 음식관련잡지 편집자는 "비건을 하나씩 죽이자"라고 했다가 해고된 사례도 있다.

비건활동가나 비건들은 여러 공격에 익숙해져 있고 일상화되어 있다. 때때로 보다 완벽해지기 위해 그 내용을 분석한다. '내가 너였던' 경험을 바탕으로 그 마음도 이해한다.

모든 동물은 '밥그릇'을 본능적으로 방어한다. 약한 이종동물에게 먹이를 나눠주는 동물도 흔하지만, 특히 육식생활을 즐기는 사람은 이를 부정당하고 빼앗길 것 같은 불안감, 불쾌감, 개인의 선택에 대한 도전으로 생각할 수 있다.

대부분의 분노는 자신의 입장이 인지부조화cognitive dissonance[113)] 상태와 자아방어기제ego defense mechanism의 작동에서 생기는 자연스럽고 당연한 반응이다. 옳고 그름에 대한 정답은 이미 스스로 알고 있다. 단지 인정하고 공감할 자존감이 필요할 뿐이다.

비건 강의나 강연에서 청중들은 가끔 채식을 강요한다고 표현을 하는데 그렇게 느끼기 때문이다. 안 하면 그만이다. 누구에게도 채식을 강제할 수단은 없다. 군대나 외딴곳에 가두어 놓고 채식만을 지급할 때 강요가 가능한 일이다.

비판이나 비난의 유일한 배경은 정보 부족이라 생각한다. 동물이 어떻게 죽고, 고기가 어떻게 만들어지는지에 대한 생각이 아직 없음이다.

거리에서 동물살해의 진실을 보여주며 비거니즘을 설명하는

113) 육식인의 불편한 마음을 설명할 때도 많이 사용하는 심리학 용어로서, 자신의 가치관과 실제 행동의 불일치에서 발생하는 심적 불편함을 의미한다.

동물권 활동에서 시민들은 보통 세 가지 반응을 보인다. 동감(동의와 공감), 반감(거부와 항의), 무감(침묵과 무관심).

보통 동물학대 영상과 설명 앞에서 충격으로 깊은 생각에 잠기거나 눈물을 흘리는 사람이 가장 많다. 활동가의 짧은 설명에 수천 명 중 90% 이상의 사람들이 머리를 숙이며 감사를 표시하며 떠났다. 간혹 화를 내며 공격적인 사람도 있지만(반감), 그 공격은 충격을 받았다는 증거로 오히려 시간만 조금 더 필요한 긍정적 반응이다. 가장 어려운 대상은 무반응인 사람이다. 속을 알 수 없어 정확하게 판단하기는 어려우나 지금까지 수년간의 대화 경험에 비추어보면 신중하거나 공감도가 낮은 사람이다.

비건활동에 관한 언론보도에 항상 많은 댓글이나 덧글이 있지만, 대부분 비건과 비거니즘에 대한 홍보 부족이라 기다릴 수밖에 없다. 그리고 비건단체 활동가들은 경제적 이익이 전혀 없다. 오히려 동물구조나 유지를 위해 돈을 모은다. 따라서 동물해방과 환경을 위해 희생하는 이타주의 풀뿌리들이다.

동물권활동의 언론보도에 달린 다음 댓글이 기억에 남는다.

◑ full****(글쓴이 ID)

왜 세상 사람들은 채식주의자들을 그렇게 미워하는지 모르겠다. 채식하는 사람들이 많아지면 지구환경에 도움이 되고 그건 육식하는 사람들에게도 혜택으로 돌아가는데 그리고 애완동물을 키워보면 안다. 의외로 지능이 높고 인간과 의사소통이 다 된다는 점에서 놀란다. 채식주의자를 미워

하는 이유는 그 사람들이 자꾸 자신들의 양심의 가책을 자극하기 때문 아닐까

— (2019.08.22., 오마이뉴스 댓글)

◑ '내가 살기 위해 남을 먹지 않겠다'는 생각은 감성적 신념이 아니라 평범한 이성이다.

◑ 만약 비건이 동물학대에 대해 떠드는 모습이 짜증난다면, 보통 당신이 아직 그 학대에 가담하고 있다는 뜻입니다.

If you find vegans who actively speak up against animal cruelty annoying, it's usually because you're still contributing to the cruelty yourself.

◑ 비건들은 신념을 다른 사람들에게 '강요'한다고 하지만, 사실 동물들의 머리가 잘리도록 '강요'하는 사람들은 당신들이다.

They say vegans push their beliefs on others, you are forcing animals to get their heads chopped off.

◑ 세상은 아름답지만 인간이라 부르는 질병이 있다.

The world is beautiful, but has a disease called man.

— 니체Friedrich Nietzsche

◑ 진실을 말하는 사람보다 미움을 받는 사람은 없다.

No one is more hated than he who speaks the truth.

— 플라톤Platon

우유 아기 송아지는 뭘 먹니?

(소이 카푸치노 숏 머그잔에 시럽없이 주세요.)

와우~ 한 문장에 다섯 가지 조건이 달렸다. 이 중 네 가지가 비건이다.

출근하지 않는 주말은 늘 다방에서 밀린 작업을 한다. 신경 쓸 주위가 없어 집중이 잘 된다. 커피 한 잔을 받아와 첫 모금을 마실 때 부드러운 거품에 행복을 느낀다. 우유가 아니라 두유[114]라서 행복하다.

비거니즘은 모든 부당한 차별에 저항하는 사상이지만, 역사적으로 인종차별(racism, 노예제도 등), 성차별(sexism, 특히 남녀차별), 그리고 종차별(speciesism, 인간과 동물, 동물간 차별)

114) 잔인한 우유가 들어가는 카페라떼나 카푸치노 대신 소이카페라떼나 소이카푸치노 주문이 많아졌다. 요즘은 두유 외에 귀리oatmill 등의 대체유가 가능한 곳도 있다.

이 대표적 저항대상이다. 노예제도와 반상제도는 법적으로 폐지되었지만 인종차별문제는 지금도 제노사이드genocide 등의 형태로 끊임없이 발생하고, 성차별에서는 남녀가 모두 권리를 주장하는 과도기에 있다. 종차별은 도입기로 볼 수 있다.

이 중 푸아그라 생산을 위한 오리[115]나 거위를 제외하면, 죽지 못하고 고통스러운 생활을 하는 동물들은 대부분 여성이다. 인간이 그렇게 살도록 만들었다. 남녀 탄생비율이 같다면 국내에서만 연간 약 10억 수평아리의 생일이 곧 사망일이다. 그렇다고 살아남은 여성 병아리는 행운이 아니다. '여자이기 때문에' 죽을 때까지 눈 뜨고 볼 수 없는 고통의 노동과 착취가 시작된다. 여성과 같은 여성동물, 젖이 나오는 소는 엄마다.

♣ 우유의 진실 (세상에서 가장 잔인한 탈취, 송아지의 엄마젖)

우유도 계란도 동물성 식품이므로 육류다. 육식의 진실을 알게 되면 우유가 가장 잔인한 '식품'임을 깨닫게 된다. 그래서 자주 강조하고 언급한다. 그 잔인함은 소와 사람의 눈으로 볼 수 있다.

소도 포유동물이므로 사람처럼 임신과 출산을 거쳐야 젖이 나온다. 거리활동에서 만난 사람들 중에서 지금도 '젖소'의 존재를 믿는 사람들이 많았다. 출산없이 그냥 나오는 '젖소'는 애초에 없다.

---

115) 오리가 거위보다 훨씬 많다.

오늘 인간이 굶겨 죽인 아기소들의 영상이 보인다. 배가 등에 붙어 마치 빈 자루처럼 보인다. 이렇게 인간이 가로챈 소의 젖은 인간이 마시고 바르다 반쯤은 버리기도 한다.

먼저, 소는 인간에 의한 강제임신 후 9개월이면 새끼를 낳지만, 거의 모든 수컷은 당일, 암컷은 초유만 먹이고 분리된다. 엄마와 아기가 강제로 분리되는 슬픈 장면은 유튜브에도 넘쳐난다. 납치되는 아기를 따라 뛰는 어미소 장면은 지구 어디에서나 발생한다.

그 슬픈 장면은 한 번에 끝나지도 않는다. 납치되는 아기를 바라보고 헤어지는 고통을 보통 열 번은 겪어야 죽을 수 있다.

분리처가 따로 없는 작은 농장은 뾰족한 침이 박혀 있는 수유방지장치preventer[116]를 송아지의 코에 걸고 나사로 죈다. 젖을 빨려고 하면 엄마는 아파서 피하게 된다. 송아지는 배가 고파 울면서 하루 종일 쫓아다니지만 단 한 방울의 젖도 먹지 못한다. 아니면 어미 바로 옆 칸에 분리해 둔다. 그러면 종일 울어댄다. 어미와 새끼가 울 때는 인간처럼 그만한 이유가 있다. 축산업의 90% 이상을 차지하는 공장식 농장에서는 아예 새끼들만 몸체만한 개인 틀에 가두어 둔다. 이 개인 틀의 규모는 수백 수천 개로 끝이 안 보일 정도다. 이 잔혹한 현실에서 인간이 그토록 주장하는 인간성은 어디에 있을까.

종종 7개월쯤에서 뱃속의 태아를 뽑아내는 강제출산도 한다. 그러면 인간이 원하는 '우유'도 나오고, 미숙아 송아지는 연한 고기와 질 좋은 송아지 가죽으로 팔 수 있다. 그래도 태어난 수컷은 임신능력이 없으므로 어미와 분리 후 잔인한 학대[117]와 함께 굶겨 죽이거나, 비용절감을 위해 3개월쯤 호스를 통해 오물을 강제로 먹이다(실제로는 주입) 도축한다.[118]

낙농산업이 광고를 이용하여 우리에게 청정해 보이도록 세뇌한 우유는 인간의 건강이 아니라 오직 그들의 돈벌이 때문에 존재한다. 죄 없는 소와 양, 염소들이 죽을 때까지 좁은 틀에 갇혀 억지로 짜내는 우유는 사실 흰색이 아니라 피고름의 붉은색이다.

소젖의 주인은 정말 사람인가. 이 잔혹한 현실을 만든 책임자는 낙농업자가 아니라 지금도 우유를 마시고 치즈를 바르고 있는 구매자 당신이다.

암송아지는 임신능력 '덕분에' 살았지만 죽음보다 고통스러운 어미의 삶을 바로 이어받는다. 7~10번쯤 임신과 출산, 착유를 반복하다 '기능'이 떨어지면 도축장으로 끌려가 눈물을 뚝뚝 흘리면서 참수되고 반쯤은 의식이 있는 채로 모든 피부(가죽)가 벗겨지는 극한의 고통을 느끼며 '해체'된다. 이때의 나이는 평균 5년으로 수명의 1/3~1/5이다. 그리고 이들을 토막 낸 사체가 고기다.

116) 송아지 이유기로도 사용된다. 매우 날카로운 돌기들이 붙어 있어 손가락에 닿아도 피가 날 정도의 고통을 느낄 만큼 잔인하게 만들어져 있다. 이 돌기들이 어미 소의 젖에 닿으면 아파서 피하도록 만들었다.

117) 동물농장과 도축장에서의 학대는 주로 종사자에게서 발생하는데, 효율적(빨리)으로 처리해야 하는 일정과 움직이는 동물의 특성을 통제하는 수단으로 차거나 때리고 밟는 구타 행위가 매우 빈번하다. 이 과정에서 죽는 동물은 쓰레기통으로 투입되어 동물사료로 처리된다.

118) 송아지에게 젖을 먹이면 낙농업이 존재할 수 없다.

♣ 유제품과 건강

건강과 관련하여 사람들이 가장 착각을 하고 속고 있는 부분이, 우유가 우리 몸에 칼슘을 만들고 튼튼하게 한다는 광고이다. 광고배경에는 소들이 초원에서 행복하게 뛰어놀고 있다. 전부 거짓이다.[119)]

여러 착한 연구[120)]가 사실이 아님을 증명하고 있다. 사람들은 우유를 그렇게 마시는데 왜 그리 골다공증이 많을까. 우유를 좋아하는 사람이 황당해해야 할 일은 최근 들어 비건들의 뼈가 더 튼튼하다는 연구들이 속속 나온다는 사실이다.

다행히 최근 들어서는 우유의 잔인함과 건강정보의 확산으로 두유 등 10가지 정도의 우유 대체식품을 선택하는 사람이 늘고 있다. 그러면 우유와 우유로 만드는 치즈 등 유제품은 우리 몸에 어떤 영향을 끼칠까?

사람들이 칼슘 섭취와 골다공증 예방을 위해 섭취하는 우유에 대해 비건활동가이자 의사인 황성수 박사는 이렇게 쉽게 설명한다.

'산성음식을 먹으면 뼈 속에 있는 알칼리성분 칼슘이 중화하

---

119) 호주와 미국, 캐나다 등 땅이 넓은 국가에서는 초원에 소들이 보인다. 햄버거 패티용 방목을 목초육이라 하는데 소들을 위해서가 아니라 사료비를 아끼기 위해서다. 15년 이상 살 수 있는 소들은 보통 2년쯤 지나면 도축장으로 끌려간다. 마블링을 좋아하는 아시아 사람들을 위해서는 2년 반의 대부분(400일까지)을 가두어 두며 옥수수 등으로 곡물사육을 한다. 비타민을 제한하는 등 잔인한 방법으로 탄수화물과 지방을 몸에 채워 주저앉는 병든 소가 된다. 모든 소들은 성장촉진제와 항생제를 듬뿍 맞는다. 한국은 육류섭취에서 비롯되는 대장암 발생률이 2018년 세계 2위에서 현재 184개국 중 1위다.

120) 연구비 지원기관의 의도에 휘둘리지 않는 독립연구

기 위해 빠져나온다. 우유, 달걀, 생선, 고기는 단백질이 많은 산성식품이다. 이런 식품의 섭취 증가로 골다공증이 더 많이 발생한다. 뼈를 튼튼히 하기 위해서는 운동과 햇볕이 필요하다. 현미, 채소, 과일에는 섬유질과 항산화성분 그리고 몸에 적절한 단백질이 있다.' 다른 의학논문에서도 유사한 연구로 지지[121]되고 있다.

미국에서 8년간 52,795명을 대상으로 조사한 대규모 연구[122]에서는 골다공증osteoporosis의 가장 큰 이유로 우유를 지적하였다. 우유나 치즈를 좋아하는 사람들은 안 믿고 싶겠지만, 구체적으로 우유가 뼈의 형성 세포를 제거하는 원인으로 밝혀졌다.

북유럽국가를 비롯하여 우유를 많이 섭취하는 국가일수록 골절빈도가 높은 상관성을 보여주는 연구는 쉽게 찾을 수 있다.

우유와 유방암 발생 간의 상관관계를 증명한 연구를 보면, 1997년 암이나 당뇨 병력이 없는 33,780명의 스웨덴 여성을 대상으로 조사한 연구결과에서도 우유를 하루에 300ml 마시는 사람은 마시지 않는 사람에 비해 유방암 발생률이 33% 높

---

121) Consuming dairy products can actually be a cause of osteoporosis, How? - "Drinking milk acidifies the body pH, which triggers a biological correction. In an effort to bring the body back to a more alkaline state, calcium is leached from the bones. Thus, the notion that drinking milk will prevent osteoporosis is incorrect. The opposite is the case. 〈www.vegtv.com〉

122) Gary E Fraser, Karen Jaceldo-Siegl, Michael Orlich, Andrew Mashchak, Rawiwan Sirirat, Synnove Knutsen, Dairy, soy, and risk of breast cancer: those confounded milks, International Journal of Epidemiology, Volume 49, Issue 5, October 2020, Pages 1526-1537. 샘플sample 수가 많은 대규모 연구는 보통 신뢰도가 높다.

았다.[123] 8년 동안 미국인을 조사한 연구[124]에서는 50%가 더 높았다.

2020년 Sunday PEOPLE[125] 지를 보면 영국의사 450명 이상이 5세 미만에게 우유 금지, 학교에는 우유급식 중단을 주장하고 식물성 대체유로의 전환을 요구하였다. 그 이유로는 우유식이 암, 천식, 습진 등의 질병발생을 높이기 때문이다.

♣ 우유의 실체

우유의 성분을 보자. 판매되는 우유는 공장에서 가공을 거쳐 깨끗하게 보이지만, 고름pus, 피blood, 호르몬hormones, 항생제 antibiotics 등이 포함되어 있다. 동물에게 대량으로 투입되는 성장호르몬과 항생제는 토양오염의 원인이기도 하다.

우유의 고름세포는 수백만 개만으로도 골다공증을 유발할 수 있는데, 각국의 리터liter당 우유 고름세포pus cells 허용량을 보면, 영국 4억, 미국 7억5천, 브라질 10억, 그리고 호주와 인디아 등은 무제한이다. 따라서 낙농업 종사자는 유제품을 체세포 somatic cells라 부르기도 한다.

내용물의 실체를 떠나서 인간이 개나 고양이의 젖, 소나 말,

---

123) Joanna Kaluza, Shoko Komatsu, Mara Lauriola, Holly R Harris, Leif Bergkvist, Karl Michaëlsson, Alicja Wolk, Long-term consumption of non-fermented and fermented dairy products and risk of breast cancer by estrogen receptor status - Population-based prospective cohort study, Clinical Nutrition, Volume 40, Issue 4, April 2021, pp. 1966-1973.

124) Richard Hoffman, Breast Cancer: Is Milk a Risk Factor?, The Conversation, 2021.

125) 1881년 창간된 영국에서 가장 오래된 신문.

코끼리의 젖을 먹는 행위가 자연스러운 일인가. 반려동물에게 인간의 젖을 먹이지 않는다면 일방적 착취가 아닌가.

♣ 유(젖)당불내증(乳糖不耐症, lactose intolerance)[126]

한국 성인의 75%가 유제품을 먹으면 흡수불량으로 설사가 나는 증상을 경험한다. 소화불량이 비정상은 아니다. 유아기에는 젖당의 분해능력이 뛰어나지만 성장하면서 모든 동물은 유전적 비활성화로 소장에서 생성되는 유당분해효소인 락타아제 lactase가 감소하면서 생기는 증상이다. 특히 성장속도가 빠른 소의 젖을 인간이 먹으면 신체가 부실하게 커지는 부작용도 발생한다.

소장에서 분해되지 못하는 유당은 대장으로 넘어가면서 대장 미생물이 유당을 발효하여 신경계 자극과 소화기 질환을 일으켜 염증지수가 증가함으로 인해 아토피성 피부염atopic dermatitis, 류마티스 관절염rheumatoid arthritis 등 자가면역질환이 발생한다. 특히 장의 점막손상은 뇌점막 손상으로 이어지기도 한다.

♣ 소의 자연 성질

아기 소의 젖을 인간에게 빼앗기는 삶을 사는 소의 특성은 다음과 같다.

- 가족과 자는 것을 좋아한다.
- 사람처럼 2-4명의 친구와 대부분 시간을 보낸다.
- 사람에게 먼저 공격하지 않는다.[127]

126) 〈낙농편람〉, 〈대한암예방학회지〉, 〈한국중앙암등록보고서〉.

• 멀리서도 집을 찾아올 수 있다.
• 8km 밖의 냄새도 맡는다.
• 거의 360도로 볼 수 있고, 빨간색을 제외한 모든 색을 본다.
• 홀스타인종이 사육 소의 대부분을 차지한다.
• 이 종은 사람의 지문과 같은 얼룩점holstein's spot이 있다
• 그래도 사람을 좋아한다.

◑ 너의 엄마도, 젖도 아니야.

Not Your Mom, Not Your Milk.

◑ 놀랍다. 인간도 젖이 나오다니

— 엄마 소

◑ 모든 페미니스트는 비건이 되어야 한다.

◑ 유전자확인검사 결과가 나왔습니다. 소는 당신의 생모가 아닙니다.

The test results have arrived, the cow is not your mom.

◑ 내가 들은 가장 처절한 울부짖음은 낙농장의 어미 소가 훔쳐간 새끼를 돌려달라며 매일 매일 절규하는 울음입니다.

The worst scream I have ever heard, by far, is a mother cow on a dairy farm screaming her lungs out day, after day, after day for her stolen baby to be given back to her.

---

127) 투우장 안에 수십 명의 사람을 세워두고, 화난 소를 투입하는 실험 동영상을 찾기 바란다. 화나게 한 사람만을 좇아가지만, 세워 둔 사람 누구와도 부딪치지 않는다.

단체 동물해방 모의작당

저 알아 보시겠어요. 명동에서 만났던.

(아니요...)

(AV 100인 큐브를 동물단체 무브와 기획하고 홍대 앞에서 브이 포 벤데타 마스크를 쓰고 수백 명이 모인 날[128] 누군가 인사를 한다.)

님 덕분에 비건이 되었어요. 감사합니다!

가끔 길거리 활동이나 강의, 강연을 통해 내 덕분에(혹은 때문에) 비건이 된 사람들이 활동이나 비건페스티벌 등에서 인사할 때 너무 반갑다. 한 사람이 비건이 되면 일단 수천의 동물을 죽이지 않아도 되는 효과가 있어서.

128) 책 뒷면 표지(날개) 사진.

♣ 비건활동가, 그 존재의 이유

비건으로는 충분하지 않다. 활동가가 되어야 한다.

현재 세계 약 몇 %의 비건과 채식주의자로는 대다수[129)]가 지구를 오염시키는 행위에 별 회복력이 없다. 더불어 활동가가 더 존재해야 하는 이유가 있다.

활동가는 비건을 기하급수적으로 늘어날 수 있게 한다. 동물권활동에서 나로 인해 비건이 된 사람이 활동할 때, 또 그들로 인해 더 많은 사람이 비건이 될 때 동물해방과 지구환경에도 선한 영향이 커진다.

비건활동이 채식 강요로 들리는 수도 있지만, 활동의 이유는 'No Planet B'[130)] 즉, 지구가 하나이기 때문이다. 지구라는 배에 함께 타고 있다는 의미이며, 90% 이상의 사람들이 배 바닥에 구멍을 뚫는 중이다. 21세기에는 더 열심히.

활동가는 대부분 비건단체에서 동물과 환경을 위한 운동을 하지만, 개별활동가도 있다. 이들은 자신의 환경에 적합한 위치에서 저술, 강연, 강의, 기타 여러 일을 하고 있다.

현대문명을 자찬하지만 사람들은 육식의 잔혹함을 스스로 깨닫기는 어려웠다. 관습과 문화 속에서의 자연스러운 식단이다. 최근까지 존재한 식인종[131)]도 마찬가지다. 비건활동가가 존재해야 하고 더 많아져야 하는 이유는 정규교육에서 산업의 이익을

---

129) 인간은 누구나 존재만으로도 환경오염의 책임을 면할 수는 없다. 하지만 비거니즘으로 오염의 극소화는 충분히 가능하다.

130) '다른 지구는 없다'. 인간은 달이나 화성에서 자연스럽게 살 수 없다.

131) 동남아 오지의 식인풍습도 있지만, 한국은 2022년에도 인육캡슐을 수입하다 걸렸다. 몸에만 좋다면 뭐든 먹는 사람이 꽤 많다는 반증이다.

위해 가려왔던 진실을 이제 모두에게 알려야 하기 때문이다.

국내에서는 환경 및 동물구조와 관련된 단체도 많이 있지만, 동물권리 활동 단체 중에서 비건으로 구성된 세 곳만 간단히 소개한다. 이 단체들의 공통점은 동물보호단체가 아니라 궁극적으로 동물해방과 비건 세상을 위한 풀뿌리 공동체이다.

이 단체들의 특성은 모두 비건으로 구성되어 있고, 신생 단체이지만 가시적인 성과가 많다. 사회관계망과 SNS의 발달로 동물권 활동도 국내와 국외 구분이 없어졌다. 따라서 활동가도 전 세계적으로 밀접하게 연결되어 지속적인 소통과 정보교환을 하고 있다.

♣ ANONYMOUS for the VOICELESS[132] (AV, 어나니머스)

의역하면 '말 못하는[133] 동물을 위한 사람'이다. 2016년 4월 호주 멜버른에서 시작하여 전 세계 1,000개 이상의 도시 번화가에서 수십만 명이 활동하고 있는 단체이다. 지금은 다양한 독립단체가 생기면서 좀 줄었지만, 주로 거리에서 행인과 대화하는 방식 때문에 현 코로나 상황에서 서울팀은 활동이 중단된 상태로 재개 준비 중이다.

활동가들은 동물학대의 진실을 알리는 큐브CUBE[134]에서 쓰는

132) '서울팀'은 COVID-19로 인해 2020년 7월 18일 이후 활동이 중단된 상태이다.

133) 사실 물살이를 포함하여 동물들도 그들의 말을 한다. 최근에는 돼지의 언어를 밝힌 연구도 있다. 동물의 지능은 인간, 침팬지, 코끼리, 까마귀, 돌고래, 돼지, 비둘기, 문어, 벌, 라쿤 순이다. 인간과 교감하는 영리한 개와 고양이는 10위권 밖이다. 지능에 의한 차별이 아니라 다른 다양한 동물들도 크기와 무관하게 소중함을 설명하고자 한다.

마스크로도 유명하다. 기원은 17세기초(1605년)이지만, 2006년 상영된 브이 포 벤데타V for Vendetta에서 사용된 가이 포크스Guy Fawkes 마스크와 흡사하나 볼의 빨간 점은 없다. 어나니머스는 불의에 저항하는 의미가 있다. 2003년 결성된 온라인 해커커뮤니티도 같은 의미이다.

대화활동을 아웃리치outreach라 부르며 사람들에게 다가간다는 뜻이다. 사람들은 숨겨져 있던 '고기'가 만들어지는 과정을 보고 충격을 받는다. 눈물을 흘리는 사람도 있고 긴 대화를 한 사람은 예외 없이 정중한 인사를 하며 떠난다. 대화 중에는 수많은 질문과 토론이 있다. AV 서울팀은 지금까지 서울 신촌사거리, 홍대거리, 명동역 등에서 수만 명의 시민 및 외국인들과 직접 대화를 나누었다.

이 단체의 목적은 잔혹한 진실을 대형모니터와 노트북을 이용하여 영상으로 전달하여, 시민 공감을 통한 탈육식 실현에 있다. 개인적으로 가장 의미 있는 일은 설명한 대로 이야기를 나눈 시민들이 비건활동가로 동물권에 나타날 때이다.

♣ 동물해방물결('동해물')

AV 서울팀과 비슷한 시기인 2017년 11월에 결성된 단체로 "느끼는 모두에게 자유를"을 외치며 종차별 철폐와 동물해방에 목표를 둔다. 전략적 기획으로 동물권리와 채식과 관련된 법의 제정을 촉구하는 활동을 많이 한다. 미국의 동물단체 LCA(Last Chance for Animals)와 연대하고, 유일한 한국 이름의 비건활

---

134) 동물이 잔인하게 도살되는 '진실TRUTH'을 담은 TV나 노트북 등 영상기기를 활동가가 사각CUBE 형태로 들고 대열을 이룬다는 뜻이다.

동가 단체이다.

동물권 조사와 실태 고발, 행동과 시위, 대중 캠페인, 입법운동, 교육, 그리고 최근에는 구출 소 6명[135]을 위한 보금자리sanctuary 마련 등 다양한 분야에서 의미 있고 체계적인 활동[136]을 하고 있다.

♣ 디엑스이DxE, Direct Action Everywhere

시끄러운 단체다. 사람에게 폭탄을 던진다. 정확한 표현은 '육식은 폭력'이라며 동물식을 먹는 현장에서 사람의 마음에서 터지는 폭탄을 던진다. 도축장에서는 구조할 권리Right to Rescue를 외치며 온몸을 사슬 등으로 결박하는 락다운lockdown을 한다. 해외에서도 마찬가지다. 모두 불법이다. 따라서 비난이 끝도 없다. 그런데 그 뜨거운 반응이 디엑스이의 활동목적이다. 디엑스이는 2013년 미국 샌프란시스코에서 설립되었고, 한국팀은 2019년부터이지만, 활동가들은 이전부터 AV, 동해물 등 비건단체에서 활동하였다.

간혹 사람들은 법을 준수하면 항상 도덕적인 사람으로 착각하는 실수를 한다. 법 만능주의legalism다. 도덕과 법은 대체로 일치하지만 모순되는 일도 많다.[137] 수의사의 응급치료, 시장의 영세상인 불법좌판 철거 등이다. 법은 정의를 외치지만 사

135) 6명 중 미나리가 보금자리 이전을 앞두고 급성 장독혈증으로 사망하였다.

136) 동물해방물결 홈페이지(donghaemul.com).

137) Steven Mintz 교수의 글 "왜 도덕적인 사람들이 법을 뛰어넘는가? Why do ethical people go beyond the law in decision-making?"에서도 추가 설명을 찾을 수 있다.

회안정이 목표다. 국민도 좋지만 위정가는 더 좋다. 그런데 억압받는 사람은 늘 있다. 그들은 대부분 약자들이다.

외면하면 편하고 합법이다. 그런데 동물을 먹기 위해 목을 자르는 일이 분명히 도덕은 아니다. '폭력'은 부드러운 표현이고 실상은 참수 살해다. 여러 조사에서 직접 도축을 하면 육식을 포기하겠다는 비율이 95% 이상이다. 따라서 육식은 청부살해다.

비건활동가는 일단 생각없는 이타주의자다. 자신에게 돌아오는 이익은 '무조건' 없다는 사실을 안다. 대부분의 이익단체는 자신의 이익을 위해 활동하지만 비건단체는 관심도 없다. 훗날 비건 세상이 오면 그때는 호혜적 이타주의자가 되겠지만.

모든 활동이 쉽지는 않다. 어나니머스(AV)팀은 계절 따라 땀과 콧물이 줄줄 흐르는 마스크와 손이 퉁퉁 붓는 차가운 거리도 견뎌야 한다. 매연 많은 도심에서의 몇 시간 대화는 목이 따갑다. 무거운 장비도 늘 짐이다.

동해물(동물해방물결)은 거친 도축업자를 설득해야 하고 때로는 치열하게 싸워야 한다. 질퍽하고 악취나는 현장에서의 동물구출과 먼지 가득한 거리투쟁도 해야 한다.

디엑스이는 '불법'이기에 희생적이다. 국내외 활동가는 일상적으로 체포되고 구금된다. 자신을 모두 버려서라도 진정한 정의와 도덕을 위해 행동한다.

♣ 동물해방구역 '보금자리'

늙은 가축을 본 적이 있는가.

순한 동물은 모두 가축이라는 이름으로 갇혀 있다가 클만하면 죽는다. 먹는 비용이 크는 이익보다 크기 때문에. 여자동물은 착취가 끝나면 죽여 고기로 만든다.

최근의 한 사진작가가 동물해방구역(보금자리,[138] 안식처)인 생추어리sanctuary에서 찍은 여러 동물들의 사진을 전시하고 책으로 만들었다. 인간처럼 익어가는 모습을.

생추어리는 이렇게 '가축'동물들도 인간처럼 자연수명이 다할 때까지 교감하며 존재할 수 있음을 보여주는 상징으로 의미있는 장소이다. 호주나 미국, 캐나다 등에서는 동물을 속박한 동물원 대신 서로 존중하며 자연에서 자유롭게 만나는 교육장소로 활용된다. 물론 활동가들의 자원봉사도 많다.

단, 몸집이 큰 동물일수록 유지 및 안전 비용도 필요하므로 국가의 지원('국가가 운영'을 뜻한다)이 필요한 부분이다. 생추어리는 안락사라는 이름으로 죽이는 유기동물의 보호처가 될 수 있다. 인간에 의해 함부로 태어난 동물이라도 모두 인간과 사회가 끝까지 책임을 져야 하지 않을까.

땅이 넓은 나라의 생추어리는 대개 도시에서 서너 시간 거리에 있지만, 자연의 땅이 넓고, 싸고, 주위에 시비 걸 민가도 없는 곳으로 동물들도 본능적으로 친숙할 수 있는 곳이다. 인간이 자연에 가면 숨쉬기가 상쾌하듯.

부러웠던 생추어리가 최근에 우리에게도 '보금자리'로 몇 군데 생겼다. 모든 조건을 마련하기에는 많이 힘들었지만, 의미있는 부분은 인간이 가장 빈번하게 살해하는 소, 돼지, 닭의 안식처이다. 비건동물권단체와 활동가뿐만 아니라 많은 마음들의 노력

138) 비건단체 동물해방물결에서 외래어 생추어리를 '보금자리'로 명명하였다.

과 희생으로 이루었지만 유지를 위한 관심도 절실한 영역이다.

- 돼지(디엑스이) : 새벽이(2019), 잔디(2022)
- 닭(비건활동가 신영님) : (빨)강이, (주)홍이, (백)설이, (오)레오 등(2020)
- 소(동물해방물결) : 머위, 메밀, (미나리), 부들, 엉이, 창포(2021)[139)]

활동가들이 채소와 과일 등의 간식을 들고 '달뜨는 마을' 보금자리에 들어갔다. 다섯 소가 앞으로 와 조용히 기다렸다. 애들이 참 점잖다. 놀다 보니 좋아하지 않을 수가 없다.

◑ 난 추수감사절을 지내지 않는다. 살해의 짓거리이기에.

I don't celebrate thanksgiving, it's a story of murder.

— 안젤리나 졸리Angelina Jolie

◑ 누가 정의의 편에 서 있었는지, 누가 잔인함의 편에 서 있었는지 역사는 보여 줄 것이다.

History will show one day who stands on the side of justice, and who stands on the side of cruelty.

— 비건활동가Laetitia Verel

◑ 합법이 옳음을 의미하지는 않는다.

Just because it's legal, doesn't mean it's right.

---

139) 구조연도.

건강 육체의 배신

단백질은요. 칼슘은 어떻게. 비타민 B_{12}도 부족하다던데.
(육식을 하니까 칼슘과 비타민 B_{12}와 D 등이 부족한 겁니다.)

♣ 육식의 진실

활동에서 동물이 당하는 비참함과 동물권리를 설명하면, 돌아오는 답변의 대부분은 자신의 건강을 미리 염려하는 질문들이다. 건강을 염려하며 육식으로 지켰던 몸은 끝까지 배신하지 않을까.

국내외 비건 활동가 중에는 비만인을 찾기 어렵다.[140] 외모 평가는 비거니즘에 어긋나지만, 건강과 관련이 있으니 전문자료를 찾아보면 상식이 나온다. 비만은 혈관질환을 만들고, 혈

140) 운동을 통한 체중조절이나 저칼로리 다이어트는 보통 얼굴부터 뱃살 순으로 살이 빠지지만, 자연채식은 많이 먹어도 2주~2개월 사이 반대의 순서대로 살이 빠진다.

관 오염은 모든 질병의 원인이 된다.

육식의 종말은 살충제pesticide, 비대(성장)촉진제auxetic, 항생제antibiotic에 의한 고혈압hypertension,[141] 당뇨diabetes, 비만obesity, 심장병heart disease, 심혈관질환cardiovascular disease, 호르몬변화hormonal changes 등이다. 대부분의 질병은 육류 지방으로 인해 탁해진 혈관에서 발생한다. 최근 실험에서는 육식 후 탁해진 혈청 사진이 발표되었다.

그래서 사람들은 스스로도 상식을 알고 있다. 채식 후에는 편한 마음을 가질 수 있으나, 육식 후에는 늘 고기를 줄여야지 한다. 모두가 하는 말이다. 그런데 육식 소비량은 갈수록 늘고 있다.

치맥축제 반대시위(n맥축제)에 참여한 적이 있다. 축제라 쓰고 대학살이라고 읽는다. 닭들이 인간과 같은 감정을 갖고 있음은 차치하더라도 실제로 어떤 환경에서 무엇을 먹고 고통받고 있는지 알면 편하게 '치킨'을 먹기는 어려워진다.

한 비만수술 전문의의 고백과 연구[142]에 따르면 지구촌 100세 노인들은 거의 채식인인데 반해, 동물성 단백질은 당뇨, 고혈압, 심장병 그리고 암과 밀접하다. 세균에 의해 만들어지는 비타민 B_{12}는 유기농 과일, 채소, 통곡물만으로 충분하다. 동양에서는 자연산 식초나 간장, 된장에도 충분히 있다. B_{12} 부족은 육식인에게도 많이 나타나며 연령과 관련이 높다. 칼슘 또한 채소에 풍부하고, 채식인의 뼈가 더 강하다. 골다공증은 핀란

141) 한국에서도 과거에는 갑작스러운 육식증가로 인한 고혈압으로 뇌출혈환자가 많았으나, 지금은 혈압약 복용으로 인한 심장병환자가 증가한다. 미국과 점차 비슷해지고 있다.

142) Garth Davis, 비만의 종말, 어느 비만수술 전문의사의 고백, 2021, 사이몬북스.

드, 스웨덴, 미국, 영국 순으로 많으며 이는 유제품 섭취가 많은 순이기도 하다.

평생 우유와 고기를 '골고루' 먹은 사람들이 왜 그렇게 골다공증이 많을까. 이에 대해 정직한 연구[143]가 아주 많다. 우유는 산성으로 건강한 혈중pH를 유지하기 위해 몸의 칼슘이 함께 배출되기 때문이다. 우유회사의 광고에 지금까지 속았다는 주장이 의사들, 특히 비건이 된 국내외 비건의사들의 저서 곳곳에 나온다.

미국 대통령(1993-2001년 재임)이었던 빌 클린턴Bill Clinton은 심각한 발병 직후인 2013년 헌신적인 비건devoted vegan이 되었다.[144] 건강을 묻는 기자들의 질문에 "채식이 나를 살렸고 나는 손주를 보며 살고 싶다.", "지금 체중이 20파운드 빠졌고, 느낌이 아주 좋다"며 즐겁게 인터뷰를 하였다.

유명인의 비건생활은 모방성 측면에서 영향력이 크다. 각 전공분야의 주치의들이 비건생활은 건강에 해가 되지 않고 오히려 도움이 된다는 점을 인정하는 증거로 건강을 염려하는 사람들이 편안하게 채식이나 비건으로 전환하는 '믿는 구석'이 된다.

2022년 1월부터 뉴욕시장직에 당선된 에릭 애덤스Eric Adams는 비건활동가이다. 그의 어머니는 15년 동안 당뇨병을 앓아 7년 동안 인슐린을 접종해왔지만, 80세에 채식을 시작하여 2개월 만에 인슐린에서 벗어났다고 직접 발표하였다. 미국 대통령, 시장 등 정치인과 함께, 튼튼한 신체가 조건인 스포츠 선수들

143) 미디어처럼 광고주의 지원을 받지 않고 수행하는 순수한 연구.

144) www.aarp.org, Health Newsletter, 드물게 어류를 섭취한다는 주장도 있다.

도 비건이 되어 자신의 종목에서 활동하고 있다. 이들은 공통적으로 육식을 할 때보다 체력이 낫고 몸의 균형이 일정하다고 한다. 모든 비건이 느끼는 상식이다.

대통령과 시장은 몇 살에 죽을지 모르지만, 개인적으로 성경책bible처럼 끼고 사는 책의 저자인 근본주의자, 자연주의자 스캇 니어링Scott Nearing은 100세에 이르자 스스로 음식을 중단하며 삶을 마쳤다.

그의 식단 절반은 과일이었고, 잎이 많은 채소 35%, 식물성 기름과 견과류 10%, 그리고 곡류와 콩류는 5%로 이루어졌다. 그는 도살장 식사와 동물 노예화, 그리고 해로운 고단백 식단에서 벗어남을 평생 즐겼다.

이렇게 비건들은 고기를 먹지 않고도 건강하게 살 수 있음을 곁에서 보여주는 증거들이다.

♣ 고기 소비량

미국은 고기가 주식인 기간이 약 100년이다. 1인당 소비량[145]은 1940년 58파운드(26.31kg), 1978년 89파운드(40.37kg), 2020년 200파운드(90.72kg)로 증가하였다. 비건수도 증가하였으므로 육식인의 고기 소비는 약간 더 많음을 추정할 수 있다. 통계가 없더라도 미국인의 비만도는 경험과 상상에 맡긴다.

한국은 육식이 거의 없었던 60년 전과 비교하면 소 12배, 돼지 20배, 가금류는 47배 증가하였다. 인구수는 1961년 2,577만 명에서 2021년 5,182만 명으로 두 배 증가하였지만, 인당 육류소비량

145) The United States Department of Agriculture (USDA).

은 1970년 5.2kg, 2000년 32kg, 2021년 약 54kg[146]으로 10배에 이르고, 이는 쌀 소비량과 비슷하다. 세계평균은 약 35kg이다.

기준시작점이 여럿인 배율은 좋은 측정도구는 아니지만, 고기 소비량을 비교하면 미국은 80년 동안 3배 이상, 한국은 50년 동안 약 5배 이상 증가하였다. 따라서 현재 국내 20~30대에게도 5년 동안 고혈압과 당뇨가 50% 증가[147]하였다.

♣ 인간의 환경호르몬 노출경로

고기와 유제품을 섭취할수록 인체의 면역력 저하와 신경계 혼란을 일으키는 환경호르몬에 더 많이 노출된다. 미국인 기준 하루 평균 119pg(picogram)이 노출[148]된다.

노출경로로는 소고기 38.0, 유제품 24.1, 우유 17.6, 닭 12.9, 돼지 12.2, 어류 7.8, 계란 4.1, 호흡 2.2, 토양섭취 0.8, 그리고 물은 무시 수준이다.

한 예로 인간이 가장 많이 '잡아먹는' 닭의 실체는 성장호르몬growth hormones, 살모넬라바이러스salmonella, 대장균e-coli, 기생충관리제arsenic, 그리고 다량의 항생제antibiotics 등이다.

소의 사체가 빨갛게 맛있게 보일 리가 있겠는가. 시간이 지나면 검붉은 색으로 변한다. 원래 색을 유지하기 위해서는 무색의 유독성 기체인 일산화탄소carbon monoxide를 첨가한다. 미국식품의약국 FDA에서는 수십 년 전부터 사용금지를 주장했지만 법적 권한이 없어 지금도 사용된다. 이외에도 고기를 부드

146) 내년 육류소비량, 쌀 소비량 추월 전망, 농수축산신문, 2021.08.17.

147) 건강보험심사평가원 2022 자료 및 보도.

148) North Amerian Daily Intake (pg/day) of TEQ.

럽게, 생선을 촉촉하게 만드는 질산나트륨sodium nitrates, 아질산나트륨sodium nitrites 등의 화학처리 방부제는 심장질환, 당뇨, 암의 원인이 된다. 화학처리된 인공조미료도 만성질환chronic disease을 유발한다.

♣ 항생제 오남용

한국의 항생제 사용량은 미국의 3.6배, 일본의 2.6배, 호주의 14.5배이다. 연도에 따라 차이가 있지만 미국에서는 판매되는 항생제의 50%~80%를 축산에 사용한다. 항생제 오남용은 항생제에 내성을 가진 슈퍼박테리아를 탄생시킨다.

| 축산업 항생제 사용량 국가별 비교 |

국가별	항생제사용량(ton)	육류총생산(100ton)	사용량 지수
한국	1,368	1,493	0.916
일본	1,059	2,982	0.355
미국	9,097	35,825	0.254
호주	199	3,183	0.063

♣ 2007 미국연구 - 콜레스테롤 비교

비건은 얼마나 더 건강할까. 잡식인과 락토오보, 락토, 비건 등 네 집단의 콜레스테롤을 비교한 2007 미국연구[149]를 표에

149) Simone Grigoletto De Biase, Sabrina Francine Carrocha Fernandes, Reinaldo José Gianini, João Luiz Garcia Duarte, Vegetarian diet and cholesterol and triglycerides levels, Comparative Study Arq

간단히 두 집단으로만 정리하였다. 다른 연구[150]에서도 미국인 평균 (총)콜레스트롤cholesterol은 육식인 210, 채식인 161, 비건 133으로 비슷하게 나타났다. 지수 200 이상은 관상동맥성 심장병coronary heart disease 위험이 높은 군으로 알려져 있다.

잡식인과 비건 건강지표 비교

단위 mg/dl	잡식인	비건
트리글리세리드, TG triglyceride	155.68	81.67
총콜레스테롤, TC total cholesterol	208.09	141.06
저밀도지방단백질, LDL low density lipoprotein	123.43	69.28
고밀도지방단백질, HDL high density lipoprotein	두 집단간 통계적으로 유의한 차이는 없으나 비건의 수치가 높다.	

♣ 건강한 비건 식단의 예[151]

- 40%의 과일 채소fruits & vegetables
- 25%의 식물성 단백질plant protein (콩, 두부)
- 25%의 통곡물whole grain (메밀, 밀베리, 수수, 오트밀, 옥수

Bras Cardiol, 88(1), January 2007: 35-9.

150) 육류나 우유에 관한 연구나 발표는 지원 배경을 확인해야 한다. 국내외 모두 육류 및 우유(자조자)협회 등이 스스로에게 유리한 발표를 만들고 있다.

151) A healthy vegan plate, Mitch Kahn Fitness.

수, 콩, 퀴노아, 통보리, 프리케, 현미, 호밀)과 녹말전분식물starchy vegetables[152] (감자, 고구마, 찰옥수수)

• 10%의 건강한 지방healthy fats 아보카도 견과류

19세부터 70세까지 필요한 1일 평균 단백질 필요량은 남자 56g, 여자 46g이고, 칼슘은 700-1,000mg 정도이다. 이는 일상적인 채식단인 브로콜리broccoli, 녹색채소green vegetables, 아몬드almonds, 콩soybeans, 케일kale 등에 충분히 들어 있다.

♣ 채소과일의 항노화 효능anti-aging foods

• 레몬lemon : 비타민 C가 콜라겐을 생산하여 주름살 방지효과
• 고구마sweet potato : 베타카로틴beta-carotene 성분이 동물(인간)의 간에서 비타민A로 변하여 피부가 부드러워짐
• 토마토tomato : 라이코펜lycopene 성분이 광노화sun damage로부터 피부를 보호함
• 비트beets : 윤기없는 안색을 방지하기 위해 독소를 제거함
• 블루베리blueberry : 항산화물질이 유해활성산소damaging free radicals를 중화함
• 아보카도avocado : 아보카도의 오일성분이 수분을 공급하여 피부가 강화됨[153]

152) 녹말과 건강에 대한 경험을 소개한 유명한 책을 추천한다. '어느 채식의사의 고백 - 녹말음식은 어떻게 약도 없이 살을 빼고 병을 고치나, 존 맥두걸, 사이몬북스, 2014 & 2017.'

153) 아보카도는 생산과정에서 물의 소비가 최대로 알려져 있으나 실제로는 중간 정도이다. 하지만 모든 수입품은 탄소배출이 발생한다. 따라서 로컬푸드local food를 권장한다.

♣ 견과류(콩)의 영양소와 효능

- 식물성 단백질, 섬유질, 비타민 B, 철분, 엽산, 칼슘, 칼륨, 인 등이 풍부
- 심장건강을 증진하는 항산화제
- 제2형 당뇨병 위험 감소[154]

우유 대체유의 주 영양소

식물유 Plant Milk	주 영양소
두유 Soy Milk	광물(무기질)minerals, 단백질protein
아몬드유 Almond Milk	망간manganese, 인phosphorus, 칼륨potassium, 칼슘calcium
코코넛유 Coconut Milk	망간manganese, 셀렌selenium, 아연zinc, 철iron, 칼슘calcium
헤이즐넛 Hazelnut Milk	단백질protein, 칼륨potassium, 칼슘calcium

♣ 비건 운동선수

비건식단만으로도 충분히 건강하고 심적으로도 쾌적함을 느낀다. 비건들의 세계에서는 모태비건부터 70년 이상의 비건으로 백세를 넘긴 비건 등 건강한 사례들로 가득하다.

비거니즘이 활성화된 국가에서는 오래전부터 비건 운동선수들이 많다. 최근에는 국내의 운동선수들도 비건이 되고 있다.

154) HiDoc, www.hidoc.co.kr

구글링googling하면 많이 놀랄 수도 있다. 축구, 권투, 격투기, 철인, 테니스, 팔씨름, 피트니스 등 거의 모든 분야에 유명한 채식 선수들과 추천사가 등장한다.

비거니즘을 생활화하면 많은 진실을 깨닫게 된다. 건강을 염려하는 사람들은 자신의 건강을 위해서라도 먼저 지금의 '먹거리'가 '먹거리'가 맞는지 생각할 필요가 있다. 먹는 것이 확실히 우리 몸을 구성한다.

비건들은 공산식품인 비타민이나 영양제, 과자보다는 자연에서 먹거리를 찾는다. 자연식품[155]은 부작용이 없다. 인간과 유사한 신체구조를 가진 자연동물들이 비타민을 먹지 않고도 건강하게 잘 살아가는지를 지켜보면 된다.

◑ "고기 좀 그만 먹어!" "Stop eating Meat!"

— 아놀드 슈왈제네거Arnold schwarzenegger

◑ 사람들은 고기를 먹으며 황소처럼 강해진다 생각하지만, 그 황소가 풀을 먹는 일은 잊고 있다.

People eat meat and think they will become strong as an ox, forgetting that the ox eats grass.

— 피노 카루소Pino Caruso

◑ 어떤 사람들은 채식을 극단적이라 한다. 하지만 매년 50만 명의 미국인들이 심장을 열거나 정맥을 꺼내 관상동맥을 꿰매는 수술을 한다. 둘 중에 어느 것이 극단적인가.

— 가쓰 데이비스(외과의사)Garth Davis

155) 약간 더 비싸지만 토양을 덜 오염시키는 유기농 식물을 권장한다.

V E G A N

VEGAN

- **연구** 채식과 건강, 1999
- **연구** 처음부터 비건이 아니었다, 2014
- **고기** 죽은 동물입니다
- **내 새끼** 동물을 사랑한다는 착각

연구 채식과 건강, 1999[156)]

건강에 대해 약 6,000명의 채식인과 5,000명의 비채식인 비교집단 등 11,140명을 대상으로 영국 옥스퍼드대학에서 실시한 대규모 조사이다. 조사기간이 1980-1984년으로 비록 오래되었지만 이 논문이 여전히 조회 수가 높은 이유는 채식과 인체의 관계는 시간성과 무관하고, 매우 정교하게 조사된 문헌이기 때문이다.

이 조사는 채식인과 건강에 관심이 있는 모든 사람의 궁금증을 해결하는 분석결과를 포함하고 있다.

먼저 집단을 비건, 채식인, 페스코, 육식인으로 나누어 콜레스테롤을 나타내는 혈중지질농도의 차이를 살펴보자. 혈중지질농도는 동맥경화증(죽상경화증, atherosclerosis)과 관련이 높다.

---

156) Paul N Appleby, Margaret Thorogood, Jim I Mann, Timothy JA Key, The Oxford Vegetarian Study: an overview, The American Journal of Clinical Nutrition, Volume 70, Issue 3, September 1999, Pages 525s-531s.

혈중지질농도의 차이

집단별 혈중지질농도 Plasma liquid concentrations by Diet group[157]			
식단집단 Dietary group	총 콜레스테롤 Total cholesterol	저밀도지단백 콜레스테롤 LDL cholesterol	고밀도지단백 콜레스테롤 HDL cholesterol
비건 n=114 Vegans	4.29	2.28	1.49
채식인 n=1,550 Vegetarians	4.88	2.74	1.50
페스코 n=415 Fish eaters	5.01	2.88	1.56
육식인 n=1,198 Meat eaters	5.31	3.17	1.49

분석 결과, 먼저 비건의 총콜레스테롤은 채식인에 비해 약 14%, 육식인에 비해 약 24% 낮게 나타났다. 고밀도지단백 콜레스테롤에서는 큰 차이는 없으나(통계적으로는 낮은 유의한 차이) 저밀도지단백 콜레스테롤에서는 비건은 채식인보다 약 20%, 육식인보다 약 39% 낮게 나타났다. 따라서 비건식이 다른 식단에 비해 상당히 건강에 유리하다는 결과를 보여준다.

식단과 성별 영양섭취도를 살펴보면, 총에너지total energy, 단백질protein, 탄수화물carbohydrate, 지방fat 등에서는 큰 차이가 없으나, 비건에 비해 다른 모든 식단은 포화지방saturated fat의 섭취

157) 분석에서 집단간 평균차이가 모두 유의하게 나타나 표준편차값은 생략하였다. 한 예로 비건 총콜레스테롤 평균 4.29의 표준편차값은 0.140이다.

율이 두 배에 달한다. 식물섬유질은 비건이 육식인에 비해 약 58%(남), 59%(여) 높게 섭취하고 있다.

◑ 당신이 비건이 안 되는 이유는 당신입니다.

The only thing stopping you from going vegan is yourself.

— AV

◑ 질병을 만드는 음식을 중단하지 않고 병을 고칠 방법은 없다.

You cannot heal disease without stopping the eating of the foods which produce the disease.

— 아놀드 에렛Arnold Ehret

◑ 훌륭한 의사들The best doctors : 자연nature, 휴식rest, 명상meditation, 건강식eating healthy, 햇볕sunshine, 스트레칭stretching, 물water, 금식fasting.

연구 처음부터 비건이 아니었다, 2014

♣ 채식 포기자 수

2014년 "현재와 과거의 채식인과 비건에 대한 연구"[158]가 11,399명의 응답자를 대상으로 미국에서 진행되었다.(이해하기 쉽게 현재를 '유지'로, 과거를 '포기'로 의역한다)

먼저 이 논문은 희소가치가 있는 대규모 연구로 보고서 이외에도 상세한 통계분석자료를 별도로 제시[159]하여 검증의 신뢰도를 밝혔다.

이 연구의 핵심은 비건을 포함한 채식인의 30%가 3개월 이

158) Kathryn Asher, Che Green, Dr Hans Gutbrod, Mirna Jewell, Dr Galina Hale & Dr Brock Bastian, Study of Current and Former Vegetarians and Vegans initial findings, Humane Research Council 2014, Dec. 2014.

159) Kathryn Asher, Che Green, Dr Hans Gutbrod, Mirna Jewell, Dr Galina Hale & Dr Brock Bastian, Study of Current and Former Vegetarians and Vegans companion to the initial findings, Humane Research Council 2014, Dec. 2014.

내, 53%는 1년 이내, 그리고 평균 84%는 결국 채식을 포기한다는 주장이다. 포기자 비율은 세부적으로 채식인 86%, 비건 70%로 나누어진다. 약 11,000명의 응답자를 대상으로 실시한 조사이므로 대표성도 높고, 응답의 결과이므로 포기자가 많은 부분은 부인할 수 없는 사실이다.

비건활동가도 일부분 알고 있는 이 연구가 논란이 되는 이유는 논문내용의 일부(포기비율)가 육식인의 변명 도구가 되어 비건활동에 방해가 된다는 점이다. 지금까지 언론[160]과 축산업자, 관련산업인, 육식옹호자 등 다양한 이해관계집단stakeholders이 채식주의자의 지속성과 의지를 공격할 때 근거가 되는 논문이다.

따라서 연구자의 시각에서 이 논문을 상세히 분석한 결과, 채식인과 비건에 대한 포기율에서 심각한 오류가 있었다.

첫째, 용어의 조작적 정의가 다르다. 쉽게 설명하면 비건이 비건이 아니라, 이 논문에서 정의한 비건과 채식인 등은 응답자가 스스로 표기하지 않고 연구자가 식단으로만 구분하였다.

설문조사에서 응답자경로표respondent paths를 이용하여 식생활을 점검하고 식단에 따라 채식인의 정체성을 평가하고 구분하였다. 이는 경로차트의 제시와 더불어 연구방법론 부분에서 본 연구에 사용된 채식주의와 비거니즘은 식단만을 기준으로 하였음을 서술하고 있다.

---

160) Colin Schultz, Most Vegetarians Lapse After Only a Year - The vast majority of vegetarians return to eating meat, SMITHSONIANMAG.COM, Dec. 9, 2014.

비거니즘은 사실 식습관이 충분조건이 아니다. 비거니즘 사상이 없는 상태에서 완벽히 '풀만 뜯어 먹는다' 하더라도 비건이라 할 수 없다. 풀 뜯는 이유가 동물고통과 환경오염, 차별거부일 때 비건이지만 자신의 건강을 위한 풀이나 채식은 비건과 무관하다.

식단을 기준으로 한 정체성은 이 연구의 결과에서도 오류로 이어진다. 다음 〈표〉에서 채식포기자의 채식이유는 건강(58%)이 높고, 비거니즘의 기본사상인 동물보호와 환경관심 변수에서는 변숫값이 각각 27%와 22%로 매우 낮다. 이에 비해 채식유지인은 건강 69%, 동물보호 68%, 환경관심 59%로 전형적인 비거니즘 사상을 갖고 있음을 알 수 있다.

채식인과 비건 등 정체성과 무관하게 포기율이 높음을 증명하기 위해서는 채식포기인과 채식유지인의 변숫값의 평균차이가 없거나 낮아야 한다. 하지만 이 〈표〉에서는 평균차이분석이 필요 없을 정도로 차이*가 확연함을 알 수 있다.

변수 '입맛'에서 흥미로운 사실은 유지인(주로 비건으로 추정)[161]이 포기인(주로 채식인으로 추정) 보다 두 배 가까이 채식을 즐긴다는 내용이다. 육식이나 잡식인들에게는 의아한 이야기일 수 있지만, 비건생활이 익숙한 사람들은 '풀 맛'이 육식보다 얼마나 편하고 맛있는지 알고 있다.

161) 이렇게 집단의 특성을 추정하지 않으면 변숫값들을 설명할 수 없는 결과이다.

채식포기인과 유지인의 채식주의 선택변수

채식주의/비거니즘의 이유 (변수) Reasons for Vegetarianism/Veganism		
이유	채식 포기인	채식 유지인
건강 Health	58%	69%
입맛 Taste preference	31%	52%
동물보호* Animal protection	27%	68%
육류물 혐오감 Feelings of disgust about meat/animal products	27%	63%
환경관심* Concern for the environment	22%	59%
사회정의 및 세계기아 Social justice or world hunger	12%	29%

다음 표에서는 식단을 사용한 분류방법이 또 한 번 잘못되었음을 나타내고 있다. 남아 있는 비건/채식인의 응답을 보면 채식포기자와 명확한 차이가 있다. 포기인의 58%는 채식인이나 비건의 의미를 의식하지 못한 반면, 유지인은 11%만이 이에 대한 인식이 없다. 전환하면 채식유지인의 89%가 채식을 자신의 특성identity으로 생각하고 있다.

▌채식포기인과 유지인의 고충 변수▐

채식포기자와 채식유지자의 핵심 어려움 차이[162)] Key Difficulties with Vegetarian/Vegan Diets		
이유	채식 포기인	채식 유지인
채식인/비건이 내 특성이 아니다 'not' as part of my identity	58%	11%
식단에 싫증을 느낀다 bored with my food options	38%	12%
엄격한 채식단을 유지하기 어렵다 too difficult to be "pure"	58%	11%
닭 등 가금류의 유혹을 느낀다. tempted by poultry	37%	9%
소고기와 돼지고기의 유혹을 느낀다. tempted by beef or pork	35%	7%
물고기와 해산물의 유혹을 느낀다. tempted by fish/seafood	33%	8%

육식단 유혹도에서도 유지인은 7~12%로 거의 모두 자유로운 반면 포기인은 33~58%로 상당히 높다. 따라서 짧게 정리하면 채식유지인이 포기자에 비해 비거니즘 사상이 많은 비건임을 알 수 있다. 또한 경로표에서 비록 완벽하지 못한 비건식단으로 분류되었지만, 이들은 비거니즘 사상으로 채식을 유지하고 있음을 추정할 수 있다.

162) 원문 Table 5의 영문제목(채식단과 비건식단의 핵심 어려움)이 한글 제목과 다른 이유는 원문의 영문 제목이 표의 내용과 맞지 않는 오류가 있다. 한글 제목이 내용에 적절한 표현이다.

둘째, 채식인과 비건의 혼합

이미 오류의 원인이 파악되었지만, 이 연구에서 크게 아쉬운 부분은 조사분석에서 채식인과 비건을 하나의 집단으로 간주하여 집단간 평균차이분석을 실시하지 않은 점이다. 그 결과, 채식인과 비건의 개별 행동특성을 제시하지 못하였다. 즉, 채식인과 비건의 상이한 행동과 사상이 오염contamination[163]된 채로 평균값을 제시하여 독자를 혼란스럽게 만들었다.

연구결과에서 과거채식인의 목적이 주로 건강에만 집중되어 있다는 사실로 비추어 볼 때 비거니즘을 이해한 비건이라기보다 건강 목적의 채식인에 가깝다. 포괄 정리하면 비건이 아닌 채식인의 포기비율이 매우 높다는 뜻이다.

유지응답자의 이유인 건강, 동물보호 등에서 평균 60~70%로 산출되었지만 이는 비건과 채식식단인이 1:3으로 혼합되어 있기 때문이다. 만약 비건으로만 산출하였다면 평균값은 모두 90% 이상이 되어야 한다.

비건은 동물의 피부(가죽)나 꿀, 우유, 난류 등의 진실을 외면한 채 건강만을 채식의 이유로 들기는 불가능하다. 실제로 포기채식인의 평균값에는 채식인 1,037명, 비건 129명의 구성으로 약 8:1의 비율을 무시한 채 평균값을 산출한 오류가 크다. 유지채식인 또한 167명(채식인)과 54명(비건), 약 3:1의 비율을 무시한 채 평균을 산출하여 평균값의 대표성이 없다.

결론적으로 이 논문은 통계수치에 의한 유의한 주장도 있지

163) 시장조사방법론의 용어로 조사대상이 혼용되어 오염contamination되었다고 표현한다. 마치 제주도에 대한 관광객 만족도 조사에서 산책 나온 제주도민이 포함됨과 같다.

만, 여러 생활양식변수에서 비건과 채식인을 합쳐서 평균값을 제시하여 집단 간의 평균 차이를 알 수 없게 되어 있다. 즉, 비건과 채식인을 구분하는 변수가 불투명하다.

그리고 이 논문은 식단에서의 채식과 비건으로의 구분보다는 비건사상이 높은 비건이 지속성을 나타내었다는 점을 의도하지 않게 명확히 보여준다.

추가적으로 이 연구에서 2014년 미국의 유지채식인과 포기채식인(비건 포함) 구성은 전체 인구의 12%, 유지채식인(비건 포함)은 2%였다. 따라서 과거채식인과 현재채식인의 비율은 약 5:1이 된다. 즉, 채식인 중 약 83% 이상이 포기자로 산출된다.

또한 논문에서 과거채식인의 37%는 건강상 이유로 다시 채식으로 전환하고자 함을 밝혔다. 만약 이들이 모두 다시 채식인이 되었다면 이 논문 기준 미국의 채식인은 총 5.7%가 된다.

◑ '나는 비건이 될 수 없다'는 '나는 항상 동물학대자이다'를 뜻한다.

'I will never be vegan' means 'I will always be an animal abuser'.

◑ 목구멍의 쾌락 때문에 진실을 외면한다. 하지만 자신까지 속일 수는 없다.

◑ 비건이었던 사람은 처음부터 비건이 아니었다.

◑ 도살장의 벽이 유리로 되어 있다면 모두가 채식주의자가 될 것이다.

If slaughterhouses had glass walls, everyone would be a vegetarian.

— 폴 매카트니Paul McCartney

◑ 우유농장의 벽이 유리로 되어 있다면 모든 채식인이 비건이 되었을 것이다.

If dairy farms had glass walls, every vegetarian would be vegan.

고기 죽은 동물입니다

(고기가 아니라 죽은 동물입니다)

(고기로 태어난 동물은 없습니다)

가끔 땍폭...

(고기가 아니라 시체입니다. 사람 같은)

♣ 육식의 진실

동물들은 그냥 먹는다. 살기 위해서.

사람들은 맛있게 먹는다. 먹기 위해서.

치킨을 먹었다. 닭이 죽었다. 삼계탕을 먹었다. 또 닭이 죽었다. 닭이 죽는 장면을 보지 못했지만 죽음은 진실이다. 그 죽음의 현장을 상상할 수는 있겠는가.

'개고기'라는 단어만으로도 불편한 사람이 국내 인구의 80%[164]이다. 연간 국내에서만 백만이 넘는 개들이 어떻게 죽어 고기

164) 개고기를 안 먹는 사람의 비율.

가 되고 있을까. 그런데 누구는 먹어도 되고 누구는 불편한가.

인간사회는 입맛이라는 게걸스러운 습성에 따라 그 누구를 희생양으로 선택하고 죽여 음식으로 만들거나, 기꺼이 누구의 집사나 노예가 되어 쩔쩔매고 살기도 한다. 그러면서 그 불편함을 감추기 위해 문화 뒤에 숨어 있지만 그곳에서는 악습의 역사가 계속되고 있다.

육식은 너무나 자연스럽다. 합법이며 역사, 관습, 현실 모든 조건에서도 당연한 일처럼 보인다. 육식인끼리는 서로 육식을 비난하지 않으며 오히려 장려한다. 잘 먹는 사람은 미식가라는 칭호도 준다.

노르웨이 곤충학자 안네 스베르드루프-튀게손의 "세상에 나쁜 곤충은 ……."[165]에서도 설명이 있지만 많은 곤충들이 서로 잡아먹는다. 잡아먹는 방법은 연인과 헤어지는 50가지보다 많다. 그중 하나가 숙주의 중요기관은 마지막까지 남기며 살려둔다. 신선한 고기를 먹기 위해.

횟집의 수족관에서 물살이를 잡아먹기 직전까지 살려두는 일, 축사는 외진 산속에 있지만 도축장은 도시 근교에 있는 이유와 같다. 동물의 죽음과 식탁은 가까울수록 신선하다는 생각에서.

자연동물에게도 다양한 먹이사슬이 있고, 인간에게는 넘쳐나는 먹이사슬이 있다. 우리가 고려해야 할 부분은 그중의 한 사슬이 인류와 동식물까지 그리고 지구까지 파멸로 몰고 간다면 그 사슬을 고집해도 될까.

---

165) Anne Sverdrup-Thygeson, 세상에 나쁜 곤충은 없다(INSEKTENES PLANET), 웅진지식하우스출판사, 2019.

토론에서 우리 인간이 뱀파이어가 아님을 주장할 수 있는 근거가 없음에 대중은 놀란다. 오히려 뱀파이어보다 더 잔인한 삶을 살고 있지만 다음 세대가 살 수 없을 정도로 환경을 파괴해야 할까. 모든 인간과 동물의 보금자리인 지구를 파괴하는 행위는, 인간이 열등함으로 대상화하고 비하하는 동물, 짐승, 곤충들도 하지 않는 흉악범죄felony가 아닌가.

사실 인간이 만든 잔인한 단어 중의 하나가 '고기'다. 진실은 소고기, 돼지고기 등이 아니라 소시체, 돼지시체 등이다. 죽는 순간부터 썩고 있는 사체일 뿐이다. 숙성이라는 업자의 눈가림에 속으면 바보다.

시장이든 백화점이든 진열된 고기가 어디서 왔는지 한 번이라도 생각해 본 적이 있는가. 고기는 누군가가 죽어서 만들어진다. 돼지고기는 어릴 때 강아지처럼 뛰어놀기를 좋아하고, 귀엽고 교감도 되는 생명이었다.

고기와 와인이 곁들어진 식사를 정말 우아하다 생각하는가. 피를 주무른 그 요리사 '셰프chef(f)'는 정말 멋진가. 사실 훌륭한 요리재료로 착각하는 그 사체는 불과 며칠 전까지 병든 산업인 축산업에서 고통으로 신음하다 죽은 어린 동물이다.

어시장이나 횟집에서 물살이의 목과 몸을 토막 내는 장면을 편하게 보여주듯, 소와 돼지도 토막 살해되는 모습을 보여주면 안 되는가. 인간과 너무 닮아서 잔인한가. 너무 닮았는데도 죽여 먹는가.

육식이 정당하다는 생각은 다수에 의해 집단으로 익숙해진 관습과 문화가 아니라 그냥 악습이다. 피울 권리에서 악습이 된 흡연처럼.

그리고 익숙함이다. 영화에서 개나 고양이가 사살되는 장면이 나온다면 충격적이겠지만, 수백명의 인간이 죽는 전쟁 영화는 즐기고 있다.

사람은 지능이 높은데 가끔 다수의 행동을 레밍lemming처럼 비판없이 따른다. 집단행동에서 자신의 행동에 대해 깊이 생각하지 않는 약점이다. 가까운 곳에는 집단 따돌림과 성차별이 살아 있고, 역사적으로는 홀로코스트holocaust, 노예제도, 원주민격리추방segregation, 제주4.3항쟁 등이 모두 다수의 행동으로 죄의식 없는 학살이 이루어졌다. 하지만 다수가 함께 행하는 군중 속의 그릇된 행위는 훗날 역사적 비판을 반드시 받게 된다.

하나뿐인 지구가 쓰레기와 미세플라스틱으로 채워지고, 해양생물의 90%를 먹어 치운 일은 불과 5~60년 사이에 일어났다. 또한 공장식 축산으로 인한 환경오염, 동물을 통한 전염병 등은 다음 세대의 비판을 받게 된다. 그레타 툰베리Greta Thunberg 등 10대들이 학교를 결석하고 모든 도시에서 "우리 지구에 대한 책임을 져라"는 구호로 항거한 기후변화행동은 이미 비판의 시작이다.

다수의 문화 속에서 행하고 있는 끝없는 육식의 향연, 과소비를 힘겹게 지탱하는 자원고갈, 탐욕적 자본주의에 의한 동물착취 등으로 우리는 역사에서 지구를 탕진한 탕아(蕩兒)로 기록될 것이다.

◑ 내 몸은 다른 동물의 무덤이 아니다.

My body will not be a tomb for other creatures.

◑ 당신은 고기가 아니라 죽은 동물을 먹고 있습니다.

You don't eat meat, you eat dead animals.

◑ 무엇을 먹든 당신 선택이다. 그 무엇이 누가 될 때까지.

What you eat is your choice until the what becomes a who.

◑ 당신이 먹는 내가 생사를 결정한다면, 당신은 선택할 수 없습니다.

If what you eat determines whether I live or die, you are not making a personal choice.

내 새끼 동물을 사랑한다는 착각

(동물을 사랑하세요?) 네
(반려동물이 있나요) 네
(채식사료를 먹이나요?) 아닌데요
(그럼 다른 동물을 먹이나요?) ....

동물을 사랑하는 견주와 캣맘이라면 채식단을 챙겨야 하는 순간이다. 내 새끼들만 사랑하지 않는다면. 동물을 사랑한다 생각하는 견주나 냥이맘을 괴롭히는 이 질문에, 대부분 많이 놀란다. 대부분 생각을 해 본 적이 없다고 한다. 그리고 소위 '육식의 딜레마[166]'에 빠진다.

내가 육식을 하더라도, 반려동물에게 다른 동물을 먹이더라도 동물을 사랑한다는 마음은 거짓이 아니다. 진심으로 그렇게 믿고 있으므로.

---

166) 축산시스템의 문제점을 파헤친 케이티 키퍼의 책 '육식의 딜레마'

하지만, 개보다 빨리 뛸 수 있는가.

그렇지 못하면 목줄[167]은 인간에게는 채우지 않는 족쇄다.

고양이가 마음대로 나갈 수 있는가

그렇지 않다면 사실상 감옥 아닌가.

국내 800만 이상의 동거동물인이 가족으로 아끼는 동물이 혹시 구속된 환경에서 고통받지 않는지.

내가 사랑해주면 상대는 늘 행복할까.

집에 오면 반겨주는 귀여운 동물들

반려동물은 내 새끼가 아니라 같이 사는 사람 같은 동물이다.

하지만 반려동물은 안전을 위해서나 통제를 위해서나 목에 줄을 매는 순간부터 죽을 때 혹은 버려질 때까지 노예 생활을 해야 한다. 줄이 없어도 좁은 공간에 갇혀 있는 다른 동물들도 같은 처지다.[168]

인간이 선호하는 상품화를 위해 개량된 종을 제외하면, 반려동물은 인간에게 길들여지기 이전에는 자연에서 불편함 없이 살아갈 수 있는 어른인 성숙개체이다. 인간에 의해 학습능력을 잊고 '먹고 살기' 위해 주인의 눈치를 보며 온갖 재주를 피워야 조그만 간식이라도 먹는다. 여기서 사람들은 잘 훈련되었다, 똑똑하다고 표현한다.

---

167) 산책길에 목이 끌려가는 강아지나 성견을 쉽게 본다. 기다려줄 시간이 없는 산책이 많다. 아이들의 표정이 슬프다.

168) 인간과 함께하는 개와 고양이 등을 보통 반려동물이라 하지만 이에 대해 의문을 가지는 사람들(동물연구가 포함)도 있다. 여전한 애완견(인간의 장난감)의 시각과 동거동물로 부르는 시각도 있다. 특히 주거환경 특성상 좁은 곳에 갇히고 가끔 산책한다면 구속견, 구속동물이라는 명칭이 현실적이지 않을까.

개는 공식적으로 인간의 말 1,000단어 정도를 이해한다. 오감도 인간보다 뛰어나다. 인간은 상대적으로 약한 인간에게 목줄과 사슬을 매는 노예제도를 245년간 경험하고도 이제 내 욕심을 채우기 위해 약한 동물에게 같은 행위를 반복하고 있다.

자연의 모든 동물은 인간의 곁을 싫어한다. 먹이를 주면 얼른 먹고 자유를 찾아 떠난다. 물론 동거동물이 주는 행복감은 인간보다 훨씬 많이 그리고 깊이 느껴질 때도 있다.

그런데 다음의 이유에서 인간과 동물의 혼숙이 적절한지 하나씩 찾아보자.

♣ 동물을 진정 사랑한다면

- 용이한 입양방식은 동물학대로 이어진다.

  통계상 반려동물이 당하는 학대가 가장 많고 종류도 다양하다. 이는 인간과의 지속밀접성 때문이다. 어떤 사람에게 동물은 의미 없는 물건으로 여겨져 일상적인 학대가 이어진다. 심한 학대로 노출되지 않는 한 대부분 감춰진다. 나의 반려생활이 다른 곳에서는 감당할 수 없는 동물학대의 원인이 된다면 그래도 입양관습이 지속되어야 할까.[169]
- 주거환경은 자연의 위험에서 벗어나려는 인간의 필요와 취향에 의해서 건설된다.

169) 술이 인간의 즐거움이지만, 미성년자 음주율이 높아지고, 병이 나고, 음주운전을 참을 수 없는 사람이 많아 무고한 희생이 증가하면 술을 없애는 방법이 현명하지 않을까. 인간과 같은 장기를 가진 동물들은 음주와 흡연이 없어도 잘 살아가는 이상한 현상을 어떻게 설명할까. 그럼에도 술이나 담배가 존재하는 이유는 단 하나, 인간의 허용범위가 도덕적이지 않다.

집의 크기와 무관하게 광야를 뛰어다니는 동물에게는 적합하지 않은 환경이다. 개를 매일 산책시켜야 하고, 개, 고양이를 위해 대문에 통로(구멍)를 만들어두는 이유이기도 하다. 마음껏 뛰지 못하고 느린 견주를 질질 끌거나 보폭에 끌려가는 일이 산책이라 착각하지는 않는지.

- 입마개와 목줄을 보자.

  아이들에게도 하지 않는 이 보호장치를 평생 차야 한다. 언제 풀어줄지 모르는 입마개를 해야 하는 반려견의 고통과 참고 있는 그 마음을 읽어야 한다. 이외에도 목욕과 발톱손질, 미용 등 동물들이 극렬하게 거부해야 하는 환경이 과연 살기에 적합한 곳일까.

- 인간과 동물간의 의사소통은 쉽지 않다.

  인간이 동물과의 관계에서 편안함을 느낀다면 동물이 참고 있는 상태가 많다. 발생시기가 다르지만 반려동물이 있는 집에서는 대부분 심각한 문제가 발생한다. 특히 소통이 어려운 견주는 의도하지 않은 학대를 지속할 수밖에 없다.

- 자연보다 도시를 선택한 인간은 사회생활을 위해 그리고 생존을 위해 교육을 받지만, 자연에서의 동물은 어미로부터의 짧은 교육 외에는 자유로운 생활을 한다. 반려동물은 인간과의 사회생활을 위해 끊임없이 눈치를 보고, 어려운 소통훈련을 해야 한다. 이유 없는 '기다려', '먹어'는 소통이 아니라 괴롭힘이다. 식구에게 그렇게 말하는가.

내 반려동물의 똑똑함을 자랑하기 위해 먹이로 여러 재주를 만들어 영상으로 올린다. 엄연한 학대행위이다.

- 욕심과 착각에서 발생하는 문제로 과도한 접촉과 분장, 사랑은 집착하는 인간과 같다. 입질로 경고를 하다 실제 무는 상황에서도 계속한다.
- 비건들은 동거동물과 같은 식탁에서 같은 식사도 한다. 내 새끼라서 차별하는 마음이 애초에 없다. 인간에게 편리하게 만든 사료를 바닥에 던져주며[170] 내 새끼라 할 수 있을까.
- 설명한 대로 견주나 캣맘은 소, 돼지, 닭, 연어 등이 대량(80% 이상)으로 포함된 육식사료를 주고 있다. 나의 반려동물을 먹여 살리기 위해 수많은 다른 동물이 죄없이 죽어나가야 하는 현실이다. 따라서 반려인은 '동물사랑'이 아니라 내 반려동물만을 위한 '몰랐던' 이기심이다.
- 반려동물에게 채식사료가 학대라 생각할 수 있지만, 오히려 육식사료가 학대다. 비건을 포함한 채식인이 채식을 자학으로 생각하지 않음과 같이 건강을 위해서 권장하는 식단이다.
- 유기동물[171]을 제외하면, 본 적도 없는 동물을 위해서가 아니라 나의 즐거움과 외로움 등의 욕구를 채우기 위해 입양한다.

이러한 형태의 입양은 사실 인간이 동물을 악용함이고 그 결과 대부분의 입양동물이 의도하지 않든 의도하든 학대와 스트

170) 머리보다 약간 높은 밥그릇이 편하다.

171) 도살처분(안락사)에서 구조한 유기동물, 실험실 동물 등을 키우는 사람은 사실 천사들이다. 이 천사들의 희생적 노동을 줄이기 위해서라도 무분별한 번식과 쉬운 입양을 금지해야 하지 않을까. 언제까지 누구는 버리고 누구는 치워야 하는가.

레스에 시달리고 있다. 사람이나 가구를 물어뜯고 울어대는 이유이기도 하다. 또 출근 후 반려동물이 어떤 고통 속에서 일생을 보내는지 챙길 필요가 있지 않을까.

- 연구자료와 간단한 실험을 보면 동물도 인간이 갖는 자존감과 기타 모든 생각과 감정이 있다. 인간은 그들이 스스로 먹이를 구할 수 없는 환경에서 먹이와 간식으로 길들이나 이는 명백한 학대이다. 여러 반려동물이 자존심을 상해하는 실험과 동영상도 많다. 특히 사료로만 배급하고 인간만 맛있고 향기로운 음식을 먹을 때, 이들은 식욕의 고통을 끊임없이 참아야 한다. 가끔 손찌검까지 당하면서도 식탁의 음식을 탐해야 하는 잔인한 현실이 반려생활이다.
- 나의 반려동물도 인간처럼 지구환경에 악영향을 끼친다. 산책에서 배변처리가 귀찮아 기저귀 채우면 나는 편하고, 개는 불편해지고, 환경은 오염된다. 인간은 3년 차지만 개는 평생 차야 한다. 집안의 배변판도 대형이다. 큰 사람에게도 과하다 싶을 정도의 장난감이나 대형 놀이기구, 집 등은 대부분 플라스틱으로 꾸며진다. 나중엔 전부 쓰레기로 버려진다. 인간은 존재만으로도 끝없는 쓰레기를 방출하듯, 이렇게 인간과 점점 더 유사한 생활을 하는 반려동물도 많은 쓰레기를 방출하고 있다.
- 결혼, 권태, 물림, 유행, 이주, 질병, 출산 등 매우 다양한 이유로 인간보다 쉽게 파양된다. 한국에서만 하루에 수백 명의 아이가 버려진다. 이들은 낯선 환경을 당황해하며 위험 속에서 살아야 하고, 들개들은 순리대로 인간에게 위협적인 존재가 된다.

• 동물의 털은 갈이를 하며 자연에서는 자연스럽게 날리지만, 동거동물의 털은 공기가 탁한 한정된 공간에서 날리며 동물자신과 반려인의 건강에도 영향을 끼치고 있다.

피해의 정도는 면역력 등 개인의 특성에 따라 다르게 나타나지만, 각질, 침, 체액, 비듬, 진드기 등은 비염과 피부질환을 유발한다. 이미 반려인들이 많은 고통을 호소하고 있지만 파양할 수 없으므로 완전한 해결 방법은 없다. 여기서 많은 고통은 눈가려움, 눈물, 두드러기, 발진, 재채기, 코막힘, 콧물, 피부염, 호흡곤란 등[172]이다.

특히 반려동물의 털과 폐질환 간의 인과관계에 대해서 국내의 전문가들 특히 반려동물과 상업적으로 연결된 사람들은 부인하지만, 미국의 폐 전문협회[173]는 반려동물의 털이 폐질환인 숨가쁨, 천식 등을 유발함을 경고하고 있다.[174]

---

172) Echinococcus granulosus (or dog tape worm)
https://doctor.ndtv.com/faq/can-pet-dogs-cause-any-health-problems-4242

173) American Lung Association (2020, February 12) Pet Dander [Website] Retrieved on November 9th, 2020 from https://www.lung.org/clean-air/at-home/indoor-air-pollutants/pet-dander
Institute of Medicine, Division of Health Promotion, Indoor Air and Disease Prevention. Clearing the Air: Asthma and Indoor Air Exposures. Washington, D.C.: National Academies Press, 2000.
Kanchongkittiphon W, et al. Indoor Environmental Exposures of Asthma: An Update to the 2000 Review by the Institute of Medicine. Environmental Health Perspectives. 2015; 123: 6-20.

174) 반려동물 털에 대해 국내 수의사 일부는 개털과 알레르기의 연관성을 부인하고 있다. 개털 자체가 아니라 개털에 묻은 개의 각질, 체액, 침에 의한 유발이라는 설명이다. 설득이 되는가.

♣ 반려동물인과 비반려인

반려동물의 '사회진출'이 빈번함에 따라 비반려인과의 충돌이 잦다. 개물림 사고[175] 등으로 인한 사회적 논란도 매년 증가하고 있다. 반려인구가 빠르게 증가하고 있지만 여전히 다수는 비반려인들이다.

인간은 안전과 이익을 위해 도시를 만들었지만 관능으로 자연을 느끼고 싶어 하는 것처럼 다른 모든 동물도 그렇다. 고기가 되기 위해 갇혀 있는 가축도 조금도 다를 바 없다. 꽃향기 맡기를 좋아하고 맑은 공기를 마시면 즐거워한다. 푸른 초원을 보면 미친 듯 질주한다.

인간과의 삶을 선택 당한 반려동물들도 넓고 자유로운 환경으로의 '사회진출'은 지지하지 않을 수 없다. 한편 인간의 이익을 위한 시청각도우미견, 마약탐지견 등 특수목적 동물은 소수라 하더라도 착취를 중단해야 한다. 뛰어난 문명이 개코보다 못한가. 인간의 범죄는 인간이 감당해야 함이 마땅하지 않은가. 내가 억울한 장애인인데 또 다른 생명을 장애의 삶으로 만들고 싶은가.[176]

반려인들이 행인을 조심하지만, 종차별을 반대하더라도 모든 곳에 함께 하자는 주장은 깊게 생각할 문제다.

사랑스러운 '내 새끼'가 다른 사람에게는 공포와 혐오의 대상일 수도 있다는 점은 반드시 직시하고 인정해야 한다. 비반려인 모두가 동물을 싫어하지는 않지만, 매우 싫어하거나 공포에

175) 국내 개물림 사고는 지난 5년 이상 동안, 119 출동 집계만으로도 연간 2,000건을 상회한다.

176) '학대' 장에 상세한 설명이 있다.

질리는 사람들도 상당하다. 그들이 설사 소수라 하더라도 배려는 있어야 하지 않을까.

동물복지와 수익창출을 위해 화물칸에 실리던 개와 고양이를 기내로 허용하는 항공사가 늘고 있다. 점차 비반려인이 있는 '사회진출'을 한다는 뜻이다. 앞으로 개와 고양이와 더불어 토끼, 다람쥐, 거북이, 악어, 뱀 등의 희귀동물 반려인도 동반권리를 주장할 수 있다.[177]

동물소유를 통해 얻는 즐거움과 행복이 크지만, 이는 먹이가 되는 동물과 반려동물의 희생이 만든 이득이다. 유기동물이나 아픈 동물을 제외한 반려생활은 약한 동물의 희생 위에 있다는 진실을 이제 몸으로 느껴야 한다.

♣ 반려견의 사회화 훈련

유명한 강형욱님[178]등 훈련사는 견주와 개 사이에서 발생하는 끝없는 문제를 끝없이 해결하고 있다. 개의 마음을 어떻게 그렇게 잘 아는지.

사실 개의 문제가 아니라 사람의 문제이다. 사람의 문제에 개의 행동을 수정할 수밖에 없다. 인간이 저질러 놓은 실수는 사회화라는 훈련으로 시작한다.

외면하고, 도망가고, 숨고, 으르렁거리고, 입질하고, 가볍게 물리고, 치명적으로 물리는 단계[179]까지 다다를 동안 견주들은

177) 허용 항공사를 풍자하는 포스터가 나오고 있다.

178) 강훈련사의 팩트폭격이다. "개는 뽀뽀를 안 좋아해(뽀뽀는 먹이를 달라는 뜻)", "개는 포옹을 하면 경멸감을 느낀다(달리고 싶은 자유를 구속하는 행위)."

179) Dogsbite.org를 보면, 미국에서만 매년 수십 명이 꾸준히 반려견으로

'사랑'이라는 이름으로 괴롭혀 왔다. 개들은 오랜 시간 혹은 평생을 참으며 산다. 주인이 보고 싶어도 올 때까지는 아무것도 할 수가 없다. 전화를 할 수도 없다. 뛰어나갈 수도 없다. 약간의 산책으로 인간은 만족하지만 개는 아니다. 오직 갇혀서 얻어먹는 일밖에 없다.[180] 인간은 같이 놀아 주다 바쁘면 제 갈 길을 가버리지만 개는 갈 곳이 없다. 그 자리에 있어야 한다. 누군가 돌아올 때까지. 그래서 정말 잔인한 행동이 반려생활이다. 우리 개는 안겨 있으면 행복할 거라는 착각을 하고 있겠지만.

인간의 마음에 들지 않는 개의 행동은 그 개가 적합한 환경에 살고 있지 않기 때문이다. 모든 동물은 자연에서 자연스럽다. 적합하지 않으면 태어날 수도 없다. 하지만 인간이 사는 갇힌 환경에 적응하기는 쉽지 않다. 늙어서 지치면 어디나 편하겠지만.

개도 '행복한' 최선책의 행동수정이나 훈련은 어렵다. 사실은 없다. 견주 말을 잘 듣고 케늘kennel에 잘 들어가면 착하다며 좋아하고 만족하지만 개의 마음에서 생각을 해 본 적이 있는가. 대부분 어쩔 수 없이 참아야 하는 그리고 소통의 장애에서 발생한 문제들을 조금 알게 되었을 뿐이다. 항상 참아야 하는 측은 구속된 개다. 초등학생쯤(신체의 상대성)의 아이를 내가 원하는 대로 내 마음에 드는 행동을 할 때까지 통제하고 학습시키는 일이 훈련이다. 그런데 이 훈련이 차선책이다. 펫샵에서 사왔든 유기견을 입양하였든 인간 위주로 살겠다는 인간의

인해 사망한다. 특히 영아나 아이들이 참사를 당하고 있다. 가해자는 핏불(pit bull, 영국 불독과 테리어 사이의 견종)이 70% 이상이다. 핏불과 일본 도사견(Japanese tosa)은 유럽 대부분의 국가에서는 사육이 금지되어 있다.

180) 한국형 아파트는 반려동물을 키우는 환경이 아니다.

욕심이 만들어낸 실수다. 이런 실수의 뒤처리를 훈련사들이 한다. 그런데 반복은 없어야 한다. 반복은 실수가 아니라 욕심이거나 바보다. 정말 사랑한다면 내가 '내 새끼'처럼 살면 된다.

♣ 동물을 사랑합니까

반려동물은 인간 육식의 모순을 객관화한다. 그 모순에는 식단과 생활이 담겨있다. 이렇게 보자. 다쳐서 자연으로 돌아갈 수 없는 사자를 구출하였다. 사람들은 이 뉴스에 인간성 회복을 느끼며 다행이라 생각한다.

그런데 이 사자는 하루 15명[181]의 닭을 먹어야 한다. 사자의 평균수명이 10년이므로 여생이 1년만 남아도 약 5,000명 이상의 닭을 먹여야 한다.

또 그런데 닭은 누군가에게는 사랑스러운 반려동물이다. 그 누군가가 소수라 하더라도 병아리 때부터 키운 사랑스러운 '내 새끼'다. 보면 달려와 부리를 비벼댄다. 너무 귀엽다. 그렇게 8년은 사는 내 새끼다.

사자를 살려야 하는가. 그리고 수천수만의 닭을 죽여야 하는가.

사자를 죽여야 하는가. 그리고 수천수만의 닭을 살려야 하는가.

반려동물인의 동물을 사랑한다는 생각 ……. 사랑스런 내 새끼를 위해 무수히 죽어 나가야 하는 다른 동물들은 처음부터 먹이로 태어났을까?

반려인도 사랑한다는 동물을 위해서가 아니라, 오직 내 개와 고양이를 위해 고통을 느끼는 다른 동물을 끝없이 죽여야 하는

---

181) 사자의 하루 식사량은 평균 60파운드, 약 27kg이다. 적어도 약 1.5kg의 특대 생닭을 이만큼 먹어야 한다.

삶을 살고 있다.

토끼를 죽여 고양이 사료로 만드는 공장이 특히 많다. 토끼를 키우는 사람이 고양이 사료를 보면 어떤 마음일까. 개를 키우는 사람에게 개고기 사료는 어떤 마음이 들까. 내 개와 고양이를 위해 '어쨌든' 다른 동물이 무수히 죽어도 상관없다면, 개고기나 고양이탕에 어떻게 반박할까.

요즈음 다행스럽게도 점차 많은 반려동물인들의 고민이 깊어지고 있다. "내 아이를 위해서 다른 아이를 계속 죽여도 되나?"

비건 중에도 반려동물인이 많다. 이들은 '동물을 죽이면서 동물을 살리는 모순'에 맞서 채식사료나 음식을 준다.

♣ 채식단 배급 사례

다음은 육식과 잡식동물로 알려진 개, 사자, 악어, 돼지 등이 채식단으로 건강하게 장수한 사례이다.

- 개 브램블Bramble : 영국 비건활동가의 개 브램블은 채식으로 25세까지 건강하게 살아 기네스북에도 등재되었다. 함께 채식한 다른 개들도 20년을 살았다.
- 사자 타이크Tyke : 태어나서부터 채식만 한 유명한 사자도 있다. "채식하는 사자 리틀타이크"[182]는 평균수명 10년 가까이 건강하게 살았다.
- 악어 바비야Babiya : 2022년 10월에 사망한 인도 악어 바비야는 한 사원의 연못에서 75년 이상을 살았다. 바비야는 마쉬marsh 혹은 머거mugger 종으로 평균수명이 44년이지만 거

182) 책 이름이기도 하다.

의 두 배를 살았다. 이 종은 보통 물살이, 뱀, 거북이, 새, 원숭이, 개 등을 먹지만 바비야는 가까이 있는 물살이들도 괴롭히지 않고 승려들이 아침저녁으로 주는 사찰음식만을 먹었다. 장례식에는 수백 명의 사람들이 모였다.

국내에서도 비건활동가들에 의해 채식을 하는[183] 잡식동물들이 있다.

- 개 토토씨 : 동료 비건활동가의 소형견 토토씨는 19세 호호할아버지다. 산책도 잘하고 이가 좀 아프지만 잘 먹는단다. 소형견의 평균수명은 15-16년이다. 토토씨는 이유식 이후 채식사료를 먹어왔다. 초기에는 주위 사람들의 반대가 심했지만 지금은 오히려 인정과 찬사로 돌아섰다.
- 돼지 새벽이, 잔디 : 새벽이는 디엑스이가 2019년 7월 양돈농가에서 구조한 아기 돼지다. 현재 생추어리에서 3년 넘게 채소와 과일, 곡물로 건강하게 지내고 있다.

이상의 사례에서 '육식동물'은 인간이 만든 오해와 편견일 수도 있다. 자연에서 육식동물들이 분명히 존재하지만, 그 육식동물들이 채식으로도 충분히 건강하게 수명대로 혹은 평균수명보다 오래 살 수 있음을 우리에게 알려준다. 특히 반려동물에게 채식단을 배급하는 사람들이 많아질수록 이러한 사례도 늘어나면서 사람들에게 보편적인 진실이 되지 않을까.

183) 잡식, 육식으로 인식하는 동물들에 대한 채식배급을 동물학대로 주장하는 사람들이 많으나, 인간을 포함해서 육식배급이 동물학대임을 명확하게 깨달아야 한다.

♣ 채식사료의 장점

국내외에서 채식사료를 사용하는 개, 고양이 반려인들이 경험한 장점은 다음과 같다. 그리고 비건식단의 단점이 없듯 채식사료의 단점도 없다.

- 구취와 악취가 사라진다.
- 기생충이 감소한다.
- 모구관리(毛球)hairball[184)]control가 쉬워진다.
- 변비, 비만, 관절염, 당뇨병, 백내장, 비뇨생식기질환이 개선된다.
- 식품 알레르기가 줄어든다.
- 털 및 피부질환이 개선된다.
- 플라그와 치석,[185)] 백태[186)]가 줄어든다.
- 피부가 저자극성hypoallergenic이 된다.
- 활발해진다.

---

184) 고양이가 주기적으로 토해내는 길쭉한 모양의 털 뭉치이다. 헤어볼hairball은 실내에서 활동성이 적거나 스트레스를 받으면 더 많이 핥아 더 많아진다.

185) 플라그와 치석의 차이: 플라그plaque는 식사 4~8시간 후 이와 잇몸에 생기는 하얀 찌꺼기로 음식이 아니라 세균이다. 1mg당 300종의 수~수십억 세균덩어리이나 양치질로 없어진다. 따라서 식후 빠른 양치가 중요하다. 치석(齒石)tartar은 플라그와 침 속의 칼슘인산이 결합하여 돌처럼 딱딱하게 치아 표면에 붙은 죽은 세균 덩어리이다. 이는 잇몸 질환은 아니나 플라그가 생기는 환경에서 발생하고 스케일링scaling으로 제거한다.

186) 치과의사에 따르면 백태는 채소와 과일을 섭취함으로써 자연스럽게 제거된다. "치과의사들이 하는 그들만의 치아 관리법, 이수진, 북스고, 2020.8."

♣ 반려동물에게는 무엇을 먹이고 있는가

최근 들어 비건시장의 활성화로 반려동물용 비건껌, 건조과일, 채소간식 등도 다양하게 출시되고 있다. 매출도 증가하고 있다고 한다.

하지만 펫쇼pet show, 캣쇼cat show 등에서 살펴본 반려동물의 사료와 간식은 다음(가나다 순)과 같이 아직도 다른 동물의 신체가 대부분이다. 특히 인간이 착취한 후 필요가 없는 부분이거나 원가가 낮은 동물 부산물이 많다.

- 동물착취: 산양유, 요구르트, 우유
- 육상동물: 닭(가슴살, 간, 갈비, 동결건조, 모래집, 몸통꽈배기, 발, 심장, 안심, 연골, 위, 흰살), 돼지(귀, 꼬리, 등뼈, 통귀), 말(갈비, 살져키[187]), 메추리(몸통, 통건조), 밀웜(mealworm, 애벌레), 사슴(살), 소(간, 간져키, 떡심, 살, 울대, 육포, 음경, 허파), 송아지(등뼈), 양(고기, 목뼈, 부채뼈), 오리(갈비, 근위져키, 날개, 목뼈, 발, 살, 안심, 오돌뼈, 통다리), 칠면조, 캥거루(살, 힘줄), 터키(간), 토끼(흰살)
- 해양동물: 가자미(통건조), 대구(스테이크, 포), 복어(동결건조), 볼락rockfish, 상어(연골), 연어(동결건조, 슬라이스), 열빙어, 철갑상어(칩), 참치, 피쉬(콜라겐), 피쉬로 총칭된 물살이들, 황태

187) 져키jerky : 저장용으로 말린 동물의 살이나 몸통.

◑ 98%의 사람들이 '동물애호가'라면서, 아직도 98%의 사람들이 동물을 먹고 있다.

98% of people say they are "Animal Lovers", Yet 98% of people eat them.

— 성룡Jackie Chan

◑ 나는 동물을 (먹지 않음을) 사랑한다.

I love (not eating) animals.

— 스티브 원더Stevie Wonder

◑ 내가 돼지, 닭, 소를 먹지 않는 이유는 당신이 개나 고양이를 먹지 않는 이유와 같다. 그냥 그들은 음식이 아니다.

I don't eat pigs, chickens or cows for the same reason you don't eat dogs or cats. They're not food. It's that simple.

◑ 동물을 먹지 않는 것보다 동물을 더 사랑한다고 말하는 것은 없다.

Nothing says I love animals more than not eating them.

◑ 사람들은 동물을 사랑한다지만, 비건이라는 말을 들으면 육식이 당연한 이유를 거칠게 설명한다.

Everyone loves animals until they hear the word vegan, then they'll argue tooth and nail why it's acceptable to abuse them.

— 랍 좀비Rob Zombie

◑ 사람에 대해 알수록 나는 개를 좋아한다.

The more I learn about people the more I like my dog.

— 마크 트웬Mark Twain

◑ 우리는 인간을 사랑할 수 있고 또 먹을 수도 있어.

We can love humans and eat them too.

— 외계인Alien

◑ 동물을 사랑해? 그럼 먹지 마.

Love animals? Don't eat them.

- **유기** 모으고 버리고
- **연구** 고양이 채식에 관한, 2021
- **흔적** 탕아의 시대
- **반출생** 태어나지 않았어야

유기 모으고 버리고

3만 원만 빌려주세요. 일주일 안에 갚을게요.
(3만 원을 송금하며 치사하게 계좌번호를 보낸다. 마음이 아프다.)

활동가 M님은 종종 아픈 길고양이를 병원에 데려가 수십 수백만 원의 진료비를 알바비로 감당한다. 천사의 마음이 이와 같을까.

치사한 짓은 안타깝지만 재벌이라도 감당하기 어려운 일이어서다. 쏟아져 나오는 유기동물들은 대부분 아프다. 국민을 위한 국가라면 철없는 국민들이 저질러 놓은 일들을 조직적으로 효율적으로(대규모 동물피난처 등으로) 관리하면 좋겠다. 개인으로는 지속가능하지 않고, 억울한 일이다.

동물권 활동에 적지 않은 자금이 지출되지만, 대부분 유기나 살해를 방지하는 효과가 있는 곳이다. 누구나 아픈 유기동물을 보면 외면할 수 없지만, 이보다 유기방지와 반출생에 집중함이 문제 해결의 근원이라 냉정히 판단한다.

(책을 줄 일이 있어 최근에 M님을 만났다.)
당연히 갚아야지요. (우리끼리 해결할 수 없는 문제라 마음이 더 아프다.)

♣ 유기 장면

종종 보이는 '내 새끼' 유기 장면은 차라리 죽이는 것보다 잔인하다. 아기가 아니라 대부분 어른adult이지만, 마치 울며불며 매달리는 유치원생 정도를 대놓고 밀어내고 떠나는 장면은 연출 같은 참혹한 현실이다.

자동차의 닫힌 문 여기저기를 애처롭게 두드리거나, 떠나는 차를 발에 피가 나도록 쫓아간다. 그 자리에서 주인이 올 때까지 몇 년도 기다린다. 비슷한 차가 오면 뛰어가서 확인하고 또 실망한다. 동물의 마음은 사람의 마음 그대로다. 개도 동물이기 때문에. 어린아이들은 더 쉽게 '버린다'. 봉투에 넣어 쓰레기통에 던져 '버린다'. 이런 유기가 이 땅에서 연간 십만이 넘는다. 비교적 순응하며 조용히 버림을 받아들이는 고양이도 황망함을 느끼기는 마찬가지다. 인간은 동물이든 사람이든 말없이 순한 개체는 무시하는 습성이 있다.

♣ 동거 개의 기원

지금까지 개는 약 15,000년 전 중동지역에서 첫 가축화로 알려졌지만 근래의 발표[188]에서는 약 35,000년(27,000~40,000년) 전의 시베리아 늑대로 본다.

첫 동거는 인간의 안전과 늑대의 먹거리를 교환하는 상호이익이 공생의 이유였다지만, 성숙한 동물에 대한 접근이 어려운 사실을 감안할 때, 동물 사냥 후 남겨진 새끼들을 먹거리로 데려와 키우면서 인간과 '자연스럽게' 동거하였다는 이론이 더 설득력 있다. 지금도 모든 동물은 어릴 때부터 인간과 함께하면 거의 예외 없이 친구가 된다.

개의 품종은 "개 사육은 인기에 따라 변한다. Dogs Breeds Vary in Popularity."라는 유명한 말처럼 항상 시장의 인기에 따라 다양하게 개량이 아닌 변형되어 왔다. 품종개량[189]은 주로 영국에서 이루어졌는데, 빅토리아시대(1837-1901) 이후인 1890년대는 버나드Saint Bernards, 1990년대는 리트리버Labrador Retrievers가 가장 인기 있는 종이었다. 한 논문[190]에 따르면 세계적으로 알려진 품종은 450종이고, 실제로는 700~800종이 된다. 인간이 선호하는 품종개량을 위해서 근친교배 등이 이루어지고 다양한 질병이나 장애를 선천적으로 갖고 태어나기도 한다. 그러다 유행이 지나거나 아프거나 싫증난 개는 주저없이 버려진다.[191] 따라서 정말 동물을 사랑한다면 애초에 유기견을 제외한 새로운 입양은 하지 않아야 한다.

188) Lindsey Jacobson, The History of Dogs as Pets, ABC News, 2016.8.26.

189) 개량은 인간의 이익관점이다. 변형(개악)으로 인해 평생 고통받는 동물이 많다.

190) Ostrander, Elaine A. 외 8인, "Dog10K: An international sequencing effort to advance studies of canine domestication, phenotypes, and health". National Science Review. 6, 2019: 810-824.

191) 실제로 유행이 지난 개와 아픈 개를 중심으로 유기되고 있다. 유기견은 식용으로 많이 끌려간다.

♣ 반려동물 통계

통계전문기관인 통계청의 인구주택총조사(2020년 11월 기준)를 먼저 뒤져보면 반려동물 양육가정 312만8,962가구[192](전체 가구의 15%) 중에서 개를 키우는 가구 수는 242만3,000, 고양이는 71만7,000이다(농림수산부조사의 600만과는 차이가 크다). 이 중 개만 키우는 가구는 226만8,514, 고양이만 있는 가구 수는 57만1,045, 개와 고양이 모두는 139,644가구, 그리고 개, 고양이, 기타는 3,472가구이다. 반려가족수(인구)는 약 740만으로 전체 인구의 약 1/7이며 가파르게 증가하고 있다. 개와 고양이가 대부분을 차지하고, 개가 고양이보다 3배 이상 많지만, 고양이의 증가세가 더 빠르다.

반려동물이 있는 집의 구성원 수와 가구는 1인(650,051가구), 2인(949,437가구), 3인(774,625가구), 4인(574,311가구), 5인(145,802가구), 6인(27,333가구), 7인 이상 가구(7,403가구)이다.

따라서 집에 반려동물이 있는 사람의 수를 계산하면, 811만4,873명이다. 한국인구의 정점이었던 2020년 인구 51,829,023으로 나누면, 전체가구 중 약 15.66%(약 6.39가구당 한 가구) 가구에 반려동물이 있다.

반려동물이 있는 가구를 모집단인 전체 구성원별 가구로 나누어 보면, 1인가구의 9.8%,[193] 2인가구의 16.2%, 3인가구의

---

192) 통계청, 인구주택총조사.

193) 2020년 기준 1인가구의 비중은 31.7%로 최대인 동시에 급격히 증가하고 있다. 1인가구는 학원, 대학, 취업, 파견, 고령, 임시 등 단기성 외생변수가 다수 포함되어 반려생활이 어려운 조건이다. 이들을 제외하면 다른 가구와 유사한 10% 중반대로 산출된다.

18.4%, 4인가구의 17.6%, 5인가구의 19.4%, 6인 이상 가구의 18.4%에 반려동물이 있다. 2인 가구부터 6인 이상 가구까지의 비율이 16.2%~19.4%로 큰 차이가 없다. 즉, 가족 수와 반려동물의 유무와는 관련성이 없다는 결론을 내릴 수 있다.

KB금융지주(한국반려동물보고서, 2021)의 조사에서는 2019년 기준 반려견 등록 수는 209만2,000, 등록률은 69.3%이므로 전체 개체 수는 약 302만으로 차이가 있다.

약 5천명을 대상으로 농림축산식품부에서 실시한 "2020 동물보호 국민의식조사"에서는 반려동물 수 860만, 반려동물가구 640만(가구비율 29.7%), 반려동물인 1,448만 명[194]으로 통계청 조사보다 두 배 이상 차이가 있다.

농림축산식품부(동물보호에 대한 국민의식조사, 2021) 조사에서 나타난 심각한 일은 양육가정의 26.1%가 파양을 고려하고 있고, 그 이유로는 행동문제(27.8%)와 지출문제(22.2%)가 절반을 차지한다.

2022년 미국과 영국, 호주의 반려동물가구 비율은 각각 70%, 62%, 61%이다. 개와 고양이가 대부분이지만 토끼, 거북이, 뱀, 개구리, 곤충 등 다양하다. 미국의 경우 1988년 56%에서 2019년 67%, 2022년 70%로 꾸준히 증가하고 있다.[195] 15억의 인구 중국에서도 반려동물 증가세가 빨라졌다.[196]

반려동물을 촉진하는 시장의 규모는 1996년 5,000억 원에서

194) 농림축산식품부; '2021 한국반려동물보고서' KB금융지주 경영연구소.

195) www.lemonade.com/pet/explained/pet-ownership-statistics/

196) 2020년 기준 중국의 반려가구 수는 4,097만, 비율로는 약 13%로 급속한 증가 중이다.

2010년(1조 8,000억 원), 2016년(2조 원), 그리고 2020년 기준 6조 원이다. 미국은 92조 원, 중국은 50조 원이다. 시장이 성장함(매출이 증가하여 돈이 모이는 현상)에 따라 반려동물관련 상품들이 인간 물품 못지않게 다양하게 출시되고 있다.

♣ 생애유기율

사실 현대의 반려동물은 감정과 고통을 느끼는 생명이지만 공산품에 가깝다. 그리고 그 뒤에는 엄청난 거래시장과 이해관계자[197]가 존재한다. 소비자의 입맛에 따라 작고 귀여운 개악(개량) 품종견도 짧은 시간 내에 탄생하고 버려진다.

한 해 기준으로 유기동물 수가 발표된다. 그런데 버리는 행위는 한 해로 끝나지는 않는다. 반려동물 입장에서는 올해는 다행히 버텼지만, 내년의 주인 마음을 알 수 없다.

반려동물통계를 이용하여 한국에서 개와 고양이가 평생 동안 버려질 확률인 생애유기률을 계산해 보았다.

유기동물[198] 12만 8678명[199] 중 개가 73%인 93,935, 고양이는 26%인 33,456명이다. 여기서 평균 10%가 보호자에게 인도되므로, 연간 실제 유기수는 개 84,542, 고양이 30,110명이다.

따라서 연간유기율은 개 1.40%(84,542/6,020,000), 고양이

197) 반려동물 이해관계자stakeholders : 모견소유자, 애견샵, 수의사, 미용사, 훈련사, 애견카페, 동물식품기업, 호텔, 마사지사등 엔터테인먼트 관련자.

198) 유기동물의 기준에 대해 이해관계단체에 따라 계산이 다르나, 궁극적으로는 매매금지, 고가격, 입양조건강화를 통해 반려동물생활을 폐지해야 한다.

199) 2020년 반려동물보호복지 실태조사, 농림축산검역본부.

1.17%(30,110/2,580,000)이다.

여기에 평균수명 13년[200]을 곱하면 생애유기율은 개 18.2%, 고양이 15.21%이다.

즉, 개는 5.5명당 1명, 고양이는 6.6명당 1명이 일생동안 버려질 최소 확률이자 실현되는 숫자이다.

유기동물은 하루 321명, 즉 5분당 1명이 버림을 받는다. 그리고 하루에 64명(연간 23,400명)이 살해(안락사가 아닌데 안락사라 한다)[201]되고 있다. 살해된 개는 종종 다른 동물의 사료로 사용한다. 팔리지 않거나 버려지는 반려동물은 대부분 개 먹는 사람들의 뱃속으로 사라진다. 연간 식용으로 도살되는 개의 수는 100만~200만[202]이다. 이 순간에도 하루 2,700~5,400명이 '개고기'가 되고 있다. 우리 인간은 눈에 안 보이면 없다 생각하지만.

사람들이 반려동물에 빠져들수록 유기의 비극은 증가할 수밖에 없다. 버려짐은 낯선 곳에서 부모 손을 잃어버린 아이의 마음과 같다.

♣ 언제 버리는가

2022년 농림축산식품부의 자료를 살펴보면 다음과 같다.

---

200) 수명은 종과 환경에 따른 편차가 크다. 소형견 10~15년, 중대형견 10~20년, 초대형견 7~8년, 집고양이 10~15년, 야생고양이 2~5년이다.

201) 유기동물은 분양 30%, 자연사 25%, 살해(안락사) 20%, 귀가 10%, 임시보호 10%, 기타 5% 정도이다.

202) 불법도살이 많아 정확한 통계는 어렵다. 2018년 국회 조사에서는 개 167만 명이 도살되고, 천만인구(전체 인구의 20%)가 개를 먹는다(1년에 1회 이상 기준).

2019년부터 2021년까지 3년 동안 총 38만 2,907명이 유기[203] 혹은 유실되었다. 먼저 우리가 흔히 알고 있는 여름휴가철이라 말할 수는 없겠다.

- 7, 8월 : 76,465
- 5, 6월 : 73,746
- 9, 10월 : 69,856명으로 따뜻한 6개월의 유기율은 1년의 57.5% 정도이다.

소유자가 악어의 눈물만큼 배려하여 따뜻할 때 버리는 월별 유기수는 36,700명, 그리고 11월~4월까지 추울 때도 비정하게 버리는 유기수도 27,000명이나 된다. 버리는 마음에 큰 차이가 있어 보이는가.

♣ 모으거나(애니멀호더animal hoarder)

한국에서도 동물을 강박적으로 수집하고 영양, 위생, 의료면에서 적절하게 관리하지 못하거나 방치하는 행위가 늘고 있다. 이는 정신적 장애로 생계나 기부수입을 목적으로 동정심을 부르는 개나 고양이를 수집하는 사람들과는 다르다.

호딩hoarding이 불법이 되는 조건은 열악한 주거환경이지만 국내에서는 기준이 미비하다. 때때로 선한 의도의 풀뿌리(개

203) 제주에 유기하여 떠도는 개(자연번식 포함)는 수천에 이른다. 제주 인구에 비하면 개체수가 많다. 매년 들개라는 프레임으로 수백씩 포획하지만 입양이 안 되면 살해한다. 포획의 목적은 개를 위함이 아니라 인간의 이익과 관련된 가축피해다. 섬에 버리면 개가 집에 찾아올 듯한 공포가 없어지는가.

인) 동물활동가나 임보자(임시보호자)가 오해를 받기도 한다.

한국은 2018년부터 시행되고 있는 동물학대죄에 따라 최대 징역 2년에 해당하는 범죄가 된다. 하지만 기준이 어려워 처벌 사례는 거의 없다. 미국은 개와 고양이를 합쳐 15명 이상을 호딩으로 간주한다. 주에 따라 경범죄misdemeanor offense 혹은 중범죄felony로 처벌한다.[204] 개의 경우 미국은 6~8, 호주는 4명을 최대치로 보는데 그 이상에서는 견주가 평등한 대우를 하지 못한다는 판단이 이유다.[205]

지금까지 살펴 본 이유로 작은 곤충이나 거북, 어항의 물살이를 포함한 모든 반려동물과의 동거는 이제 서서히 벗어나야 하지 않을까. 종이 다른 동물이 자연에서 종종 조우할 수는 있어도 동거는 모두에게 피해가 될 수 있다. 같은 인간끼리도 가능한 개인영역을 유지하고 싶어 하는데, 동물의 삶은 사실 인간의 방해를 받는다.

유기동물은 관리가 매우 어려우므로 중성화fixing[206]로 개체수 증가를 차단하고, 도덕적 이유와 생산에 대한 책임으로 국가가 생추어리sanctuary를 운영해야 한다. 순수한 동물단체들이 떠맡기에는 너무 힘들다. 그리고 개나 고양이 등의 도시동물은

204) Victoria Hayes, Overview of Animal Hoarding, Animal Legal & Historical Center, 2010; Gary J. Patronek, The Problem of Animal Hoarding, Municipal Lawyer 1, 2001.

205) Nicholas Dodman, How Many Dogs Are Too Many?, PetPlace, 2015.

206) 중성화를 쉽게 말하지만 철없는 인간이 저질러 놓은 번식의 뒷감당으로, 개와 고양이의 자궁을 도려내고 고환 두 쪽을 차단하는 반인도적 수술이다.

인간과 마찬가지로 생태계와 먹이사슬에서 벗어나 멸종되어도 환경에 영향을 끼치지 않는다. 따라서 지향점은 인간을 포함한 도시동물의 멸종으로 이는 완벽한 친환경이다.

모든 동물은 지나가는 행인처럼, 새처럼 자유롭게 만나야 자연스럽지 않을까.

◑ "나는 건강하고 살고 싶어. 나를 죽이는 일은 안락사[207]가 아니야."

I am healthy and I want to live. Killing me is not euthanasia.

— 안락사 처분이 된 어느 개

◑ 당신에게 목숨이 소중한 만큼 그들에게도 목숨이 소중합니다.

Their life matters to them, just as much as your life matters to you.

◑ 반려동물을 양육하면 안 되는 가장 큰 이유는 반려동물을 양육하기 때문이다.[208]

◑ 우리의 삶이 우리에게 중요하듯, 동물의 유일한 삶도 그들에게 중요합니다.

It is their life, their only life, and as important to them as our own life is to us.

---

207) 안락사(安樂死)의 정의는 회복의 가망이 없는 중환자의 고통을 덜어 주기 위하여 인위적으로 생명을 단축시켜 사망케 하는 의료행위(한국민족문화대백과사전).

208) 유기동물의 대부분은 결국 살해된다. 안락사(살해)를 수행해야 하는 수의사도 가해경험트라우마성스트레스(PITS)로 죽을 만큼 괴로워한다. 수의사웰빙연구(2014, 2020)에 따르면 안락사 수의사의 자살률은 일반인보다 남자는 3~4배, 여자는 2배 더 높다.

연구 고양이 채식에 관한, 2021[209)]

2021년 캐나다 겔프대학의 온타리오 수의학대학에서 실시한 "미국과 캐나다의 육식과 채식 고양이에 관한 설문조사의 교차분석 연구"를 간단하게 요약하였다. 이 연구의 시사점은 여러 사람들의 오래된 편견과 고정관념을 깨는데 충분한 연구결과를 도출하였다.

먼저 이 연구에서는 설문지 구성과 통계분석이 명확하고, 조사 전반에 대한 상세한 기술로 연구의 투명성을 높여 결과에 대한 신뢰성을 확보하였다.

전체 응답 1,325개 중 결측치 포함한 응답지를 제외한 1,026개를 분석대상으로, 이 중 65%의 고양이가 육식, 약 18%가 채식, 잡식 약 7%, 모름 10%이다.

209) Sarah A. S. Dodd, Cate Dewey, Deep Khosa & Adronie Verbrugghe, A cross-sectional study of owner-reported health in Canadian and American cats fed meat- and plant-based diets, BMC Veterinary Research volume 17, Article number: 53 (2021).

식단별 고양이 질병 비교

주요 건강문제 항목	동물식 고양이	식물식 고양이	발병률 차이	잡식 고양이
	n=667	n=117		n=139
신장질환 Renal disease	4.7%	0.9%	**422%**	1.4%
위장, 간장질환 GI and Hepatic diseases	13.0%	2.6%	**400%**	7.9%
안과질환 Ocular disorders	5.9%	3.4%	**74%**	0.7%
비만 Obesity	9.6%	6.0%	**60%**	6.5%
심장질환 Cardiac disease	2.6%	1.7%	**53%**	14.4%
내분비병 Endocrinopathy	3.6%	2.6%	**38%**	2.2%
피부병 Dermatopathy	12.0%	10.3%	**17%**	9.4%
치과질환 Dental disease	20.0%	18.0%	*	11.5%
하부요로기폐색증 Lower urinary tract disease	11.0%	11.0%	*	13.0%
종양형성 Neoplasia	1.5%	1.7%	*	2.9%
신경계질환 Neurological	2.3%	2.6%	*[210]	0.0%

210) * 통계적으로 유의한 평균차이가 없어 보인다.

고양이의 연령분포는 약 4개월에서 23년생까지로 모유 수유를 제외한 전 연령대가 포함되었다. 연구결과인 동물식과 식물식 고양이, 그리고 잡식고양이의 주요 건강문제 발생항목 비교는 앞의 표와 같다.

신장, 위장, 간장, 안과, 비만, 심장, 내분비 등에서 통계적으로 유의한 차이를 나타내고 나머지 질환에서는 유의한 차이가 없다. 따라서 식물식 고양이는 동물식 고양이보다 과반이 넘는 질환 종류에서 발병률이 낮다.

◑ 소와 돼지를 먹으면서 개와 고양이를 구조함은 개와 고양이를 먹으면서 소와 돼지를 구하는 일과 같다.

Rescuing dogs and cats while eating cows and pigs is like rescuing cows and pigs while eating dogs and cats.

◑ 쉽게, 내가 동물을 위해 존재하지 않듯 동물도 나를 위해 존재하지 않는다.

The idea is simple: It's that you don't exist for me, and I don't exist for you.

— 탐 리건Tom Regan

◑ 육식은 개인의 선택이지만, 늘 희생자가 있습니다.

Eating meat may be a personal choice, but it is not a victimless choice.

◑ 이기심보다 도덕성을.

Put your ethics before your ego.

흔적 탕아의 시대

사람들에게 퀴즈를 낸다.

(내가 가장 받고 싶은 선물은 무엇일까요.)

.....

선물을 줄 사람도 거의 없으니 이건 망상이다. 그래도

(아무것도 받지 않는 겁니다.)

모든 물건이 다 갖춰졌다는 뜻이 아니라 최소주의의 삶인 미니멀라이프를 지향하면 선물은 짐이다. 짐은 쓰레기와 같다.

종종 스스로 비건을 저주받은 몸이라 말한다. 남들은 쉽게 먹고, 버리고도 편하게 사는데, 먹거리도 신경 써야 하고, 지저분하게 버려진 쓰레기도 늘 걱정이다. 길에서 구조 못한 동물이나 '바빠서' 줍지 못한 쓰레기가 있으면 종일 마음이 찜찜하다. 쓰레기들은 어디로 가는지 알기에.

비건이나 활동의 목적은 동물해방, 지구환경, 그리고 소극적으로 얻는 건강이다. 그래서 비건은 자연환경과 오염에 관심이 많다.

우리 국토 최남단에는 무엇이 있을까?

남단섬 마라도의 끝뿐만 아니라 전국에 쓰레기가 가득하다. 지구가 보면 인간이 만든 모든 것, 하는 일 모두가 쓰레기며, 나중에는 인간이 봐도 쓰레기다. 자연을 그리워하면서도 도시를 만든 인간은 결국 쓰레기 제조기다. 태어난 모습으로 살다 죽는 동물들은 완벽하게 친환경 삶을 살 수 있는데 말이다.

'쓰레기'에 눈을 뜬 시기는 오래전 미국에서 공기오염air pollution에 관한 과제를 발표할 때였다. 그 후 친환경소비에 대한 논문을 조금 썼다. 환경은 국제경영과 글로벌기업의 사회적 책임과 관련이 많다. 사회는 기업에게 환경경영을 요구하지만, 소비자들도 다음 세대를 생각해서라도 쌍무적으로 친환경 삶을 실천해야 하지 않을까.

바닷가 쓰레기 탐사 이야기다.

세상에는 멋진 해변이 많다. 하지만 해변의 취약성은 인간이 모인다는 점이다. 또 다른 취약성은 육지의 오염이 해양의 오염으로 이어지는 곳이다.

비교함이 싫지만 좀 산다는 국가의 해변에는 쓰레기를 찾기가 어렵다. 해변길에 분리된 휴지통이 있으나 비어 있고 통 외부도 이상할 정도로 깨끗하다.

우리 해수욕장에는 쓰레기가 곳곳에 쌓인다. 구청 관계자들이 땀을 뻘뻘 흘리며 치워도 끝이 보이지 않는다. 사람들은 잔인하게도 그들에게 물통과 쓰레기를 던진다. 우리는 왜 밖에서 자연을 즐기면서 쓰레기를 남기고 갈까. 한국은 이미 일인당 플라스틱 생산 및 소비량이 연간 132.7kg[211]으로 세계 1위다.

산책길과 백사장은 기계로 쓰레기를 모으지만, 해변과 파도에 떠다니는 작은 쓰레기는 바다살이에게 위협이 된다. 물살이들은 입을 벌리고 헤엄치며 물속에 있는 모든 것을 쓸어 담듯 먹는다. 여기에 플라스틱조각, 담배꽁초,[212] 마스크, 캔, 뚜껑, 스티로폼, 동글해진 병조각 등이 있어도 이 친구들은 맛을 모른 채 삼킨다. 게다가 해양쓰레기의 46%는 어선이 함부로 버리는 어망이다. 어망은 물살이 뿐 아니라 물속을 즐기는 인간에게도 위협이 되고 있다. 가끔 해수욕장까지 밀려온다. 작은 어망조각부터 아나콘다처럼 1톤이 넘는 거대한 배의 밧줄도 파도에 밀려왔다.

평화로워 보이는 해변가의 갈매기와 비둘기는 마치 '앨바트로스albatross[213]'처럼 스티로폼과 플라스틱 조각을 열심히 쪼아 먹고 있다. 도저히 못 참고 진실의 큐브 때 대화를 나누었던 교포 바비Bobby와 물가 청소에 나섰다. 그래도 이건 수영복 입고 시원하게 치울 수 있어서 다행이다. 사람들이 물 한 모금, 커피 한 잔으로 쓰레기를 방출하는 모습에 '너무해' '너무 심해'라는 말이 절로 나온다. 다음날에도 새로운 쓰레기가 버려져 있다. 도대체 어떻게 해야 할까.

---

211) 폐기물은 명확히 나눌 수 없어 발표기관마다 편차가 매우 크다.

212) 바다쓰레기 중 오염원 1위인 담배꽁초는 연간 4조5,000억 개가 버려진다. 담배제조를 위해 연간 6억 그루의 나무가 유독화학물질로 변해 지구에 남는다. 흡연은 공기, 땅, 지하수를 모두 오염시킨다.

213) 크리스 조던의 환경탐사로 보고된, 플라스틱을 먹고 죽는 미드웨이섬의 큰 새.

10년 전쯤 탐사한 대마도 남단에서는 일·중·한 쓰레기가 있었다. 그때는 주로 샴푸통 등 생활쓰레기가 많았다. 학생들이 대마도까지 쓰레기 치우기 봉사를 다닐 정도였다. 대마도는 우리 땅과 가까워 많은 쓰레기가 밀려간다.[214)]

마라도(사실은 제주도 부속섬 전부)의 거의 모든 해안가에는 쓰레기가 조각나고 바위 속에 끼어서 치울 수도 없다. 그때의 대마도와 다른 점은 스티로폼과 일회용 플라스틱이다. 냉장식품 수요가 증가하면서 택배나 보관 등에서 만들어진 쓰레기로 아무데나 버리면 쉽게 부서져 온전한 재활용이 불가능한 특성이 있다. 사실 가볍고 끝없이 잘게 부서지는 스티로폼의 특성으로 작은 조각이나 가루가 되어 제주도뿐만 아니라 지구를 날아다니고 있다. 해변가에서도 잘게 부서져 뿌려진 듯한 스티로폼은 사실 치울 방법이 거의 없다. 요즘은 김 등의 해조류에서도 쉽게 발견된다.[215)] 치울 수도 없거니와 치운다 해도 저장 장소만 옮겨질 뿐 해결되지 않는다. 사람들은 쓰레기가 내 집 안에만 없으면 괜찮다 생각하지만 호흡기와 생수, 그리고 '물고기'를 통해서도 인간에게 돌아오고 있다.

♣ 쓰레기의 탄생

인간사회는 개발과 발전이라는 착각으로 지난 50년간 지구상의 자연(야생)동물 50%[216)]를 멸종시켰다. 종에 따라 90% 이상

214) 부산과 대마도 사이의 바다에서도 쓰레기 섬들을 쉽게 볼 수 있다.

215) '새우깡'은 이 문제로 재료수입을 해외로 전환하려다 국내어민들의 반발로 반 정도만 수입한다. (2019년 기준)

216) 다양한 연구에서 야생동물의 정의가 달라 멸종률도 다르게 나타날 수

의 멸종으로 보는 연구들[217]도 있으나 보다 중요한 사실은 동물의 멸종이 인간의 멸종으로 이어진다는 사실이다. 문헌[218]에 따르면 인간의 첫 멸종은 4억 5천만 년 전, 마지막 5번째의 멸종은 6,500만 년 전이다. 이번 6번째의 멸종은 자연이 아니라 인간의 환경 파괴적 행위에 의해서 멸종된다는 사실이다.

모두가 알다시피 자연 동물의 삶에는 쓰레기가 전혀 없다. 하지만 사회적 동물로서의 인간은 요람에서부터 환경파괴를 시작한다. 기저귀가 인간보다 훨씬 오래 산다. 예전에는 100년이었는데 지금 해외자료에는 500년이다. 기저귀가 튼튼해졌나 보다.

동거동물의 생활도 점차 인간과 유사해지면서 적지 않은 쓰레기를 방출하고 있다.[219] 종차별에 저항하므로 반려동물에 대한 차별이 아니라 인간과 반려동물 모두가 줄여야 하고 줄어야 한다. 반출생주의자antinatalist가 된 이유다. 인류가 모두 채식과 최소주의 생활이 아닌 편리함을 추구한다면 큰일은 아니지만 인간 멸종과 지구파괴가 가속될 뿐이다.

우리가 매너리즘에 빠져 아무렇지 않게 생각하는 환경파괴 행위들은 전쟁, 기술발달, 인구증가, 탄소발자국, 물발자국, 쓰레기 매립, 쓰레기 해양투기 등과 공장식 농장factory farm과 도축을 해야 하는 육식이다.

뉴스에 나오는 한 번의 구제역과 조류독감으로도 수만 수십

있다.

217) Green Monday

218) Elizabeth Kolbert, The Sixth Extinction - An Unnatural History -, Bloomsbury Publishing PLC, 2015.

219) 일회용 플라스틱 대신 텀블러, 그리고 항상 빈 통을 준비하여 남은 음식을 담아오는 일은 현재의 지구환경을 위해 절실히 필요한 행위이다.

만의 돼지와 수백만의 닭이 산 채로 비명을 지르며 땅에 묻히고, 지하의 땅과 물을 오염[220]시키는 현상에 대해 조금만 생각해도 육식이 만드는 문제를 공감할 수 있지 않을까.

♣ 인구증가 추이

한국과 부유한 국가의 인구는 줄고 있지만, 2022년 현재 세계인구는 약 80억으로 급속히 번식하고 있다. 불과 200년 만에 8배로 늘었다. 여러 보고서에 따르면 현재의 생활로 지구가 감당할 수 있는 인구는 100억 명이다. 그 시기는 2050년쯤으로 예상한다. 학자들은 수십 년 전에 현재의 인구가 줄어들기를 기대하였지만 가능성은 지나갔다. 이미 10여년 전부터 일반인들에게도 가시적인 기후변화(정확히는 지구가열화global heating)가 시작되었다. 인간의 육식으로 인한 이산화탄소, 메탄가스와 살충제, 항생제 등의 화학제, 생매장, 수송 등으로 자연 파괴에 차지하는 비중이 이미 50%를 넘었다.

육류와 농산물에 투입되는 물의 양인 물발자국(리터)[221]을 비교하면 선택은 명확해진다. 쇠고기 1kg 생산에 필요한 물은 15,500리터(일반 생수통 31,000개), 돼지고기는 4,800리터인데 비해 농산물은 쌀 3,400리터, 콩 1,800리터, 감자 900리터, 사과 700리터 밖에 안 된다.[222] 또한 종이 없는 1년은 8.5그루의 나

220) 구제역에 의한 살처분 현장과 가축농장 침출수(동물이나 사체에서 나오는 물)가 지하의 땅과 물을 오염시켜 주위 민가에 지속적 피해를 준다. 살처분 동물매장 현장의 땅은 하얗게 썩어서 회복불능 상태로 변한다.

221) 유네스코-IHS.

222) VEGAN INFO @herbipaul

무를 살리지만, 소고기 없는 1년은 3,432그루의 나무를 살린다.

채식만으로도 지구가 감당할 수 있는 인간의 수는 100억에서 10배인 1,000억으로 늘어난다. 식물은 천억 인구를 먹여 살릴 수 있다는 뜻이다.

다음의 인구증가표는 단순하지만 흉악한 미래를 의미한다. 현재의 심각한 지구파괴 원인도 인간의 맥시멈라이프maximum life 습관과 함께 인구증가속도에 기인한다.

세계인구증가 추이 [223]

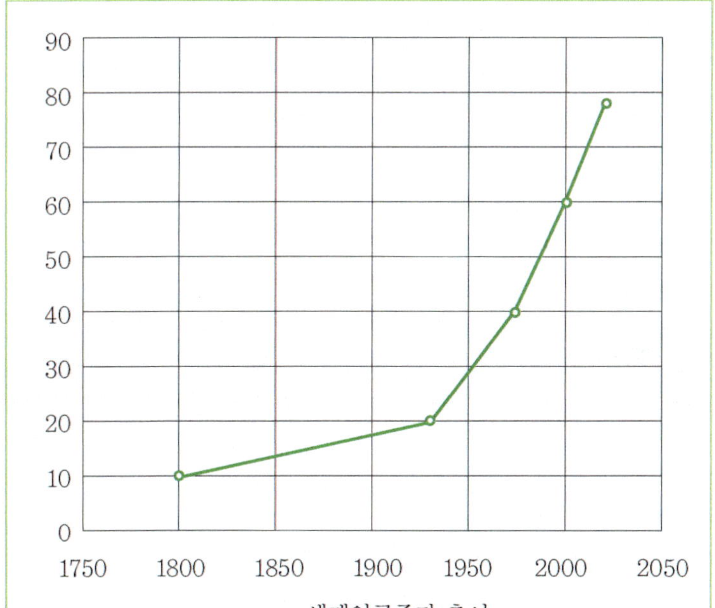

223) UN World Population Prospects

1800년부터 인구가 10억 명 증가하는데 소요된 시간은 130년이었지만, 그 후에는 22년, 12.5년, 10년으로 매우 빨라지고 있다(1800년 10억, 1930년 20억, 1950년 30억, 1974년 40억, 1999년 60억, 2020년 78억 등).

♣ 지구 포유동물의 비중(무게기준)[224]과 환경 영향

가축화 동물(주로 식용) 60%, 인간 36%, 자연(야생)동물 4%, 이 중 가축에게 먹이는 곡물은 전 세계 생산량의 1/3 정도로 주로 밀, 벼, 호밀, 옥수수[225], 보리, 쌀 등 곡물cereal 전분질의 종자로 이루어진다. 이는 전 세계 약 30억 인구의 식량과 맞먹는다.[226]

미국에서만 가축에게 먹이는 곡물의 양은 8억4,000만 명분의 식량으로[227] 전 세계 기아자의 수[228]와 비슷하다. 또한 농장축산동물 사육과 먹이곡물을 위해 1분당 축구경기장 7개 크기의 숲이 파괴되고 이로 인해 28,000종 중 24,000종의 동물이 멸종 위기다.[229]

바다에서는 트롤어업trawling,[230] 즉 저인망어선을 이용하여

224) vegannow.uk

225) 옥수수는 생산량의 70%가 동물사료다.

226) Animals Australia

227) American Journal of Clinical Nutrition, Vol. 78, No. 3, Sep. 2003, 660s-663s.

228) 아프리카 6~7억 명, 동남아 2~3억 명이다. 이들의 시각에서 곡물은 가축의 사료와 경쟁해야 하는 대상이다. 하지만 가축은 부유국의 음식이므로 비싸게 팔 수 있는 동물에게 이길 수 없다.

229) Animals Australia for a Kinder World

230) @seaspiracy

해양생물을 쓸어 담아 올리는 방식으로 연간 39억 에이크acres의 해저면이 벌채되고, 바다삼림 파괴로 이어진다. 원하지 않은 물살이의 종류는 이미 죽어서 다시 버려지거나 비료로 팔린다. 지구의 총 면적 5억1천만km^2 중 해양면적이 71%인 3억 6,210만㎢이므로 현재의 속도로 파괴되면 약 23년 후에 모든 바다가 황폐화된다는 계산이다.

심각하지 않은가. 그래도 우리 인간은 현재의 생활방식으로 지구를 살릴 수 있다고 생각하는 것 같다.

사실 지구가 보면 인간은 파괴의 기술만 갖고 있을 뿐 새로운 잎사귀 하나 만들 수 있는 창조의 능력은 없지 않은가. 자연을 숭배의 대상에서 정복의 대상으로 그리고 현재 조화의 대상으로 인식하지만, 여전히 인간의 성공척도가 소유에 있는 한 하나뿐인 지구No Planet B는 회생하기 어렵다.

학자들이나 시민들이나 교육받은 대로 학습한 대로 매너리즘에 빠진 구호를 외칠 뿐이다. 구체적으로 인간의 어떤 행위가 지구에 악영향을 끼치는지에 대해서 별로 알고 싶지도 않고, 설사 알게 되더라도 나의 작은 이익과 충돌하면 대부분 오염을 선택하고 있다.

지금까지 동물권, 환경 활동에서 수천 명과 직접 대화를 한 경험으로 비추어 볼 때 대부분의 인간은 건강면에서 어리석게 이기적이었다. 이기적인 면은 당연하며 누구나 그렇다고 할 수 있지만, 마치 침몰하는 배 안에서 계단을 열심히 올라가고 있는 모습이다. 전체의 이익은 무시하고 개인의 이득만 챙긴다는 뜻이다. 자신의 이익을 조금씩 혹은 과감히 양보하며 배와 같은 큰 지구환경을 먼저 생각해야 하지 않을까.

자연을 살릴 수 있는 유일한 방법은 산이나 특정 공원에 10년 이상의 안식년을 정하듯 자연에서 멀어져야 한다. 인간의 주거지가 점점 축소되어야 하지만 현실은 이와 반대다. 전 세계 인구의 51%가 도시의 삶을 영위하며(한국은 약 90%) 더 크고 화려한 도시의 삶을 추구하고 있다. 그리고 이는 이미 되돌릴 수 없는 현실적 딜레마다.

따라서 인간이 지구를 살려야 한다고 생각하든 관심이 없든 모두 무의미한 상황이다. 모든 생명체가 사라진 지구가 되어도 이미 없어진 인간에게는 아무런 의미가 없다는 뜻이다.

21세기 현재 전 세계 인구 중 1% 정도의 비건들이나 과학자들이 지구를 걱정하여도 모든 인간이 동물의 삶을 살지 않는 한 환경오염은 지속되며, 또한 인간은 이제 친환경 동물처럼 살 수도 없다. 원시시대처럼 살기는 어렵겠지만 동물처럼 자연스러운 생활이 삶의 방향을 준다.

새들은 부러진 나뭇가지로 집을 짓고, 거미들은 몸속의 단백질을 배출하여 같은 굵기의 강철보다 훨씬 강한 집을 짓는다. 비록 육식도 하지만 이는 비도덕적(amoral, 도덕과 관련이 없는) 자연 행위다.

현대의 인간은 친환경 고리버들 요람이 아니라 플라스틱 덩어리로 만든 유모차부터 수많은 쓰레기로 수백 년간 땅과 지하수를 오염시키고, 죽어 소각될 때에도 자원을 소비하고 환경을 오염시킨다. 심지어 인간의 배설행위 처리조차도 이산화탄소를 배출하며 이동하고 화학적 처리로 토양을 오염시키고 있다.

원초적인 먹거리와 소비 욕망으로 행복을 추구하는 생활은 적절한 길이 아니다. 오히려 동물처럼 단순한 삶이 기쁨과 행복을 가져다주는 길임을 비건들은 이미 경험하고 있다. 사람들이 그렇게 찾는 행복은 좇는 대상이 아니었고 비건 생활 중에는 항상 곁에 있다.

끝으로 쓰레기는 분리배출을 잘하면 되지 않을까.

현재 전 세계 분리쓰레기 재활용은 평균 9%에 불과하고,[231] 몇 년 전 발표자로 참석한 중국사회과학원 세미나에서, 중국측 발표자가 설명한 자국의 재활용률은 0.5%[232]이다. 재활용도 수집과 수송, 변환 등에서 탄소배출량이 많다(전체의 5%). 따라서 분리배출의 면피green washing보다 '배출'은 극소화해야 하는 이유다.

현대 인간의 생활습관과 환경을 보면 경쟁적 집단소비시대에 살고 있다. 불과 5~60년 동안 지구는 회복도 어려워진 상태다. 전쟁시대의 기술로 지구자원을 싹쓸이하여 쓰레기로 만들었고, 사람들은 아직도 먹거리와 맛에만 몰두하고 있다. 우리는 이미 다음 세대들로부터 부도덕성을 비난받아야 하는 게걸스럽고 형편없는 사람들이 되었다. 지구는 부모처럼 모든 것을 주는 듯하지만 부모처럼 유한하다.

◑ 인간의 삶은 환경파괴이지만 조금이라도.

◑ "빗물받이 하수구에서 나오는 담배꽁초 등의 쓰레기 처리 비용은 서울에서만 연간 약 80억 원이다."[233]

---

231) 재활용률이 높은 국가는 처리시스템이 뛰어난 면도 있지만, 쓰레기 수출도 재활용률에 포함한다. 수출은 점점 어려워진다. 필리핀 갔던 쓰레기가 돌아오고, 중국도 이젠 수입하지 않는다.

232) 쓰레기 정의 기준에 따라 다를 수 있다.

◑ 소고기 1kg을 만들기 위해서 소는 약 13kg의 곡물과 30kg의 건초를 먹어야 한다.

Producing 1kg of fresh beef may require about 13kg of grain and 30kg of hay.[234]

◑ 인간의 기술은 마약처럼 아주 짧은 순간을 위한 쾌락과 긴 고통이다.

◑ 잘사는 국가란 가난한 사람이 차를 살 수 있는 곳이 아니고, 부자가 대중교통을 이용하는 곳이다.

A developed country is not a place where the poor have cars. It's where the rich use public transportation.

◑ 지구가 가장 사랑하는 사람은 노숙인homeless이 아닐까.

233) "아이디어 좋네~" 매일경제, 2021.08.04.

234) American Journal of Clinical Nutrition, Vol. 78, No. 3, Sep. 2003, 660s-663s.

반출생 태어나지 않았어야

(몇 살입니까?) 7살입니다.
(몇 년 살아요?) 한 40년 삽니다. 사진작갑니까
(아니요. 잘 생겼네요.) 한 번 타세요.
(입에 쇠막대는 왜 끼우나요?) 모릅니다!

사람을 태우고 힘없이 돌아오는 말에게 새끼가 머리를 들이밀며 젖을 찾는다. 카메라 줌렌즈로 당겨 본 말의 눈은 슬픔을 말하기 위해 그렇게 큰 듯하다. 길가의 숙소에서는 한밤까지 인간의 무게를 싣고 오가면서 들려주는 발굽편자[235]소리가 고통스럽게 들렸다. 말이 자신의 처지를 몸으로 말하는 듯 했다.

235) 승마, 마차 등 다양한 형태로 말의 노동력을 비정상적으로 착취하기 위해 취약 부분인 말의 발굽에 U자형 쇠뭉치(편자)를 불로 지져 못으로 박는다. 이 일을 장제(裝蹄, hoof treatment)라고도 하는데, 당연히 말을 위함이 아니라 정상 운동량보다 많은 집중적 착취를 위해서다. 장제사들은 교육과정에서 죽은 말과 소의 다리를 잘라 연습을 한다.

결국 눈물을 흘려야 잠이 들었다. 인간이란.

그 때 다크투어간 제주의 섬들은 화창한 여름이었고, 봉사활동간 마닐라도 축축하게 더웠고, 비건친화적 발리는 상쾌하게 뜨거웠다. 하지만 어디든 말들은 비슷한 모습(얼굴과 몸이 밧줄로 칭칭 묶여 있는)이었고, 입에는 인간이 쉽게 조종하기 위해 고통을 주는 장치인 쇠막대[236] 재갈이 물려 있다. 지금 이 순간에도.

♣ 말이 말을 못하여

죽음을 코앞에(정말 몇 분, 몇 시간 안에) 둔 생명들을 위해 함께 슬퍼하고, 기도하는 동물권 행동을 비질vigil이라 한다. 대부분 살해되기 위해 크고 작은 트럭에 실려 온 '가축'들이다. 큰 동물들은 죽음을 직감하여 눈물을 흘리며 불안에 떠는 모습을 쉽게 볼 수 있다. 비질은 육상가축뿐만 아니라 물살이의 도축장인 수산시장이나 횟집 등에서도 할 수 있다.

그리고 동물권리 운동에서 다크투어dark tour는 인간 때문에 고통받고 있는 모든 동물들의 삶을 살펴보는 일이다. 그 속에 고통스러운 인간의 삶도 포함되지만.

죽음은 아니지만 이보다 더한 삶이 여럿 있다. 말은 무거운 사람을 태우거나 마차를 몸에 연결해 더 많은 사람을 끄는 노

236) 입에 물리는 쇠막대 '재갈'은 철이나 알루미늄 재질이 있고, 가늘고 긴 원통형과 톱니처럼 생긴 형태 등이 있다. 경주용 말은 신속한 조종을 위한 톱니형이 많아 입가가 찢어지며 피를 많이 흘리기도 한다. 당기면 입천장을 누르는 형태와 혀를 누르는 방식 등 다양하다. 사냥이나 승마, 경마, 폴로 스포츠 등의 말에 착용하며 영국에서 시작되었다.

동을 죽을 때까지 한다.

하지만 동물착취 현장에서는 시위하기도 어렵다. 동물노동의 중단은 바로 죽음을 의미하기 때문이다. 태어난 이상 그래도 살고 싶지 않을까. 고통스러워도 살려고 하는 인간처럼.

인간이 허락한 생명들은 모두 곧 죽기 위해 태어난 가축이거나, 죽을 때까지 노동과 출산으로 쓸모가 다할 때까지 고통받아야 하는 동물들이다.

태어나서 예외 없이 노예가 된다면 그래도 태어나고 싶을까. 태어나서 하루 만에 혹은 묶여 있다 한 살, 다섯 살, 그리고 열 살쯤 죽는다면 태어나고 싶을까.

반출생주의자는 생명을 존중한다. 존중하기에 고통받는 생명을 외면하지 않는다. 생명은 사람을 포함한 모든 동물이다.

오랫동안 반출생주의antinatalism는 인간의 존엄성을 부정한다는 뜻으로 해석되었고, 지금도 비판이 많은 사상이지만, 생명과 삶의 질을 중시한다.

사회정치의 반출생주의는 인구억제를 위한 산아제한 등으로도 이용되었지만, 개인의 사상이 존중되는 시대에는 생명탄생에 대해 개별 결정권을 의미한다. 2019년 인디아의 27세 청년이 허락 없는 출생인 '태어나게함'begetting에 대한 책임으로 부모를 고소하였다. 이 사건은 금전이 목적이 아니라 인간도 동물처럼 생각 없이 출산하는 관습에 대한 저항이었다.

생명탄생은 사랑이 있건 없건 교접sex에서 비롯된다. 매슬로우의 욕구단계설에서는 사랑을 1단계와 3단계에 모두 포함하지만, 동물본능인 교접은 1단계 사랑make love이다.

쇼펜하우어Schopenhauer의 염세주의 철학도 반출생주의를 반쯤 비추고, 남아프리카 철학자 버나터David Benatar도 저서[237]에서 반출생의 이점을 조목조목 설명하고 있다.

한국에서도 이미 많은 사람이 자신도 모르게 이 사상을 갖고 있다. 기득권자도 예외일 수 없는 불확실한 미래와 과도한 경쟁사회에서의 인간성과 자신감 상실이 반출생주의자가 늘어나는[238] 주요 원인이다. 출산율 저하는 문제가 아니라 상식이며, 기존세대는 이기적으로 다음 세대에 짐을 주지 말고 굶더라도 스스로가 책임을 져야 한다. 그동안 낭비를 저지른 탕아의 종말이다.

종교적 관점에서는 신도가 그토록 원하는 천국행이나 해탈을 막는 행위가 출산이다. 출산은 윤회의 삶으로 초대하는 일이고, 특히 그 대상은 사랑하게 되는 아이들이다.

비거니즘과 반출생주의는 자연스럽게 연결되어 '비건 반출생주의자vegan antinatalist, vegantinatalist' 들이 많다. 페이스북Facebook에서는 비건 반출생그룹(29,000명)의 참가자 수가 일반 반출생주의그룹(11,000명)보다 훨씬 많고 빠르게 늘고 있다. 또한 일반그룹에도 비건들이 다수 포함되어 있다.

비건들의 반출생주의는 사회정치의 이유가 아닌 인간과 동물간의 숙명이 된 악연에서 시작한다.

한 인간은 가축만 계산해도 평생 수천의 동물을 먹이로 죽인다. 살기 위한 먹이와 더불어 쾌락을 위한 먹이도 많다. 동물들

237) David Benatar, Better Never to Have Been: The Harm of Coming into Existence, Oxford, 2006. 한국어판: 데이비드 베너타, 태어나지 않는 것이 낫다 – 존재하게 되는 것의 해악, 서광사, 2019.

238) Rebecca Tuhus-Dubrow, I wish I'd never been born: the rise of the anti-natalists, The Guardian, Nov. 14, 2019.

은 인간의 한 끼 먹이가 되기 위해 출생부터 짧은 삶을 마감할 때까지 여러 고통과 공포 속에 지내야 한다. 잔인해진 인간 먹이의 특성이다. 이제 식단과 생활방식에서도 인간은 명백히 지구오염의 원인이 되었다.

약 220년 사이에 78억 인구[239]로 8배 증가한 인간은 마치 메뚜기떼처럼 지구의 자원을 먹어 치우고 있다. 바다생물을 거의 싹쓸이했고, 양식과 공장식 축산으로 먹이를 지탱하는 중이다. 만연한 소비자본주의의 특성인 중독구매와 강박구매는 마치 치킨게임과 같은 경쟁사회를 지탱하는 원천으로도 악용되고 있다.

자원이 풍부하면 한 단위당 추가 생산에 드는 한계비용marginal cost은 체감하나, 현재의 자원고갈은 한계비용이 더 높아지는 체증현상에 기여하고 모든 1, 2차 산업에 확산되고 있다. 주요 원인은 급속한 인구증가와 낭비적 생활습관, 가축산업 등이다.

기후가열화(기후변화)는 이미 왔지만, 전 세계 수십 만 명의 과학자들이 예측하는 지구의 한계는 2050년, 인구 100억이다. 지구환경을 생각하는 누구나 인구증가속도가 줄어들기를 바라고 있지만, 그 가능성은 매우 희박해 보인다. 자신부터 반출생주의자가 되지 않는 한.

최근의 기후위기에 대해 12개국 과학자 29명이 참여하여 과학전문지 '사이언스Science'에 발표한 53쪽짜리 연구[240]를 보면, 2021년에 태어난 아이는 일생동안 조부모세대보다 7배 많은 열풍기후heat waves, 2배 많은 야생산불, 3배 많은 가뭄과 흉작 그

---

239) 2022년말 기준 약 80억 명이다.

240) Wim Thiery 외 37명, Intergenerational Inequities in Exposure to Climate Extremes, Science, Sep. 26, 2021. PDF 기준 53쪽.

리고 홍수에 시달릴 예정이다.

이 지구에 '내 새끼'와 고통이 확실한 가축동물의 초대 여부는 이성을 가진 인간이 가져야 하는 의문이다. 한국의 저출산 현상은 국가의 위기이지만 지구의 축복이다. 아직도 국가가 사라지면 안된다는 생각을 하는가. 왜.

♣ 동물의 자살

동물의 자살은 여러 문헌[241]에서 볼 수 있다. 그중 중국에서 일어난 곰의 가족 자살은 담즙을 착취하는 아시아 국가(특히 한국,[242] 중국, 월남) 중의 하나라는 점만으로도 충분히 수치스럽다.

인간이 가슴에 꽂은 쓸개즙 착취 장치로 새끼 곰이 괴로워하자, 어미 곰이 쇠사슬을 끊고 자식을 졸라 죽인 다음 스스로 벽에 머리를 부딪쳐 죽은 사건이다. 이와 유사한 수족관 돌고래의 자살(호흡을 멈춤)도 있다.[243]

평생 가두고 묶어두는 동물도 모자라 정부차원에서 대대적으로 시행하는 동물학대산업도 있다.

2022년 6월 30일, 농림축산식품부는 세금으로 '제3차 말산업 육성 종합계획(2022~2026)'을 발표하였다. 학생승마를 생활체육화하고 일자리가 9,000개 생겨난다며. 얼마나 많은 말이 채찍질을 당하고 다리가 부러져야 하는지.

---

241) Else Poulsen(1955-2016)의 Smiling Bears, Barle's Story 등.

242) 아직까지 한국에서 웅담 채취와 곰 사육은 합법이다.

243) 바버라 J. 킹의 〈동물은 어떻게 슬퍼하는가〉에서는 자살을 포함한 다양한 동물의 감정을 묘사하고 있다. 내용의 공감 여부는 독자들에게 맡긴다.

앞으로도 많은 말이 인간에 의해서 강제로 태어나고, 입이 찢어지는 재갈을 물고 훈련과 인간 짐에 시달리다 지치면 수명도 채우지 못하고 도살[244]로 짧은 생을 마쳐야 하는 운명이다. 그리고 다음 세대의 어린 말들이 지옥의 자리를 채우는 정부의 동물학대계획이다.

긴 시간 동안 환상이었던 '백마 탄 왕자님'은 자신도 몰랐던 동물학대자가 아닌지. 그 뒤에 올라타는 사람도.

◑ 과학자들은 동물지능 분석을 중단하고, 인간의 우둔함을 연구해야 한다.

Scientists should stop analyzing animal intelligence and start studying human stupidity.

◑ 인간과 동물은 즐거움과 고통, 행복과 슬픔을 느끼는 능력의 차이가 없다.

There is no fundamental difference between man and animals in their ability to feel pleasure and pain, happiness, and misery.

— 찰스 다윈Charles Darwin

◑ 지옥은 비었다. 모든 악마들이 여기에 있다.

Hell is empty and all the devils are here.

— 셰익스피어William Shakespeare

◑ 최고의 선(善)은 모든 인간이 지구에서 사라짐이다.

---

244) 특히 경기에 이용된 말들은 실적이 저조하면 바로 사살되어 말고기가 되거나 되기 위해 다른 나라로 떠나야 한다.

◑ 태어나지 않는 것이 가장 좋다. 그러나 태어날 수밖에 없다면, 그다음 좋은 것은 우리가 나왔던 곳으로 재빨리 돌아가는 것이다.

Not to be born at all Is best, far best that can befall, Next best, when born, with least delay To trace the backward way.

– 콜로노스의 오이디푸스에서 소포클레스

Sophocles, Oedipus at Colonus

VEGAN

- **학대** 우리가 무슨 죄를 지었나요
- **증언** 도축인이 찾은 행복
- **공감** 갈치구이
- **중독** 쾌락한 요리

학대 우리가 무슨 죄를 지었나요

호주 멜버른에서 AV아웃리치Outreach(동물해방활동 중에 거리에서 사람들에게 동물학대의 진실을 알리며 토론, 설득하는 직접행동)를 하는 중이었다. 동물들이 잔인하게 고통받고 있는 영상을 본 농장주가 다가왔다.

우리는 저렇게 키우지 않아요!
(동물을 사랑합니까?)
네, 무지 사랑해요.
(그럼, 죽을 때까지 키우나요?)
아니요, 몇 달 키우다 내다 팔지요. 우리의 생계니까.
(팔면 그들이 어떻게 될까요? 지금 살아있을까요, 죽었을까요?)

한국에서도 대부분의 소규모 농장주들은 '가축'을 사랑한다고 착각한다. 심지어 내 새끼들이라고도 표현한다.[245] 함께 지내다 보면 정이 들어 느끼는 인간의 본성이다. 동물사료를 먹이면서 동물을 사랑한다는 반려동물인과 같은 생각이다. 거짓이 아니라 사랑의 조작적 정의가 조금 다를 뿐이다.

아무튼 사랑하는 내 새끼를 돈과 바꾼다. 팔기 위해 키우는 생계였으니까. 사랑은 거기까지만. 그 후에 고통 속에 토막 살해되는 현실은 외면한다. 먹고 살기 위해.

2021년 미국 미주리주에서 안타까운 일이 있었다. 76세의 제인은 남편과 함께 송아지들의 귀에 표식[246]을 달다 화가 난 어미소[247]의 공격에 사망했다. 언론은 그가 목장생활을 너무 사랑했고, 아내였고, 엄마였고, 할머니였다고 슬퍼했다. 왜 죄도 없는 순한 동물의 가족은 생각하지 못했을까.

동물들의 움직임을 극도로 통제하며 대규모로 사육하는 공장식 농장factory farm에 전체 도살동물의 90% 이상이 숨겨져 있다. 특히 덩치와 활동량이 큰 돼지나 어린 송아지[248]는 철망이나 쇠칸막이holding pens에 꼼짝도 못하게 갇혀 있다가 도살된다. 대부분의 국가에서 합법인 축산방법이다.

축산의 실체는 소 먹인 돼지 먹인 닭, 닭 먹인 닭을 먹고, 닭 먹인 물살이를 마침내 인간이 먹는다. 국내 인구의 20%는 닭 먹인 연어 먹인 개도 먹는다. 툭하면 발이 끼는 뜬장[249]에 있

245) 언론에서 농장주가 '가축'을 새끼처럼 키운다고 하면 엄청나게 많은 '선각자'들이 비난 댓글을 단다. 그런데 누가 먹어서 누가 키우는가.

246) 가축의 귀에 붙어있는 노란색 표식tag에는 보통 일련번호가 있지만, 출생일과 도축일도 기록한다. 제거하면 불법unlawful to remove이라는 경고도 있다. 인간이 죽으면 엄청난 쓰레기를 남기지만, 가축은 도살될 때 인간이 강제로 박은 이 표식 하나를 남긴다.

247) 우유생산 때문에 사는 어미소는 매번 자식을 빼앗기는 고통을 겪는다.

248) 어미젖을 못 먹는 송아지들은 구강기 때문에 자신을 가두고 있는 쇠막대를 연신 빨아댄다.

는 수백만의 개와 질퍽한 곳에 발을 평생 담그고 있는 돼지들은 우리가 버린 음식물쓰레기[250)]를 먹는다. 곰팡이와 구더기가 바글바글한.

혹시 동물이 다른 동물을 구속하는 모습을 본 적이 있는가. 지구 각처에는 인간이 가두어 둔 동물로 가득하다. 인구수 80억의 10배쯤 된다. 한 해 기준으로는 훨씬 더 많다. 1년도 못사는 가축의 회전율을 계산하면. 도시 주위에는 도축장들이 위장해 숨어있다. 갇혀 있다 죽어간 동물의 수는 무한대에 가깝다. 게다가 인간이 동물에게 가하는 잔혹의 종류를 설명하자면 정말 1년도 모자란다. 왜 인간만이 이런 잔인한 행위를 할까.

사진과 우리의 기억 속에서도 대부분의 어린이는 동물과 교감하며 함께 비비고 놀기를 좋아했다. 인간과 동물의 본성으로 보인다. 그런데 동물학대의 시작은 잘못된 교육에서 비롯된 듯하다. 물론 부모도 똑같이 잘못된 가치를 학습해왔다.

어릴 적 회전목마는 즐거운 추억이지만, 말을 타는 대상으로 인식한다. 나중에는 어디서나 관광마차를 스스럼없이 타고, 승마를 취미로 삼는 지경까지 이른다. 연이어 코끼리나 낙타 등 원

249) 반려견 생산업에서의 뜬장은 2018년부터 신규 설치만 불법이 되었지만, 아직도 수천 군데(원래는 약 3만 군데)의 대규모 식용견 번식장은 사각지대다. 상세한 내용은 농식품부의 동물복지 종합계획(2020~2024) 참고.

250) 구제역 등의 전염병 때문에 돼지에게 음식물쓰레기 직접 급식은 2019년부터 법으로 금지되었지만, 악취와 곰팡이, 이물질이 가득 찬 음식물쓰레기를 가공하여 먹이고 있다. 뜬장의 개에게는 여전히 음식물쓰레기를 그대로 먹인다. 개들도 냄새 때문에 먹기를 주저하다 배가 고파 어쩔 수 없이 먹는다. 그리고 그 돼지와 개를 인간이 먹고 있다. 심지어 초식인 소와 염소에게도 음식물쓰레기를 먹인다. 축산업은 오직 '돈' 때문에 존재하기에.

래는 탈 수 없는 동물들에게도 주저없이 올라간다.

동물이 지속적으로 받게 되는 고통은 개의치 않게 된다. 본디 사람을 태우기 위해 태어난 생명처럼 착각한다. 회전목마에서 그렇게 배웠으므로.

동물원이나 돌고래쇼는 학습장이 아니라 죄 없는 동물의 학대장소이다. 모든 동물은 무조건 가둬야 한다는 인식을 배운다. 그래서 새장을 만들어 새를 가두고, 어항을 만들어 작은 물살이를 가두고 이쁘다며 좋아하지 않는가. 그 형광등 뜨겁게 쬐는 물통을.

지금도 만연한 곤충채집은 나비, 메뚜기, 잠자리 등 작고 약한 생명은 이유 없이 잡아 결국 죽여도 괜찮다는 학습이다. 학교폭력이 이러한 생각에서 생기지는 않았을까. 어른이 되어서도 아이들과 생태관광이라는 명목으로 곤충을 죽이며 현장학습을 했다고 착각하진 않는지. 동물을 죽이는 쾌감은 성인이 되어서 낚시와 사냥을 하며 스포츠라 착각하는 잔인한 삶을 살게 된다.

지자체들이 시행하는 곤충축제나 산천어축제, 치맥축제 등은 지역을 넘어서 국가이미지는 괜찮을까.[251] 생명을 유희의 대상으로 여기며 한 편으로는 가족과 세상의 평화를 원한다는 억지를 부린다. 약하고 순한 동물에 대한 잔혹한 학대는 자기보다 약한 인간에게도 폭력으로 이어지지는 않았을까.

---

251) 한국에서 유지되는 식용개로 인해 한국제품 불매운동이 지금도 전 세계에서 벌어지고 있다. 한국대사관이나 영사관 앞에서의 시위도 많다. 이에 대해 우리는 많이 무감각한 듯하다. 중국이나 베트남 등 동남아 국가의 개고기가 더 많지만 낮은 GDP per Capita(1인당 소득) '덕분에' 비난에서 다소 피해간다. 잔혹한 동물축제도 SNS를 통해 순식간에 전 세계로 알려진다.

인간을 포함한 동물이 지구에 왜 생겨났는지는 아무도 모르지만, 적어도 다른 종에 의해 구속되는 일은 인간만이 행하고 있지 않은가.

♣ 피살동물의 수

지구에서 1년간 살해되는 동물의 수[252]는 약 2조6,000억 명[253]이다.

약 10만 년 전에는 지구상의 모든 동물이 자연(야생)동물이었지만, 현재는 인간이 약 1/3, 가축이 약 2/3[254]를 차지하고[255] 야생동물은 종의 기준에 따라 다르지만 약 5% 정도에 불과하고 반 이상이 20년 내에 멸종위기에 처해있다.

한국농촌경제연구원의 자료에 의한 2020년 기준 한국의 주요 가축 수 (가나다 순)는 돼지 1,130만 명, 육계 8,887만 명, 한우 317만 명이다.[256]

---

252) 동물 크기가 다양하여 피살동물 수의 조작적 정의를 만들기는 매우 어렵다. 소, 돼지, 닭, 거위 등 가축 기준은 연 800억이지만, 바다생물을 포함하면 셀 수가 없다. 바다생물만 따로 계산하면 연간 약 1~3조의 물살이가 잡혀 죽는다.

253) 반종차별주의Antispecism에 따라 동물 수에 대한 한국어 표현은, 고유이름이 없더라도 마리보다는 명(名)이 적절하다. 반려동물도 이름을 갖고, 간혹 이름 없는 사람도 명으로 세므로 명은 수사에 지나지 않는다. 영어, 중국어 일부 등 이런 표현의 문제에서 자유로운 외국어들도 있다.

254) 2020년 기준 인구수가 78억(1/3)이면, 가축 수가 2/3인 156억이 아니라 짧은 수명 회전율을 감안하면 수천억이 된다.

255) Y. M. Bar-On, R. Philips, R. Milo, The biomass distribution on earth, The Economist, 2018.

256) 농촌경제연구원(KREI) 농업관측본부, 축산물 품질평가원.

통계청에서 2021년 발표한 2020년 가축사육 수[257]는 한우·육우 332만 7,000, 돼지 11,147,000, 육계 96,361,000,[258] 오리 3,919,000 등이다. 그런데 국내에서 죽는 소의 두 배 이상이 다른 나라에서 추가로 죽어서 시체로 들어온다.

전 세계 소 사육 수는 약 15억이다. 브라질과 인도가 각 2억, 미국이 1억, 중국과 에티오피아가 약 5,000만 등이다.[259] 특히 브라질은 소의 사육을 위해 지구 산소의 1/4을 만드는 아마존을 매일 태우고 있다.

사육가축 통계는 매월 집계되고 수는 비슷하지만 내용은 다른 의미가 있다. 닭을 예로 들면 주로 '치킨'이 되는 생명의 삶은 8년이 아니라 단 6주[260]이내다. 따라서 지난달의 닭이 이번 달에도 같은 닭이 아니라는 뜻이다. 한국에서만 매월 약 1억의 닭이 도살되고, 연평균 10억이 넘게 '치킨'으로 튀겨진다. 한 사람이 1년에 20명 정도를 먹기 위해 죽인다는 뜻이지만, 병아리로 태어난 날이 바로 분쇄기에 갈림[261]이나 압사를 당해 죽는

---

257) 통계청 Statistics Korea.

258) 육계 약 9,600만 명은 1인당 2명이다. 육계는 6주 단위로 도살되므로 연간 8회의 회전율이 있다. 따라서 연간 사육 및 도살 수는 8억 명이다(1인당 16명). 또한 동률로 태어나 바로 살처분된 수평아리도 8억 명 있다.

259) IBGE (Instituto Brasileiro de Geografia e Estatistica), https://www.ibge.gov.br

260) 한국에서는 30~31일이다.

261) 스위스에서는 2019년 '병아리파쇄금지법'이 통과되었지만 고통스러운 가스질식사는 허용하고 있다. 프랑스(2022년)와 독일에서도 숫병아리 분쇄chick culling가 금지되었다. culling은 추려내다는 뜻이나 추려내 죽인다는 뜻으로 보통 분쇄를 의미한다. 동물권 활동에서 육식인들이 가장 충격을 받는 영상이자 진실의 하나이다.

날이 되는 수평아리를 포함하면 일인당 40명의 목이 잘려진다.

인도적 도살humane killing이란 처음부터 지금까지 없다. 그냥 휴메인워싱humane washing이다. 어린 동물들이 인간의 먹거리 때문에 억울하게 살해될 때에도 피살자의 고통 여부와 상관없이 오직 경제적으로, 즉 저렴하게, 신속하게, 확실하게, 목을 반 정도 자르는 참수[262]를 택한다.

인간에 의해 가축화된 모든 동물들의 비극적인 운명이다. 정액이외에는 별 쓸모가 없어 요절하는, 심지어 태어나기도 전에 배에서 빼내지는 숫동물의 운명은 그나마 다행이다. 암동물들은 출산기능과 수유기능으로 인해 매우 고통스러운 삶이 시작된다. 그 고통으로 인하여 기능이 떨어지면 도살된다. 가축처럼 비교적 큰 동물들과 함께 상대적으로 아주 작은 여왕벌[263]도 마찬가지다.

♣ 인도적 도살은 휴메인워싱이다.

가축을 위하는 척 달콤살벌한 용어 '동물복지', '인도적[264] 도살' 등은 육식에 대해 죄책감을 갖는 소비자에게 주는 허구이자 상업적 면죄부다. 이 면죄부는 사람들의 육류소비에 대한 거부감을 줄여 오히려 그만큼 소비를 증가시킨다.

육식인이라도 동물학대에 동의하는 사람은 없다. 그래서 필요

262) 반 정도 자르는 이유는, 닭은 머리가 떨어져 나가면 일거리가 되기 때문에, 소와 돼지는 피의 확산을 막기 위해서이다. 따라서 소와 돼지는 천천히 죽으면서 몸이 해체되는 고통을 느낀다.

263) 생산능력은 3년이지만, 효율성이 높은 첫 1년만 착취하고 죽인다.

264) 사실 인도적humane이라는 용어의 조작적 정의도 다시 설정해야 하는 시대가 되었다.

한 면죄부를 육식산업과 기업이 만든다. 이 산업과 기업들은 소비자가 많은 정보, 특히 진실에 대해서 알기는 원하지 않는다.

인도적 도살이나 동물복지는 없다. 소비자는 '정신' 차려야 한다. 결국 유치원생 정도의 아이를 사형장으로 보내는 만행이다. 표현이 매우 자극적이라 순한 말을 고심하지만, 그들이 당하는 현실은 말보다 훨씬 더 자극적이다.

친환경소비자가 늘어남에 따라 기업들은 소비자욕구를 충족하기 위해 친환경기업으로 전환하고자 하지만 현실에서의 오염산업은 수익을 위해 친환경인 척 그린워싱greenwashing을 할 수밖에 없다.

마찬가지로 동물학대에 대한 소비자들의 의식이 증가하자 기업들은 인도를 가장humane washing한 생산방식을 광고하기 시작했다. 또 비건이 세계적으로 새로운 도덕적 기준이 됨[265]에 따라 비건을 위장vegan washing한 기업과 제품도 증가하고 있다.

비건워싱vegan washing은 이익을 따르는 기업의 태생적 부도덕이다. 한국에서도 비건시장이 성장함에 따라 비건워셔vegan washer들이 늘고 있다.

아무튼 어느 쪽이든 구속되어 어린 나이에 죽어야 하는 현실에서 복지는 무지[266]다. 잡아먹는 현장에 인도는 없다. 진정한 복지는 고기로 태어나지 않음이다.

"왜 우리는 우리가 모르는 것을 알지 못하는가why don't we know

---

265) Leese & Charalambides, Think Like A Vegan -What everyone can learn from vegan ethics-

266) 현대의 풍부한 단편적, 부정확 자료가 오히려 인간을 '무지'하게 만든다. 이런 현상에 대해 동물무감각학animal agnotology 또는 동물불가지론(不可知論)에서 다루는 주제이기도 하다.

what we don't know",[267] 무지는 폭력이다. 무지는 의심하지 않음의 결과이다. 특히 이익 (입맛)을 위한 선택적 무지 (외면)는 매우 잔인하다.

♣ 가축동물의 자연수명 대비 생존기간[268]

'가축'이라는 족쇄를 찬 동물들의 원래 수명은 잘 모른다. 자연사할 때까지 키우는 사례가 드물어 다양한 종의 평균수명을 계산하기 어렵다. 그래서 발표기관마다 차이가 있다.

가축동물의 자연수명 대비 생존기간

가축명(자연수명)	도살수명	생존기간비율
수평아리(8년)	1일	0.03%
육계닭(8년)	6주	1.44%
터키(15년)	5개월	2.78%
돼지(12년)	6개월	4.17%
양(12년)	6~8개월	4.17~5.56%
소(25년)	18개월	6%
산란닭(8년)	1~2년	12.5%~25%
엄마소[269](25년)	4년	16%

267) Agnotology, The Making & Unmaking of Ignorance, Edited by Robert N. Proctor And Londa Schiebinger (2008).

268) 각 동물들의 종이 다양하여 자연수명은 편차가 매우 크다. 생존기간 또한 각 국가의 도축환경에 따라 차이가 있다. 한국은 도축 시기가 비교적 일정하게 정해져 있다.

돼지를 예로 들면, 원래 수명이 12년이지만 6개월 만에 죽어야 한다. 사람으로 비유하면 80세의 1/24인 세 살 남짓한 나이의 요절이다. 따라서 한 시점에 살아있는 돼지의 수는 1,130만 명이지만 한 해에 도살되는 수는 약 1,800만 명[270]이 된다.

드물게 남성(수컷)으로 구성된 거위(3%)와 오리(97%)[271]에서 만들어지는 지방간 푸아그라foie gras는 기원전 2,500년에 시작되었다. 소와 닭의 수보다는 비교도 되지 않을 만큼 적고 이마저도 각 도시와 국가에서 생산과 유통이 금지되는 중이지만 이 잔인한 식품은 꼼짝할 수 없는 틀에 가두어 강제로 음식물을 주입[272]하고 죽여서 적출한다.

♣ 학대의 원인

(1) 금전 및 착취방법

- 노동력 : 가마우지,[273] 꿀벌, 마차, 소, 야크, 짐낙타, 사향고양이(루왁luwak커피)와 사향족제비(위즐weasel커피)[274]

---

269) '젖소'라는 말을 피하자. 인간에 의해 변형된 홀스타인-프리지안Holstein-Friesian, 저지Jersey 등이 있을 뿐이다. 젖 때문에 아기를 뺏기는 이들도 결국 고기로 끌려간다.

270) 축산물안전관리시스템 자료.

271) Foie gras production, CIFOG, 2014.

272) 푸아그라(사실 부은 간)와 고기 착취를 위해 금속파이프를 이용한 음식물 강제주입 이외에도, 죽이기 전까지 인간의 옷을 만들기 위해 털도 3~4회 뜯어낸다. 신선한 푸아그라를 꺼내기 위해 살아 있는 상태에서 해체한다.

273) 가마우지 낚시cormorant fishing : 물살이를 삼킬 수 없도록 물새 가마우지의 목을 끈으로 묶은 채 강물에 뛰어들게 하는 사냥 방법이다. 아시아와 유럽에서 아직 성행하고 있다.

274) 사향고양이는 커피나무가 있는 곳에서 가장 싱싱한 커피체리를 따 먹

- 오락 : 경주말, 낙타, 코끼리, 동물원의 모든 동물 (정형행동, 요절)
- 싸움 : 투견,[275] 투계cockfightingKentucky,[276] 투우,[277] 인터넷투견
- 모(털) : 거위, 오리[278], 토끼[279]등(쇼크사도 발생)
- 피(가죽) : 개,[280] 뱀장어, 소, 악어, 장어, 코끼리, 토끼 등 거의 모든 동물[281]

고 커피생두를 배출함으로 알려져 있지만, 실상은 거의 모든 코피루왁이나 위즐커피는 몸체만한 쇠기둥 통에 갇혀 인간이 주는 커피열매에서 씨(생두부분)만 이로 발라 먹는다. 야생에서는 닭도 잡아먹지만 사육장에서는 커피체리만 먹인다. 대부분 정신이상으로 정형행동을 보인다.

275) 개는 투견에 의한 사망이 연간 16,000명이며, 이들은 한 번에 평균 1~2시간 싸워야 한다. 대부분의 국가에서 불법이지만, 일본은 대부분 지역에서 합법이다. 한국에서는 불법이지만 특정지역에서 매우 활성화되어 있다(검색 추천).

276) The Human Society of The United States (HSUS); The U.S. Drug Enforcement Agency.

277) 스페인 투우와 같은 맥락인 국내 소싸움은 달성, 보은, 완주, 의령, 진주, 창녕, 창원, 청도, 함안 등에서 보통 수만 명이 관람한다. "전통 소싸움" 혹은 "민속 소싸움"으로 부르지만, 훈련이라는 명목으로 소들을 가두어 노동을 강요하고, 개소주, 뱀탕 등 온갖 다른 동물 부산물을 먹여 싸우게 하여, 동물의 고통을 즐기는 새디즘sadism 성향의 정신질환이자 '악습'이다.

278) 모든 털(down)에는 동물의 극심한 고통이 있다. 면피용으로 인증되는 '윤리적다운(Responsible Down Standard, RDS)', '추적가능다운(Global Traceable Down Standard, GTDS)'은 상업적 인간의 위치에서 '필요없는 고통을 주지 않는(Any unnecessary harm)' 기준이다. 모든 다운제품을 피하고 싸고 풍부한 면제품을 추천한다.

279) 평소에 조용한 토끼도 털이 뜯길 때 여자의 비명 같은 소리를 지른다.

280) 이름 없는 가죽은 개가죽이 흔하다. 아기 소는 피부를 벗기고 '송아지가죽'으로 광고한다.

• 실험 : 개, 영장류, 원숭이, 쥐, 토끼 등
• 고기 : 닭, 돼지, 물살이, 소, 양, 염소 등
• 전시 : 동물원의 모든 동물[282]
• 육식 : 개, 거위, 고양이, 닭, 돼지, 소, 어류, 어패류, 오리, 토끼 등
• 젖 : 산양, 소, 염소 등
• 장기 : 거위, 곰, 사슴, 사향노루(향수), 오리 등
• 유인 : 오리, 거위(투명한 철망에 넣고 울게 만들어 다른 큰 새나 포식자를 유인하여 포획한다)

(2) 정서

• 해충화 : 바퀴벌레, 벌레, 모기 등
• 하등동물화 : 파리, 거미, 곤충 등
• 종교(미신) : 닭,[283] 돼지,[284] 소[285] 등

---

281) 대부분의 동물가죽은 사망 직후나 살아있는 상태에서 벗긴다.

282) 폐쇄공간에 갇힌 동물에게서는 빙빙 돌거나 같은 행동을 끊임없이 반복하는 정형행동stereotypical behavior이 쉽게 나타난다. 동물들의 참혹한 정신질환의 일종이다. 야생동물들에게는 거의 나타나지 않는 질환이지만, 반려동물들에게도 종종 나타나고, 스트레스로 인한 다른 정신질환과 이상행동도 많다.

283) 닭의 예 : 정통파유대교의식Orthodox Jewish(Chicken-Killing) Ritual, 매년 뉴욕 길거리에서 수만에 이르는 닭의 목을 베어 죽인다. 닭이 인간의 죄를 대신 가져간다는 미신에서 저지르는 악행이다.

284) 돼지의 예 : 사업의 성공을 기원하며 한국에서는 참수된 돼지머리를 두고 입에 돈을 꽂는다. 홍콩 대형동물병원 개원식에서는 통돼지구이를 제물로 내었다가 국제적 망신을 당하였다.

285) 소의 예 : 네팔 가드히멀축제Nepal's Gadhimal Festival, 5년마다 개최되는 세계 최대의 살육장으로 신을 기쁘게 한다는 종교의식이다. 수십만의 소와 돼지, 염소, 닭, 비둘기 등을 넓은 벌판에서 칼로 쳐 죽인

(3) 도시환경

- 충돌 : 로드킬roadkill[286] 자연동물, 글래스킬glasskill[287]조류
- 압사 : 지렁이, 개미 등
- 불빛유인(가로등, 형광등, 폭죽) : 곤충동물, 새, 반려동물

(4) 동거

- 반려동물 : 인간과 가까이서 생활하는 반려동물의 학대는 빈도와 비율 모두에서 가장 높다.[288]

♣ 학대의 유형

동물학대의 현장을 글로써 표현하기는 어렵다. 따라서 주로 현장영상footage을 공개하지만 사실 이도 충분하지 않다.

비건커뮤니티에서 하루에 공유되는 최소 수십 수백 개의 영상을 수년간 수천수만 개를 보고 국내외 학대 현장을 인지하면, 학대의 유형은 정말 끝이 없음을 알 수 있다. 어떤 장면들

다. 한국 충주에서는 종교행사로 살아 있는 소의 피부(가죽)를 모두 벗긴 채 제물로 사용한 끔찍한 사례가 있다.

286) 동물들이 도로를 횡단하다 죽거나 다치는 일은 자동차가 생기고 난 이후 생겨난 세계적 현상이다. 한국은 경부고속도로인 1번보다 35, 45, 25번 도로 등 교통량이 적은 곳에서 오히려 더 많이 발생한다. 동물에게는 한산한 도로가 안전해 보인다. 사실 로드킬은 동물이 도로를 횡단해서가 아니라, 인간이 동물의 길을 횡단하기 때문이다. 도로의 경계석은 지렁이와 다른 눈 없는 동물들의 무덤이 된지 오래다.

287) 새들이 투명한 유리창을 못 보고 충돌하여 죽는 일이다. 세계적으로 조류감소의 원인은 환경변화, 농약살포 등이 있지만 도시의 새들은 글래스킬이 가장 큰 원인이다. 빌딩과 도로막이 세워진 수십 년 동안 수십억의 새들이 죽었다. 국내에서도 한 해 천만 정도의 새들이 부딪혀 죽고 있다.

288) Cats & Dogs – The Most Abused Animals, Parma Animal Shelter, 2014.

은 트라우마trauma[289]가 올 정도로 충격적이다.

'가축' 현장방문은 더 충격적이다. 먼저 멀리서부터 악취가 난다. 가축이 갇혀 있는 곳은 예외 없이 어두움,[290] 심한 악취와 먼지, 날파리, 모기, 이름을 알 수 없는 작은 벌레가 가축의 몸과 주위에 가득하다. 그리고 바닥의 질퍽함으로 잠시도 참기 어려운 환경이 많다. 동물들은 코가 마비된 듯 영원한 지옥 속에 있는 듯하다.

가축 이외의 동물에게도 인간은 지옥보다 심한 학대를 진행 중이다. 동물학대를 보면 인간의 정체성에 대한 의문을 갖게 한다.

장소의 학대 외에도 동물신체 특성과 인간의 이익에 따라 강제임신, (작은 틀stall에 넣는) 구속, (몸을 묶어두는) 속박, (상품훼손을 막기 위한) 꼬리자르기와 부리자르기debeaking, 던지기, 박피, (송아지, 염소 등의) 수유차단, 수족절단mutilation, (새우) 안병제거eyestalk ablation,[291] 오물(음식물쓰레기)사료, 이동시 사망vehicular death, (가족)이별, (모자)분리, 조기출산, 집유(集乳),

---

289) 앞에서 설명하였지만, 비건활동가들도 잔혹한 현장이나 영상에서 학대받는 동물에 '빙의'되거나 지나치게 공감하면 질식상태에 빠진다. 트라우마로 활동을 그만두기도 하는데 그냥 번아웃burn-out 됐다고 한다.

290) 동남아 등 저개발국가에서는 소들이 아무런 조명도 없이 집 근처 축사에 묶여 있다. 일몰 후에는 깜깜해서 안을 조금도 볼 수가 없다. 주위에 아무것도 없는 농촌 축사에 외로이 묶여 있던 송아지가 지금도 생각난다. 그래도 사람을 반가워하였다. 대규모 공장식 양계장 등은 조숙을 위해 24시간 조명을 밝힌다.

291) 안병(眼柄, 눈자루)을 자르는 이유는 빠른 증식과 여성동물의 증가를 위해서다. 새우양식을 지지하지 않지만, 눈자루를 제거하지 않는 암새우는 사망률이 낮아 항생제 사용이나 기타 화학물질투입의 필요성도 낮다.

찌르기, 발로 차기, 벽에 쳐 죽이기, 심지어 (도토리 등) 먹이 훔치기 등이 있다.

한 예로 인간의 시각에 익숙한 소 코뚜레는 코의 고통을 이용한 길들이기 수단이다. 소 외에도 낙타의 코도 쇠막대가 관통하고 있다. 곰의 코에는 굵은 밧줄이 꿰어있다. 말은 톱니형의 쇠막대가 입에 물려 있다. 이러한 행위가 당연한가. 동물해방은 인간도 이러한 잔인성 교육에서 해방되는 길이다. 반려동물의 입마개나 목줄도 사실 마찬가지다.

♣ 학대자

미국 매사추세츠Massachusetts에서 1975년부터 1996년까지 21년간 동물학대를 연구한 결과 가해자의 96.6%가 남자였다.[292] 차이가 나는 부분은 대부분의 학대는 남자에 의해 이루어지지만 애니멀호더로 칭하는 동물수집 및 집착은 여자가 83%를 차지한다. 이는 유기견이나 길고양이 등을 외면할 수 없는 공감능력면에서 여자가 뛰어남에 기인한다. 하지만 애니멀호딩은 미국의 약 8개주에서 중죄felony로 다루고, 한국에서도 2018년부터 동물학대[293]에 포함하고 있다.

- 연령별 차이

  같은 연구에서 가해자의 나이는 평균 30세, 30세 이하가 56%로 적시되었으나 표준편차나 분포도가 없어 나이의 유

292) Arluke, A., & Luke, C. (1997), Physical cruelty toward animals in Massachusetts, 1975-1990. Society & Animals, 5, 195-204.

293) 상세한 동물의 종류와 수는 동물법 참조.

의성을 인정하기는 어렵다. 다만 10대가 전체의 27%를 차지함은 유의할 만하다. 기타 사회경제적 지위나 부모의 교육수준 등에 대한 변수는 통계적으로 무의미하였다.

♣ 성별 학대 유형

다음은 좀 오래되었지만 성별에 따른 동물학대 유형에 대한 연구[294](Gerbasi, 2004)를 표로 정리하였다. 비거니즘은 성차별을 지양하지만 인구통계변수로서의 성별 차이가 너무 커 소개한다.

▌성별 학대 유형▐

학대 유형	사례 수	남	여	남 %
구타beating	79	77	2	97
총격shooting	35	33	2	94
고문torture	82	78	4	95
익수drowning	8	7	1	88
싸움fighting	46	45	1	98
태움burning	18	17	1	94
수간bestiality	18	17	1	94
소홀neglect 유기abandonment	211	121	90	57
수집집착hoarding	47	8	39	17

294) Kathleen Gerbasi (2004). Gender and Nonhuman Animal Cruelty Convictions: Data from Pet-Abuse. com., Society and Animals 12(4), December 2004: 359-365. 구글 요약표 참조.

학대자의 대부분은 폭력전과자. 호딩장애자Hoarding disorder이며, 협소한 장소와 관리소홀자는 대부분 정신치료가 필요 사람이었다. 세부적 학대로는 30세 이하 남자는 폭력, 60세 이상 여자는 애니멀호딩이다. 방치와 유기에는 성별차이가 없어 보인다.

♣ 수간

동물애zoophilia[295)]와 차이가 있으나, Flynn 연구(1999)[296)]에 따르면 수간(bestiality, 동물강간)에 대해 남자 4.9%, 여자 1.9%, 대학생 남자 2.4%, 여자 1.1%가 동물과의 섹스를 인정하고 있다. 수간에 대해 미국은 16개주에서 중죄, 15개주에서 경범죄로 처벌하고 있다.[297)]

♣ 불꽃축제의 결과

불꽃축제는 인간에게 순간적인 재미를 주지만 많은 동물에게는 심각한 위협이 된다. 환경오염 측면에서도 불꽃놀이는 재고할 필요가 있다. 불꽃축제의 도구가 되는 폭죽은 화약이다. 놀이 후에는 다음의 고통이 따른다.

벌들이 귀가를 못하기도 한다/ 충격으로 새들이 살상을 당하거나 서로 공격한다/ 야생동물들은 충격으로 새끼를 버리고 도망을

---

295) 조필리어zoophilia는 실제행위인 수간bestiality과 혼용되나, 주로 개, 고양이, 말, 뱀, 소 등의 동물에게 성적매력을 느끼거나, 병적인 집착, 성도착증의 뜻도 있다. 수간의 전 단계로 인식되기도 한다.

296) Clifton P. Flynn, (2001). Acknowledging the "Zoological Connection": A Sociological Analysis of Animal Cruelty, Society & Animals 9:1, 71-87.

297) Mona Chalabi, Bestiality: Which Animals Are Most At Risk, The Gualdian, 2017.6.21.

간다/ 물살이들이 폭죽의 잔해물을 먹고 죽는다/ 반려동물[298]도 공포와 분노로 공격성이 높아진다/ 인간도 종종 다치며 흥분하고 각성상태가 증가하여 수면장애, 분노증가, 집중력 저하, 놀람 등으로 외상후스트레스장애(Post-Traumatic Stress Disorder, PTSD)가 발생한다. 화재도 심심찮게 발생한다. 당연히 불필요한 쓰레기가 밤새 치워야 할 정도로 만들어진다.

♣ 시각, 청각장애인 안내견의 학대

2020년 기준 전 세계 안내견의 수는 약 20만 명이지만 한국에는 수십 수백 명에 불과하다. 비용면을 고려하더라도 2019년 한국의 시각장애인 수 253,000명에 비하면 0.02% 만이 혜택을 보고 있으니 보편적이거나 정상적인 해결책이라 할 수 없겠다.

안내견에 투입되는 교육은 2~4년이며 약 5,000만 원[299]이 소요된다. 안내견으로 활동할 수 있는 기간도 평균10세까지이므로 불과 5~7년 정도이다. 시청각장애인은 평생 십여명의 안내견이 필요하므로 고소득층이 아닌 이상 유지가 어렵다. 그리고 무엇보다 안내견들은 평생 훈련과 속박, 그리고 긴장에 시달려야 하므로 명백한 학대행위[300]이다. 따라서 안내견을 양성하기보다는 거리시설 보완과 정비에 집중해야 대다수의 시청각장애인들이 혜택을 볼 수 있지 않을까.

---

298) 드물게 폭죽을 즐기는 대형견도 있다.

299) US$45,000~60,000, 한국에서도 1년 이상의 교육기간이 소요된다.

300) 훈련업체에서는 개가 안내를 즐긴다는 공감 없는 설명을 한다.

♣ 낚시어업

매년 2조7,000억[301]의 물살이들이 그물이나 바늘에 걸려, 질식, 구타, 충격, 플레이,[302] 뜨거운 물에 산 채로 삶아져 죽는다. 물살이도 고통을 느낀다.

낚시에 걸렸다 바로 방생된 물살이의 43%는 약 6일내에 사망한다는 연구가 있다. 잡혔던 물살이들은 급격한 기압환경변화로 부레가 파괴되어 평균적으로 절반 이상이 며칠내 죽는다. 목 안으로 바늘이 들어가면 생존율은 더 낮아진다.

현재 약 1조~2조7천억의 물살이들이 매년 죽는다(수도 모르는 양식 물살이 제외). 하루 27억 물살이가 요리가 된다. 무게로는 연간 1,600억 파운드(약 726억kg) 하루 2억kg(20만 톤)에 해당한다. 이 중 40%는 죽은 채 바다에 도로 버려진다. 현재의 남획속도는 2048년이면 바다를 고갈시킨다는 발표가 많다.

육식도 모자라 눈에 보이는 동물마다 잡아 죽이겠다고 달려드는 낚시나 사냥이 멋있어 보이는가. 잔인함이 무지한 인간의 취미로 포장된 대표적 사례가 아닌가.

♣ 동물실험

동물실험 자료[303]를 보면,

2020년 약 414만 명의 동물들이 비명을 지르고 있었다.[304]

---

301) 동물 수는 발표기관마다 기준이 달라 '그러려니' 해야 한다. 활동가들도 전수조사가 불가하므로 관련 기관에 따라 수치가 다를 수 있다. 삶을 무게로 측정하는 방법도 있지만, 멸치와 고래가 같은 비중의 생명임을 감안하면 무의미하다.

302) flay, 쳐서 가죽이나 비늘을 벗김. 선상에서 삶기 전에 시행함.

303) 2020년 동물실험 및 실험동물 사용실태 보고, 검역본부.

지금도 해왔던 일처럼 당연히 그렇다.

실험동물의 수는 2016년 대비 43.8%, 2019년 대비 11.5% 증가하였다. 실험대상은 설치류가 85%로 약 351만, 조류 31만, 어류 23만, 기타 포유류 6만, 토끼 3만, 원숭이 4천, 양서류 3천, 파충류 200 등이다.

실험대상 동물의 고통등급은 A~E 단계로 구분되는데, 세균이나 원충, 무척추동물 등 동물실험윤리위원회의 승인이 필요없는 A급을 제외하면, 미승인 실험 신청건은 1% 미만이다.

국내에서 동물실험이 가능한 약 400곳에서 연간 약 4만 건이 이루어진다. 사용되는 동물 수는 기업 214만, 대학 115만, 국공립기관 50만, 의료기관 33만 등이다.

대규모 동물학대의 근원지가 되는 동물실험에서 미국은 경미한 통증인 B, C급이 약 71%, 높은 고통인 D, E급이 29%이고, 유럽은 경증이 약 50%, 가장 큰 고통을 주는 E급이 10% 정도이다.

이에 비해 한국에서는 대고통인 E급이 42%(약 176만 명), 중고통인 D급이 31%(약 131만 명)으로 73%를 차지한다. 이에 대해 실험기관들은 법적인 요구사항을 만족하기 위한 규제시험이 원인이라고 하지만 통상적으로 미국과 유럽의 제품책임법product liability law이 한국보다 훨씬 까다로운 점을 생각하면 생명존중을 위한 의식전환이 매우 절실하다.

최근의 비거니즘 확산으로 인해 동물실험을 하는 화장품이나 다른 산업이 실험을 없애거나 줄이고 있으나 미미한 실정이고,

---

304) 414만 마리의 비명. 지난해 동물실험 가장 많았다. 한국일보 고은경 기자, 201.07.28.

비거니즘은 동물의 희생으로 인한 인간의 이익을 거부한다.

♣ 곤충식

곤충산업Entovegan[305]의 주장에 따르면, 1kg 단백질 생산을 위한 먹이량과 물량은 소 20kg 1,500리터, 돼지 6.7kg 600리터, 닭 3.3kg 360리터이다. 이에 비해 곤충은 1.71kg와 1리터만 필요하다며 주장한다. 재생산율(탄생율)은 소의 경우 1명에서 4명이 되는데 6년이 소요되나, 곤충은 한 명이 200명이 되는데 6주만 소요된다고 한다.

하지만 비거니즘에서는 작은 곤충이라는 이유로 차별하거나, 경제적 이익을 위한 방향이라도 동물학대가 포함되면 지양한다. 메뚜기도 고통을 느끼는 엄연한 동물이기에.

♣ 축사 화재

축사에서는 '가축'들이 인간에게 몸과 알을 미처 빼앗기기도 전에 타 죽고 있다. 다음은 이 책을 쓰고 있는 가운데 2022년 3월 말부터 10월 초까지 단 6개월 만의 화재에서도 끊임없이 희생된 닭과 돼지의 목숨을 추모하며 실상을 나열한다.[306] 축산을 시작하면서부터 지금까지 지속되는 화재의 원인은 전기기구의 누전과 먼지에 의한 발화 등으로 열악한 사육환경을 대변한다.

---

305) = Entomophagy(식충성) + Vegan

306) 포털에서 '양계장, 돼지, 화재'를 검색하면 헤아릴 수 없이 숨겨진 희생을 찾아낼 수 있다. 억울하게 타 죽은 생명들은 도축 수에도 포함되지 않아 흔적 없는 죽음이 된다. 소수의 죽음은 여기에 포함할 수도 없었다.

- (2022.03.21.) 청양, 닭 25,000
- (2022.03.27.) 고창, 닭 5,000
- (2022.05.03.) 청주, 병아리 42,000
- (2022.05.05.) 충주, 산란계 48,000
- (2022.05.14.) 의성, 닭 9,000
- (2022.05.18.) 영광, 돼지 28,000
- (2022.05.22.) 아산, 닭 12,000
- (2022.05.25.) 고양, 돼지 30
- (2022.05.28.) 영천, 돼지 2,000
- (2022.05.30.) 부여, 돼지 1,800
- (2022.05.31.) 정읍, 닭 30,000
- (2022.05.31.) 포천, 돼지 450
- (2022.06.14.) 영광, 병아리 8,500
- (2022.06.18.) 청주, 돼지 1,400
- (2022.06.19.) 당진, 닭 8,800
- (2022.06.21.) 정읍, 병아리 30,000
- (2022.06.24.) 합덕, 산란계 8,800
- (2022.06.27.) 안동, 돼지 920
- (2022.07.05.) 의령, 돼지 1,000
- (2022.07.08.) 해남, 돼지 3,500
- (2022.07.15.) 공주, 새끼돼지 600
- (2022.08.02.) 당진, 돼지 8,400
- (2022.08.03.) 장성, 돼지 400
- (2022.08.06.) 정읍, 닭 3,000
- (2022.08.13.) 경주, 돼지 2,500

- (2022.08.16.) 김제, 어미돼지 270, 새끼돼지 1,700
- (2022.08.21.) 공주, 어미돼지 130, 새끼돼지 400
- (2022.08.28.) 군위, 병아리 10,000
- (2022.08.30.) 양평, 돼지 800
- (2022.08.31.) 의성, 돼지 300
- (2022.09.06.) 청주, 병아리 20,000
- (2022.09.20.) 성주, 돼지 490
- (2022.10.01.) 여주, 돼지 2,100

♣ 동물 질병

기관명이 아이러니지만 세계동물보건기구World Organization for Animal Health에 따르면 축산업의 열악한 환경에서 질병으로 사망하는 동물은 전체의 약 20%이다. 어차피 모두 삶을 못 채우고 어린 나이(혹은 월령)에 죽어야 하지만.

식물에 비해 동물은 전염병이 많고[307] 치명적이다. 질병의 종류는 알려진 원숭이두창Monkeypox, 아프리카돼지열병African swine fever(ASF), 조류인플루엔자Avian influenza(AI, 조류독감), 구제역Food and mouth disease(FMD), 니파바이러스Nipah virus, 뉴캐슬병Newcastle disease 이외에도 수백~수천가지가 대기하고 있다. 인간을 포함한 생물테러에 이용될 수 있는 이들 병원체 중 80%는 동물로부터 나온다.[308]

국내에서 산 채로 땅에 묻고 태워 죽이는 동물들은 도살통

307) 세계적으로 한 달에 100건 이상의 전염병이 유행한다.

308) https://www.woah.org

계[309]와 별개다.

2020년 1,107개의 농장에서 240,786명이 전염병에 감염되었다.

2021년 1,258개의 농장에서 222,448명이 전염병에 감염되었다.

이들은 가축전염예방법(가전법)에 따라 신속하게 죽인다. 그리고 500미터(구제역) 이내의 이웃도 감염의심동물로 낙인찍어 같이 죽인다. 고기가 되기도 어려운 세상이다.

최근 3년간 65,404명의 돼지가 아프리카돼지열병(ASF)에 걸려 죽임을 당했는데, 34만3,136명이 이웃을 잘못 만나 함께 산 채로 땅에 파묻혔다. 그리고 밤새 비명을 지르며 죽어갔다. 소설도 아니고 먼 나라 이야기도 아니고 우리와 가까운 이 땅에서 계속 벌어지고 있다.

가축을 키운 인간은 손해가 별로 없다. 국민의 풍부한 세금으로 한 명(돼지)당 수십 만 원씩 보상해준다.

조류인플루엔자(AI)로도[310] 2018년 3월까지 653만 9천명의 닭과 오리를 죽였다. 2021년 4월까지 2,993만 4천명, 2022년 4월까지 730만 7천명의 목숨을 땅속으로, 가스로 질식하여 죽인다. 명백한 연쇄 살해임에도 멈출 생각은 추후도 없다. 소비자들이 맛있는 육식을 해야 하니까.

농림축산검역본부에 게시되어 있는 다음 글이 맞는가. 달리 가야 할 길은 없는가.

---

309) 국가가축방역통합시스템(www.kahis.go.kr), 국가정보공개(www.open.go.kr)

310) 아프리카돼지열병, 구제역, 조류독감 등은 제1종 법정가축전염병으로 철저하게 관리한다. 2종인 결핵병, 낭충봉아부패병 등, 3종인 돼지유행성설사병(PED), 돼지생식기호흡기증후군(PRRS) 등으로도 많은 가축이 폐사한다.

"돼지고기는 안심하고 드셔도 됩니다. 돼지열병은 인체에 해를 끼치지도 아니하고 다른 동물에 전염되지도 아니하나, 전염병의 확산을 막기 위해 살처분, 매몰을 실시하고 유통을 금지시키고 있습니다. 돼지고기는 안심하고 드시기 바랍니다. 그것이 양돈농가를 돕는 길입니다."

♣ 도덕적 죽음

아주 긴 시간 후 처음으로 그는 태양을 보았다. 그리고 신선한 아침의 바깥 공기도 쉴 수 있었다. 하지만 그는 그에게 곧 닥칠 일을 알지 못했다.

사람들은 그를 카트에서 끌어내 코를 밧줄로 묶어 처형대로 질질 끌고 갔다. 서로 떠들고 웃으며 그의 크기를 재며 죽기도 전에 입맛을 다셨다.

그는 비명을 질렀다. 돼지가 할 수 있는 건 이것뿐이다. 소리는 주위로 울려 퍼졌지만 그를 살려주지는 않을 것이다. 완전히 겁에 질려 흐릿해진 그의 눈은 고통과 공포, 그리고 절망으로 얼룩져 있었다.

뒤에선 누군가 꼬리를 잡고 있었고, 밧줄은 팽팽해졌고, 코에서는 피가 나는데 둔탁한 가격이 이마에 내리쳤다. 비정한 한 번의 가격에 귀가 멍해지며 이 절망스러운 세상과 이별하는 듯 했지만, 잠시 후 땅에 쓰러진 뒷다리에 몸이 걸려 올라갔다. 그 다음은 칼 차례다. 솜씨 있게 목의 급소를 잘라 몸에서 뜨거운 피가, 생명이 흘러나오게 내버려 두었다.

그는 즉시 죽지 않았고, 끝없는 순간에 몇 번을 깨어나, 신음과 한탄이 뒤섞인 목 안에서 피가 뿜어져 나오자, 그는 이제 자신을 놓아주려고 했고, 점점 힘이 빠졌다.

고요함은 다음 일에 관한 인간의 목소리에 깨졌고, 그는 냄새나는 벽 사이에서 끔찍한 삶을 살다 죽었다. 드디어 자유를 얻었다.

이것이 많은 사람들이 '업자'에게서 고기를 산다고 주장할 때 언급하는 "윤리적이고 자비로운" 죽음이다. 이런 일이 더 이상 일어나지 않을 것이라 생각한다면, 당신은 틀렸다. 대부분 동물 사육자들은 여전히 이렇게 죽인다.

— 비건활동가Gabriella Dimastrodonato

◑ 가축의 눈에 인간은 무엇일까

◑ 동물들이 '너무 아파요', '죽기 싫어요' 라는 말을 할 수 있다면 살 수 있을까?

◑ 동물의 도살 속도를 인간에게 적용하면 78억 인구는 17일 만에 소멸된다.

◑ 온 세상이 거대한 도살장과 감옥인데, 사람들은 어떻게 평화를 기원할 수 있을까?
How can people hope for peace when the whole planet is a giant slaughterhouse and prison?

◑ 인간이 지구에서 사라지는 날은 동물들의 독립기념일이다.

◑ 인간이 의로운 삶을 갈망한다면, 첫 일은 동물학대에서 벗어남이다.

If a man aspires towards a righteous life, his first act of abstinence is from injury to animals.

— 아인슈타인Albert Einstein

◑ 지구에서 학대를 받아도 되는 동물은 없다.

No animals on earth deserves to be treated with cruelty.

증언 도축인이 찾은 행복

(저 사람은 죄가 없어요...)
제가 저 일을 합니다.

2019년 여름 어나니머스Anonymous for the Voiceless 서울팀의 명동거리 활동에서 한 시민을 만났다. 동물들을 잔혹하게 살해하는 영상을 보고 있던 그에게 도축인은 죄가 없다며 말을 건네자 그는 자신이 그임을 밝혔다. 그 뒤 외부인이 접근하기 어려운 도축장에 대한 몇 차례 증언이 이어졌고, 이를 통해 진실이 수집되었다. 내용은 비건활동가들이 알고 있는 자료와 거의 일치하여 국내 도축절차도 매우 유사한 시스템임을 한 번 더 확인하는 경로가 되었다.

도축장에 도착한 동물들은 대부분 몇 분, 몇 시간 내에 도살장으로 들어간다. 들어가기 싫어하거나 뒤로 돌아서는 소나 돼지에게는 전기 충격봉으로 아무데나 쑤신다. 돼지는 키가 작아서 발로 차기에도 편하다. 저승길은 되돌아갈 수 없도록 좁은 역삼각형의 바닥이 많다. 닭은 도살 수가 많고 가벼워 쇠고리에 한 두 다리를 걸어 전기물에 담그고 자동기계로 참수한다. 그래도 깨어 있는 아이들이 있다. 도축장에서 일하는 사람들은 스트레스를 동물들에게 푼다. 마치 군대생활의 스트레스를 하급자에게 푸는 심리와 비슷하다. 아기돼지 등 작은 동물은 밟거나 시멘트벽에 때려죽인다. 돈이 안 되는 대상을 빠르게 처리하는 경제적인 방법이다.

당일 죽지 못한 소들은 다음 날 아침 도축인들이 출근하는 모습을 보고 겁에 질려 울기 시작한다. 인도적인 죽음이나 도살은 없다. 사육과 도살의 목적은 오직 돈이다. 가장 확실하게 죽이고 비용을 아끼는 방법이 참수다. 가축은 날카로운 칼에 목이 반쯤 베여 죽음을 기다린다. 그리고 피가 다 빠져나와 심장이 멎는 수분, 수십 분 동안 고통을 느끼며, 그 상황에서 탈출을 시도하기도 한다. 큰 동물은 움직일 수 없게 다리부터 모두 자른다. 그때 도살자들은 소의 무릎 연골을 꺼내 먹기도 한다. 인간이 좋아하는 육회나 같아 잔인함을 탓할 핑계는 없다. 반쯤의 동물들이 의식이 있는 상태여서 몸이 토막 남을 그대로 느낀다. 이미 발버둥 칠 다리도 없는데.

우리는 동물의 고통을 느낄 수 없다.
사실 다른 사람의 고통도 직접 느낄 수 없다.
하지만 가족의 고통은 그대로 느낄 수 있다.
가까운 동거동물의 고통도 그대로 느낀다.
우리가 동물의 고통을 느낄 수 없는 이유는 가까이 있지 않기 때문이다.

내가 외면해도 그들은 같은 고통을 느낀다는 말이다.

비건들, 특히 활동가들은 도축인들을 경멸하거나 비난하지 않는다. 모든 차별을 배제하는 비거니즘 사상이다. 굳이 설명해야 한다면 사람들이 저지르는 클래시즘classism이 여기에 해당하지 않을까. 그리고 평등으로 따져대면 도축인은 소와 돼지 등 가축뿐 아니라, 물살이를 해치는 수산시장 종사자, 횟집 요리사, 파리, 모기를 일상적으로 죽이는 모두에게 가능한 호칭이다. 개미의 목숨이 소의 목숨보다 가벼운가. 보잘 것 없는 나의 목숨도 보잘 것 있는 타인의 목숨보다 소중하지 않은가.

도축인은 수입이 많든 적든 그 사회에서는 약자들이다. 경쟁사회에서 도축일까지 하게 된 사람들이다. 직업에 대한 평가와 차별이 아니라 선택할 수밖에 없는 현실을 뜻한다. 그리고 그들의 일은 적어도 살인처럼 불법은 아니다. 도축인이 강자로 보인다면 자신의 사상을 먼저 점검해야 한다.

간혹 그들이 만들지 않으면 먹을 수 없으니, 그들이 잔혹의 원인 제공자라는 주장도 있다. 자본주의 사회에서는 달러보우팅dollar voting이라는 보이지 않는 선택의 힘이 작용한다. 소비자들이 돈을 마치 투표용지처럼 사용함으로써 그 산업을 육성하거나 도태하게 한다는 이론이다. 결국은 소비자가 모든 동물 살해의 주범이다.

우리의 동물권 활동으로 도축생활에서 벗어난 그는 이제 평생 희망이었던 결혼을 꿈꿀 수 있게 되었단다. 원석 같은 순수함과 열정이 느껴지는 그가 새로이 찾은 건축일은 행복과 기쁨

이란다. 게다가 밤마다 꿈에서 소와 돼지들이 죽어가는 모습으로 괴로워하지 않아도 된다고 하였다.

도축장은 한국에서도 외국인 노동자들이 많이 일하며, 호주 등에서도 워킹홀리데이working holiday 간 한국학생들이 생존과 수입 때문에 도축장 일을 많이 한다. 대부분의 이주가 그렇듯 본국에서는 아닐 수 있지만, 외국에서는 보통 약자가 되어버리기 때문이다.

일 년에 몇 차례씩 발생하는 구제역, 조류독감 등으로 몇 백만 명의 돼지, 몇 천만 단위의 닭들을 생매장(언론에서는 '살처분'으로 표현)할 때도 초기에는 공무원들이 담당하였으나 80% 이상이 트라우마 치료를 받게 되자, 지금은 또 다른 사회적 약자인 일용노동자들이 담당한다. 이들 중에서도 계속할 수 있는 사람은 20%도 안 된다. 이들도 안락사를 시행하는 수의사와 마찬가지로 가해경험트라우마성스트레스[311]로 괴로워한다. 육식 소비자들은 힘없는 동물을 죽이고 심장도 약한 사람들을 미치게 만든다.

레프 똘스또이는 "금주하라, 금연하라, 절제하며 채식하라"를 주장하는 그의 단편집 첫걸음[312]에서 도축장의 잔인함을 십여 쪽에 걸쳐 묘사하고 있다.

---

311) '범죄행위자의 트라우마'로 Perpetrator Trauma라고도 한다. Perpetration Induced Traumatic Stress(PITS) 혹은 Participation Induced Traumatic Stress(PITS)는 살해나 가혹한 폭력에 참가한 사람들이 겪는 스트레스 장애다. 도살장 종사자나 수의사, 참전군인에게서 주로 나타난다.

312) 레프 똘스또이, 첫걸음, 푸쉬킨하우스 2014.1.27. (석영중, 김종민 옮김).

◑ 우리 코에서 코뚜레가 사라지고, 우리 등에서 멍에가 사라지며, 재갈과 박차가 영원히 녹슬어 버리고, 가혹한 채찍은 더 이상 소리를 내지 못할 것이다.[313)]

◑ 육식을 위해 직접 도축해야 한다면 인구의 98%는 비건이 될 것이다.

◑ 인간 모두가 도축인, 백정이다. 동물인 파리, 벌레만 보면 죽인다.

313) 조지 오웰(George Orwell, 본명 Eric Arthur Blair, 1903-1950)의 동물농장(1945) 중에서.

공감 갈치구이

TV 광고에서 '노릇노릇한 갈치구이'가 훅 들어왔다.
('나는 왜 갈치구이가 먹고 싶을까?' 곰곰이 생각을 객관화한다.)

동물을 먹지 않고 살 수 있는 '뛰어난 능력'에는 공감이 있다. 공감은 '그 마음을 느끼는 것'이다. 시각장애인(長愛人)의 못 보는 마음을 느끼고, 빨리 걷지 못하는 노인(路人)[314]의 몸을 느낀다.

개나 고양이는 일상에서의 다양한 모습으로 그 마음을 쉽게 알기에 친구처럼 느껴진다. 소도 그냥 먹지 않을 수 있지만, 그의 눈망울을 가까이 보면 그냥 '고기'가 아니다. 아기 돼지의 장난이나 닭의 까칠함을 느끼면 그들도 사람이 된다. 위험을 피해 달리는 개미의 모습을 빌미로 조금만 공부해도 그는 훌륭한 선생이 된다. 비가 멈춘 아침, 숲으로 돌리려 건드리는 가출 지

314) '오랫동안 사랑해야 하는 사람', '길을 알려주는 사람'.

렁이도 살려는 발버둥에 마음을 충분히 느낀다. 만지면 격렬하게 팔을 휘젓는 성게나 잽싸게 입을 닫고 도망치는 조개에게서도 삶의 의지를 느낀다. 물살이의 눈도 자주 본다. 시장이나 횟집 앞의 좁고 탁한 물에 갇혀 있는 이들의 눈에서 귀향 없는 슬픈 바다가 보인다.

그런데 왜 갈치구이가 먹고 싶었을까. 그건 살아있는 갈치와 대면하지 못한 탓이라 생각한다. 보지 않아도 느끼는 탁월한 능력은 내게 없는 듯하다. 거기다 맛의 까르마karma도 생생하다. 맛의 추억은 세월이 지나도 죽지를 않는다. 무심했던 과거의 육식에 속죄하는 마음으로 매일 살고 있는데 갈치와는 공감이 없었다. 이럴 땐 연인처럼 잊혀질 때까지 참아야 하는 짧은 고통이 있다. 전복의 까르마가 자꾸 찾아와 거북이처럼 발버둥치는 모습을 일부러 대면하였다. 결국 모든 동물은 가까이 만나면 살생하는 마음이 사라진다.

사랑하면 눈을 떼지 못하는 이유가 따뜻한 마음을 느끼기 위함이라면, 동물의 눈에서도 심정이 느껴진다. 짧은 줄로 죽을 때까지 마당에 묶은 개를 발로 찬 야만의 시대[315]와 눈높이가 없었던 시절에는 개와 고양이도 먹거리였다. 지금도 공감하지 못하는 수백만 명이 그들을 먹고 있지만.

책 공감의 시대(The Empathic Civilization, 2010)에서 미래학자 제레미 리프킨Jeremy Rifkin은 인간이 세계를 지배하는 종[316]이 된 배경에는 가장 뛰어난 공감 능력이 있었기 때문이

315) 지금도 이 땅 곳곳에서 짧은 줄에 목이 묶인 채 생을 보내는 가엾은 동물을 쉽게 볼 수 있다.

316) 호모 엠파티쿠스 Homo Empathicus(공감하는 인간).

란다. 최근 들어 '공감'이 21세기의 가장 탁월한 경쟁 요소임을 밝히는 주장과 학설이 많아졌다. 아마도 다른 사람의 처지를 이해하고 대처하는 소통이 무기가 되었다. 하지만 동물의 고통에는 불감인 인간의 마음은 무엇일까.

경제학자인 제레미 리프킨Jeremy Rifkin은 상대의 권리와 안전을 위한 공감이 아니라 공감으로 얻는 이익, 즉 조건적 공감에 편중하였다. 하버드 의과대학의 헬렌 리스Helen Riess 박사는 그의 책 공감의 효과(The Empathy Effect, 2018)에서 21세기 인재는 스펙specification으로 이루어지는 외형보다는 인간성, 창의성, 영감 등으로 이루어지는 인간 본연의 모습에 더 가치를 두고 있다. 또한 공감이 부족한 사람은 능력이 부족함으로 평가하고, 눈을 맞춤이 공감의 첫 단계로 설명하였다. 인간의 존엄함이 동물을 살해하는 잔인함이 아니라면, 공감은 결국 눈을 맞추는 포용으로 정리된다.

◑ 비거니즘은 식단이 아니라, 생명에 대한 사랑과 존중이다.
Veganism is not about food, it's about love and respect for life itself.

◑ 동물이 먹고 싶다면, 네가 만드는 고통과 수난을 볼 의무가 있다.
If you want to eat animal products, you should be obligated to see the pain and suffering you are causing.

◑ 공감은 남의 눈으로 보고, 남의 귀로 듣고, 남의 마음으로 느낌이다.

Empathy is seeing with the eyes of another, listening with the ears of another, and feeling with the heart of another.

◑ 죽임보다 살림을 선택하고, 학대보다 동정을 선택하십시오.

Choose life over death, choose compassion over suffering.

◑ 평화는 식탁에서 시작된다.

Peace begins on your plate.

◑ 동물을 해침이 틀렸다고 생각하면, 당신은 이미 비건을 믿는 중이다.

If you think it's wrong to hurt animals, you already believe in going vegan.

중독 쾌락한 요리

여타 동물과 달리 인간의 정신과 육체는 인간이 만든 다양한 사물에 중독되어 있다. 중독의 시작은 단순한 호기심이었고 유지는 심신미약의 쾌락이며 끝은 죽음과 같은 피폐다.

태초에 우리는 게임기가 없어 심심하지 않았었고, 스마트폰이 없어서 불편하지 않았다. 뷔페에서 '본전 때문에' 억지로 먹어야 한다는 생각도 없었다. 새로운 사물은 호기심과 편리함을 주지만 이를 갖기 위해 더 많은 노동을 요구받고 결국 중독과 타락으로 이어진다.

중독의 종류는 일상의 게임, 담배와 술[317]과 더불어 도박, 마

317) 술은 결국 폭력으로 끝난다. 구타, 성범죄, 시비, 음주운전, 절도 등 술 취한 의식으로 절제할 수 없는 사건을 만든다. 술 취한 사회를 만든 모두가 공범이다. 흡연으로 인한 토지, 공기, 해양오염 및 산불도 생산기업과 세금을 거두는 정부, 그리고 이를 나누어 쓰는 우리가 공범이다.

약, 섹스, 인터넷 등 합법과 불법을 넘어 다양하다. 심리학자들이 말하는 중독의 의미는 대상 사물에 대한 노예화다. 벗어나려 할수록 갇히는 마음과 습성이 중독의 특성이다. 인간만이 현혹되는 중독 대상은 SNS, TV, 과소비,[318] 과속, 관음증, 노출, 불법촬영, 설탕, 성형, 쇼핑, 수집, 스마트폰, 약물(약과 영양제 등), 운동, 유튜브, 집착, 커피(카페인), 콜라(설탕), 타투tatoo, 탄수화물, 피어싱piercing, 활자 등 끝없이 이어진다.

음식중독도 있다. 우리는 먹거리에서 행복을 찾는 행위를 지나치게 당연시한다. 미식가의 생활을 흠모하고, 비판이나 의심보다는 열광한다. 자본주의 국가의 과식이 10억의 아프리카와 동남아 사람들을 기아에 허덕이게 하는 구조에는 소문만 듣는다. 농작물이 비싸게 팔리는 대도시로 이동하면 농촌 거주자들은 감소만큼 비싸게 구매하고, 구매한계점에 있는 사람들은 굶게 되는 원리다. 또한 대부분 곡물이 동물사료로 투입되면서 희귀해진 분배도 원인이 된다.

집단배식이 이루어지는 도시에서의 삶은 많은 재료를 소비하며 조리된 음식의 1/3은 쓰레기로 버려진다. 여러 종류의 식당, 특히 뷔페나 구내식당의 자율배식은 얼마나 많은 잔반을 만드는지 한 번쯤 살펴볼 필요가 있다. 음식중독과 쓰레기를 만드는 원인의 하나는 요리다. 요리의 기술은 자연 재료를 더 맛있게, 더 자극적으로 가공한다. 그래야 손님이 다시 찾는다. 사람들은 오늘도 맛집을 찾아 긴 줄을 서고, 먹방의 유투버들은 돈을 번다. 언뜻 미식[319]은 아름다운 식사처럼 보이지만, 입과 정

---

318) 여기서는 물질(물, 세제, 약품, 영양제, 음식, 전기, 화장품 등)을 비판 없이 많이 사용하는 행위다.

신은 노예가 되고 몸은 몰래 망가진다. 인간은 요리로 인하여 과잉 영양분을 섭취하고, 중독으로 인해 맛있는 집을 영혼 없이 찾아 헤매고 몸은 커진다. 여기에 숨겨진 감미료, 향료, 향미증진제 등 다양한 화학첨가제는 입맛을 노예화하고 존엄한 인간을 게걸스럽게 만든다.

불고기, 삼겹살, 치킨 등 동물의 살을 끊지 못하는 이유도 어릴 때부터 중독된 입맛이다. 그래서 다른 동물과 달리 생태계를 소멸시키고, 순한 동물들을 감금하며 식량이라 칭한다. 중독된 입맛이 초래한 공장식 축산factory farm 형태의 집중 사육은 감정을 느끼는 동물들에게 극심한 고통을 가함과 동시에 지구의 땅에도 치명적이다. 분뇨, 항생제가 포함된 배설물은 지하수와 대지를 황폐화하고 있다.

자연의 동물은 쾌락이 아니라 오직 생존의 목적으로 밋밋한 음식을 적당히 먹고 떠난다. 동물도 요리를 즐겼다면 과식과 비만, 질병 그리고 급속한 약육강식으로 그나마 5% 정도 남아있는 생태계도 소멸하였을 것이다. 원래 인간의 음식도 자연 동물의 먹거리처럼 맛이 없는 자연식이다.

음식중독은 몸과 마음의 피폐로 끝난다. 몸이 아프면 마음도 아프다. 자연 동물과 달리 인간은 나이가 들면서 많은 종류의 약을 먹게 된다. 발병 나이도 많이 낮아지고 있다. 우리는 '고기'를 안 먹으면 죽는다지만 발병 후에야 채식을 찾는다. 고기를 안 먹으면 기력이 없다 여기지만 몸에 해롭다는 점은 이미 인지하고, 인정하는 사실이다. 병든 몸에 삼겹살과 치킨을 추

319) 미슐랭 별(The Curse of the Michelin Star)의 저주를 아는가. 더 맛있게 만들어야 한다는 허망한 욕망은 결국 모두를 죽인다.

천하는 사람이 없는 이유다. 그래도 요리중독에서 벗어나지 못하는 이유는 매슬로우Maslow가 말하는 인간의 강력한 기본 마음이다. 자아실현과 달리 섭취와 배설의 강력한 욕구는 생존의 욕구다. 문제는 음식이 아니라 요리다. 따라서 맛있는 요리를 만드는 일은 지향되어야 할 선한 행동이 아니라 분명히 조금만 필요한 필요악이다. 소비자가 건강한 요리는 어렵게 탐색해야 찾을 수 있는 현실이 문제다.

아이들에게 과자를 많이 먹으라는 부모는 없다. 공장에서 만들어 소비자를 유혹하는 수많은 '요리'는 그 성분만으로도 추천할 만한 음식은 아니다. 거의 모든 과자와 공장 식품[320]에는 동물의 부산물이 포함되어 있다. 이제 우리가 이성적 소비자라면, 조금이라도 중독에 대해서 생각하는 사람이라면 자신의 식습관에 대해 하나씩 점검할 필요가 있다. 아이스크림은 황홀하고 달콤하지만 어떤 재료가 어떻게 들어가는지 찬찬히 따져볼 필요가 있다.[321] 먹는 것이 내 몸을 만들고 병도 만들기 때문이다. 인간이 만드는 모든 것을 의심해야 하는 이유다. 의심할 필요가 없는 음식은 자연이 친환경으로 만드는 것들이다. 자연을 벗어난 요리는 음식이 아니다. 가공할수록 영양분이 파괴되고, 정제한 음식 재료는 몸을 공격한다. 자연상태에 가까울수

---

320) 과자류나 공장 식품의 소비는 항상 뒷면의 성분표를 봐야 한다.

321) 배스킨라빈스Baskin-Robbins 아이스크림 회사의 사촌 형제 중 한 명은 여러 질병의 고도비만으로, 존 로빈스John Robbins(1947~현재)는 비건으로 탈출하여 환경운동가로 활동하고 있다. 1987년에 출간된 '새로운 미국을 위한 식단: 당신의 선택이 어떻게 건강과 행복, 미래지구의 삶에 영향을 끼치는가(Diet for a New America: How Your Choices Affect Your Health, Happiness and Future of Life on Earth, 국내 출판 도서명: 음식혁명, 2002, 2011)'의 저자이다.

록 건강한 음식이다.

희귀하게 채식이나 과일 식단으로 사망했다는 뉴스가 육식인들의 핑곗거리가 되지만, 지구에는 모태 비건을 포함하여 일억 명이 넘는 비건들이 건강한 삶을 즐기고 수명과 행복 지수도 높다. 일억 명은 인간이 잔인한 육식을 할 필요가 없다는 진실을 보여주는 생생한 증거다.

◑ 인간의 배는 동물 묘지가 아니다.

The human stomach is not a graveyard for animals.

— 니나 헤건Nina Hagen

◑ 뷔페식당은 대량 학살의 현장이다.

The buffet restaurant is the scene of genocide.

◑ 악마를 보고 싶다면, 인간이 동물에게 하는 행위를 보면 된다.

If one wants to know what the 'devil' is like – look at what humans do to animals.

◑ 소들은 당신의 아이스크림에 '스크림'한다. 낙농업은 축산업이다.

They 'scream' for your ice cream. The dairy industry is the meat industry.

◑ 우리가 곧 날씨다. 아침 식사에서 지구를 구할 수 있다.

We Are the Weather: Saving the Planet Begins at Breakfast.

— 채식인 소설가 조나단 새프런 포어Jonathan Safran Foer

◑ 고기는 병적인 집착이다.

Meat is a deadly obsession.

◑ 까르마의 법칙: 우리가 학대하고, 살해하고, 먹는 바로 그 동물들이 결국에는 심장병, 암, 당뇨병, 신장병 등으로 우리를 죽입니다.

The law of Karma: The same animals we abuse, murder and eat eventually end up killing us through heart disease, cancer, diabetes, kidney disease and more.

◑ 인간이 죽는 것에는 한없이 슬퍼하고 분노할 땐 언제고, 동물이 죽어서 우리의 입에 들어올 땐 한없이 행복해한다.

We always feel infinitely sad and angry when a human dies, but we feel infinitely happy when an animal dies and enters our mouths.

— 채식주의 수강생 철학과 1학년 문규린의
도미니언 시청소감 중에서

V E G A N

- **관계** 비건섹슈얼리즘
- **가치** 그림 1,000억 원
- **구조** 출구 없는 뫼비우스의 길
- **개만** 고양이도 먹어요

관계 비건섹슈얼리즘

채식주의자가 아닌 사람과의 성관계를 거부하는 비건입니다.

"제리, 난 당신에게 매력을 느끼지만 우리는 섹스할 수 없어요. 난 비건섹슈얼vegansexual인데 당신이 지난주에 루이 집에서 치킨 먹는 걸 봤어요."

채식주의자가 다른 사람에게 키스할 수 있나요?

나는 채식주의자가 아닌 남자친구가 있습니다. 나는 여전히 그에게 키스하지만, 식사 직후에는 하지 않습니다. 고기를 먹은 후 20~30분(또는 고기 냄새가 나지 않을 때까지) 후에는 보통 괜찮습니다. 가벼운 키스는 괜찮지만, 닭고기나 소고기 조각이 입에 들어가는 건 싫습니다.

'비건섹슈얼리즘Vegansexualism'이란 비건끼리만 데이트하는 성향이자 사상이다. 2007년 157명의 비건을 대상으로 조사한 뉴질랜드의 한 대학연구322)에서 이 용어가 만들어졌다. 다수의 인류와 무관한 주제로 단발성 논쟁으로 사라졌지만, 비건 사회에서는 여전히 중요한 문화다.

비건들은 가능한 비건들과 데이트를 하려고 한다. 인간이 섹스를 마다하는 대상은 종이 다른 동물이다. 어쩌면 비건들의 성적 기준에서 잡식이나 육식인은 종이 다른 동물이다. 극단적인 비건들의 키스와 섹스의 문제가 아니라 모든 인간을 구성하는 사회의 제한적 경계[323] 중 하나일 뿐이다. 비건섹슈얼리즘은 인간에 대한 혐오가 아니라 육식의 잔인함이 풍기는 행위와 잔재물에 대한 혐오다. 육수 성분으로 음식에 포함된 동물의 사체도 결국 '덩어리'와 같은 '향기'를 풍긴다. 직설적 표현이 많은 해외의 활동가들은 육식보다 차라리 섹스하라고 외친다. 축산은 오염이지만 섹스는 친환경이다.

배타성에 대해 이기적이라 비난할 수 있지만, 비건들은 오히려 잠재적 파트너가 줄어드는 손실이며, 그 비난이 성립하는 이유는 논비건non-vegan이 다수이기 때문이다. 모두가 개고기를 먹는 '전통' 사회에서 먹지 않는 태도는 극단적이다. 반려동물인 앞에서 반려동물을 먹는 모습으로 대치하면 공감이 쉬워진다. 견주가 개고기 섭취자를 거부하는 일이 이기적이지 않다면 비건의 태도도 같은 이유로 이기적이지 않게 된다.

토끼가 반려동물인 사람에게 앙고라 니트angora knit를 입고 나갈 수 있을까. 좀 더 현실적으로 냥이 집사는 고양이를 먹는 사람을 용인할 수 있을까. 반려인이 인간과 유사한 행동을 하

322) Dr. Annie Potts, the co-Director of the New Zealand Centre for Human-Animal Studies at the University of Canterbury.

323) 계층 간의 보이지 않는 경계로 동질집단을 위한 단순 배타성이다.

는 개와 고양이를 존중하듯, 닭, 돼지, 라쿤, 소, 토끼, 그리고 다양한 열대 동물과 여타 동물도 인간과 형성된 라포rapport를 통해 그들을 존중하게 된다. 존중과 식욕이 양립하기 어려운 상황은 결국 육식의 불합리성에 있다. 육식이 인간의 태도와 가치관을 혼란스럽게 만든다.

조금 전 다른 사람의 입에 들어갔던 식당 수저를 거리낌 없이 빨아대는 인간의 망각과 무관심한 현상 덕분에 논비건과의 데이트도 가능하다. 하지만 체득한 활동가들의 사례에서 논비건과의 데이트를 시작할 수 있으나 대상이 채식으로 전환하지 않는 한 지속은 어렵다. 앞에서 설명한 대로 식사때마다 같은 식탁에서 사람과 유사한 동물의 신체를 먹는 모습이나 냄새를 참아내기는 매우 어렵다.

최근에 실시한 탐험 조사pilot study에서는 반려동물을 기르는 사람들의 100%는 같은 종의 동물을 먹는 사람과 키스하지 않는다고 답하였고, 반려동물이 없는 사람의 대다수도 개 먹는 사람, 고양이 먹는 사람과 키스할 수 없다고 답하였다. 이 결과는 해외에서 실시한 조사에서 (호흡에서 발생하는) 동물의 냄새가 가장 큰 요인이라는 결과와 유사하다. 그리고 섹스보다 키스에 대한 거부감이 더 높았다.

"나는 채식주의자가 되는 삶에 개방적이지 않고 동물에 대한 동정심도 나타내지 않는 사람과는 계속해서 관련되지 않을 것입니다." 현실에서 식단을 엄격히 관리하는 비건 활동가들의 데이트를 통해 관찰된 현상도 상대가 비건이나 비건 지향으로 전환하지 않으면 관계의 지속이 어려워 보인다. 특히 같은 식탁에서 시선을 회피할 수 없는 '덩어리' 육식을 하면 심한 거부감이 든다. 인간에게 후천적으로 '고기'로 세뇌된 동물의 생전 모습이 떠오른다.

학문적으로도 체취가 데이트 상대를 선택하는데, 중요한 역할을 한다는 연구들[324]도 있다. 2006년 체코Czech의 연구[325]에서는 붉은 고기 섭취자의 체취와 긍정적 매력과의 상관관계를 실험하였다. 외생변수를 통제하기 위해 호르몬 피임약을 사용하지 않는 30명 여성이 육식과 채식을 하는 남성들의 체취에 대한 호감도를 평가하였다. 실험의 정확성을 위해 남성들이 갖는 고유 체취의 영향을 배제하기 위해 채식과 육식을 2주 단위로 번갈아 실시하여 피실험자의 유전적 개성을 배제하였다. 실험 결과, 남성들이 채식을 시행할 때의 체취가 육식보다 더 매력, 즐거움, 강렬함, 남성적, 쾌적함, 신선함으로 평가되었다.

논비건의 SNS와 마찬가지로 비건 커뮤니티에서도 자신의 '섹시sexy'한 사진이나 영상을 보여주는데, 동물 성분을 섭취하지 않은 몸을 진정한 매력으로 생각한다. 나아가서는 잡식동물과의 성행위를 위선으로 여기고, '고기'로 만들어진 신체를 죽은 동물들의 묘지에 비유하고 있다. 논비건의 외형이 매력적이라

324) Herz RS, Cahill ED., Differential use of sensory information in sexual behavior as a function of gender, Hum Nat, 1997, vol. 8 (pg. 275-86); Herz RS, Inzlicht M. Sex differences in response to physical and social factors involved in human mate selection—the importance of smell for women, Evol Hum Behav, 2002, vol. 23 (pg. 359-64); Hold B, Schleidt M. The importance of human odour in non-verbal communication, Z Tierpsychol, 1977, vol. 43 (pg. 225-38).

325) Jan Havlicek 1, Pavlina Lenochova, The effect of meat consumption on body odor attractiveness, Chemical Senses, Oct. 2006, 31(8): 747-52.

할지라도 시체로 만들어진 몸에 성적으로 접근하고 싶지 않다는 뜻이 있다. 몸이 도덕적이지 않다.

비건들이 육식인의 몸을 피하는 현상에 비건끼리의 데이트 앱[326]이나 모임도 여럿 있다. 비건 소사이어티Vegan Society에서 시작된 비건 밋업Meetup은 40여 개국에서 백만 명에 가까운 가입자가 있다. 한국에서는 비건들로 구성된 동물해방 단체 외에도 VOTU(Vegan cOmmunity To yoU), VHC(Vegan Hiking Club, Travel in Korea), Seoul Vegetarian Meetup(언어문화교류), Seoul Farmer Outing 등이 있다.

비건 모임이 배타적으로 보일 수 있지만, 진영을 넘어온 가입자가 증가하고 있다. 사상으로 나뉜 단체가 아니라 나아가야 할 선택지라는 뜻이다. 일반 데이트 사이트인 Bumble이나 Tinder에서도 비건 미팅이나 채식 데이트를 선택할 수 있다. 이러한 비건 '끼리'의 모임은 데이트뿐만 아니라 채식요리와 수경재배를 통한 식재의 자급, 비건 상품의 생산과 유통으로 활동이 이어져 비건 사회 형성기반이 된다.

♣ 비건 혐오vegaphobia

비건과의 관계를 선호하는 비건섹슈얼리즘에 대비하여 비건을 무서워하거나vegaphobia 혐오하는 사람인 비건포비언vegaphobian도 존재한다. 이들은 종종 동물해방 활동에 등장하여 나름대로 퍼포먼스를 한다. 주로 동물권 활동가 앞에서 조롱하듯 '치킨'

326) SpeedDater.co.uk; Vegan Meetup; Green Singles; Veggie Date; Veggie Connection; Grazer: Vegan Dating & Friends, Veggly (www.veggly.net) 등.

등 여러 '고기'를 억지로 먹는다. 동물권 활동 댓글에 늘 등장하는 "삼겹살 지지직 구워 먹지"의 아날로그판이다. 2019년 3월에는 영국 런던의 소호 비건 푸드마켓에서 죽은 다람쥐를 벗겨 먹은 두 남자가 수백 파운드의 벌금형을 받기도 하였다. 이 행위로 아이를 데리고 나온 시민 보호자들에게 항의와 제지를 받았다.

이들이 모르는 부분은 비건들은 그들의 행위에 별로 충격을 받지 않는다는 사실이다. 일상의 언론매체에서 사람들의 육식투어carnivore tour가 방영되고, 비건 활동가들은 그보다 더 잔혹한 도살 장면에 익숙하다. 또한 '고기'는 음식이 아닌 것으로 생각한다. 재밌는 부분은 비건들이 동물을 사랑하고 애처로워한다는 착각이다.[327)]

◑ 비건이 되는 것은 큰 선택이 아니라 최소한 해야 할 일이다.

Being vegan isn't the most we can do, it's the least we can do.

— 지구인 에드 윈터스Earthling Ed Winters(비건 활동가)

◑ 고기를 '사랑'한다면 당신은 사랑의 '사'자도 모른다.

If you 'love steak', you honestly don't know the first thing about 'love'.

◑ 비건으로 먹고, 입고, 살면 아무도 다치지 않는다.

Eat vegan, wear vegan, live vegan, and nobody gets hurt.

---

327) 앞에서 죽는 동물은 사실 나와 상관없는 존재다. 타인의 죽음에 별로 슬퍼하지 않는 인간의 속성과 같다. 고통받고 있는 모든 동물에의 공감은 과잉공감으로 해방활동을 지속할 수 없게 만든다.

◑ 내가 왜 비건인지 묻지 말고, 동물들에게 물어보세요.

Don't ask me why I'm vegan, ask the animals.

◑ 불쌍한 영혼들로 몸을 만들지 말라.

Please don't build your body from broken hearts.

— 비건활동가 애쉴리 캡스Ashley Capps

가치 그림 1,000억 원

천억 원짜리 그림이 인간의 이성일까?

기후환경 활동가들이 명화에 케첩, 수프, 으깬 감자, 접착제를 뿌렸다. 관광지 분수에 먹물[328]도 풀었다. 그리고 이렇게 외쳤다. "그림을 보지 말고 지구환경을 보라. 화석연료(석유)를 중단하라. 예술품이 중요한가 삶이 중요한가?". 생소한 시위로 많은 비난을 받았다. 어떤 언론은 반달리즘[329]으로 치부하였다. 달을 보지 못하고 손가락만 보는 능력이다. 그림이 지구를 망친다. 여기서 그림은 모든 인간 작품의 대명사다.

---

328) 오염 없는 식물성 먹물이었다.

329) 작품과 유적을 훼손하는 행위는 반달리즘Vandalism으로 고대 게르만Germantic민족인 반달족Vandals이 455년 게이세리쿠스Genseric왕(389-477)의 주도로 저지른 로마 약탈이 기원이다. 당시 야만적 행위로 질타를 받았지만, 이후의 전쟁에서도 모두가 의심 없이 저지른 문화재 파괴 사상이다.

해외의 환경활동가는 비건이 많다. 육식이 지구의 최대 오염원이기에 육식인이 환경을 주장하면 자기모순이나 기만이다. 비건의 존재 이유는 동물해방과 지구환경이다. 존재를 위해 여러 활동 방법을 선택하거나 창안한다. 움직임을 데모demonstration, 시위protest, 활동activity으로 혼용하여 부르지만, 활동가들은 '활동'을 선호하고 언론은 전자를 좋아한다. 활동(活動)은 살아 움직인다는 뜻으로 행동하는 양심과 같다. '여성들은 투표로 참정권을 받지 않았다. 말이 아니라 행동할 때'와 같은 맥락이다.

인간의 일상적 환경파괴 행위가 지구의 오염으로 이어져 이상기후가 나타나서야 환경위기, 기후 온난화, 기후 가열화라는 말로써 안타까워한다. 언론에서는 유명한 학자나 강연자들이 환경 지식을 뽐내며 패널panel과 흥분하지만, 조금이라도 행동하는 양심은 별로 없다. '못 먹는' 두려움에 비건이라는 단어도 외면한다. 행동 없는 강연은 '떠듦'이고 위선이다. 플라스틱이 지구의 생수를 겔gel화하여도 대부분 텀블러 생각은 없다. 커피 하나, 물 하나, 음료 하나에 플라스틱을 무자비하게 방출한다. 지하수를 오염시키는 샴푸나 화장품을 포기하거나 줄이는 시도도 찾아보기 어렵다. 약간의 자제나 반성도 기대하기 어려운 대중의 심리다. 오직 나의 먹거리, 입맛, 소유에 집착하는 인간의 저차원적 욕구에 지구는 죽어가고, 어린 세대의 미래환경을 지옥으로 만들고 있다,

비건 활동가들은 국내외에서 동물 권리와 육식, 모피, 가죽 등에 대한 저항으로 속옷(란제리나 비키니)시위를 자주 한다. 누가 대중 앞에서 옷을 벗고 싶겠는가. 육신을 '태움'으로 오염하는 사람, 행동하지 않는 사람들에게 호소한다. 그리고 사람

들이 우상처럼 숭배하는 그림 앞이나 비키니 차림이 아니면 그 '호소'가 알려지지 않는다. 인류의 생존과 환경을 위해서 자극적인 방법을 선택함은 지극히 당연하다. 비난은 활동가가 아니라 몽매하게 편리만 생각하는 대중이 받아야 한다.

'과격하고 극단적' 도둑질을 하는 비건들도 있다. 1976년 영국에서 결성된 ALF(Animal Liberation Front)는 상시 두건을 쓰고 공장식 농장factory farm과 실험실의 동물을 '탈취'하여 준비한 보호소로 보낸다. 현재 40여 개국에서 활동하는 ALF의 기원은 1875년 영국의 어린아이들이 동물 학대 방지를 위해 만든 자비연대Bands of Mercy다. 인간의 본성인 아이들은 동물을 사랑한다. 사유재산으로 생각하는 동물을 구출하는 행위에 대해 비판이 많지만, 생명은 누구의 소유물이나 상품이 될 수 없다. 새장의 주인은 있지만, 창공을 날아야 하는 새를 가두고 감상하는 일은 틀렸다. 가둠이 틀리면 동물원도 틀린다. 동물원이 틀렸으면 구속된 반려동물도 틀렸다. 모든 생명은 자유롭게 살 권리가 있다. 사랑한다는 속박은 폭력이다. 그런데 인간은 악습에도 쉽게 세뇌를 당하는 존재다.

구조할 권리를 주장하며 공개구조Open Rescue를 실행하는 DxE의 웨인 슝Wayne Hsiung은 몇 차례의 농장침입과 '도둑질'로 중죄로 기소되어 60년 형을 구형받았지만, 최근 생명은 소유할 수 없다는 미국 대법원Supreme court에서 무죄를 받았다. 거기서는 수단이 아니라 인간이 봐야 할 곳을 보았다. 한국에서는 2024년 케어CARE 대표가 활동과 충돌로 징역 2년 6개월(1심)을 받았고 항소심에서도 4년을 구형받았다. 우리는 어디를 보고 있는가.

지금의 지구와 인간은 마치 침몰하는 배에서 파티를 즐기는 모습이다. 침몰하기 전에 죽을 사람도 있겠지만, 다음 세대의 생명들에게 침몰을 경험하게 한다. 그림 앞에서 '테러'를 하는 이유는 급박한 상황을 알리기 위해서다. 조용한 시위는 반향도 의미도 없다. 작품 훼손이 큰일처럼 염려하지만, 자본주의적 세뇌가 있다. 인간의 가치관은 자연을 소모하고 파괴하여 자행한 낙서와 조각은 예술품과 유적이 되고, 그 작품을 훼손하면 범죄가 된다. 지구상의 어느 동물이 자연에 반하며 살던가. 절대가치는 작품이나 거대한 건물이 아니라 나무 한 그루, 풀 한 포기다. 경제학에서 위기 상황의 안전자산risk-free asset을 국채, 기축통화hard currency, 금 등으로 지칭하지만, 더 안전한 절대자산은 돈이 아니라 먹거리를 주는 땅과 자연이다. 또한 우리 곁에 없는 듯한 공기와 물의 소중함이다.

활동가들이 훼손하였다는 '비싼' 그림[330]은 빈센트 반 고흐Vincent van Gogh가 굶주림으로 37세에 자살할 때까지 만든 작품이다. 테러당한 모나리자를 비롯한 수천억 원이 된 그림은 인간의 이성을 의심하게 만든다. 그림에는 인간의 가치가 있지만, 연예인을 스타로 부르는 감성과 같다. 예술품을 고가로 만드는 이유는 그 거품에 사람들이 종교처럼 경외하고 숭배하며 돈을 갖다 바친다. 아무튼 대중이 숭배하는 그림을 훼손한 죄[331] (실제로는 표면 유리만 교체하게 한)로 순수한 영혼들은

330) '해바라기'의 경매가는 1억 1,100만 달러(약 1,400억원)이다. 작품 대부분은 작가 사망 후 가격이 오른다. 이익은 투기꾼들의 몫이다. 객관적 가치가 없다는 뜻이다.

331) 실제로 훼손된 작품이 없으므로 반달리즘의 누명에서 벗어난다.

감당하기 힘든 벌금을 받았다. 지구를 오염하면 무죄, 오염을 알리면 범죄가 된다. 인간이 보아야 할 곳은 외면하고, 수단에 집착하는 찐한 세뇌를 증명하였다.

인간은 고성(古城)과 피라미드를 경탄하지만 인간중심의 사고에서 벗어나지 못함과 동시에 환경 측면에서는 지구의 훼손이다. 흔적 없이도 자연과 조화를 이루다 떠나는 단순한 동물의 삶이 인간이 깨달아야 할 진정한 지혜다. 지구에서 인간은 스스로가 파괴의 주범임을 모르거나 알면서도 멈추지 못하거나 종종 게걸스러운 욕심을 부리는 괴물이 된다. 인간이 만든 건축물은 다른 생명을 죽인다. 계단과 경계석에 지렁이와 작은 동물들이 말라 죽고, 이 땅에서만 연간 천만이 넘는 새들이 글래스킬glasskill이라는 이름으로 인간의 이익을 위해 만든 장벽에 부딪혀 죽고, 자기 땅으로 기억하는 도로를 건너는 동물들이 로드킬roadkill이라는 이름으로 지금도 튕겨 나간다. 자연에는 동물을 해치는 물건이 없지만, 인간이 만든 건설이라는 쓰레기에는 동물의 목이 끼고, 발이 잘리고, 몸을 파편화한다.

적절한 발전은 모두에게 평안과 행복을 보장하지만, 욕심은 파괴와 불행을 부른다. 지구를 해치는 과도한 발전을 중단해야 한다. 지금 모든 생명의 보금자리 지구를 망치고, 하늘에는 무수한 쓰레기가 떠다닌다. 인간의 발길이 닿은 달에도 폐기물이 쌓이고, 달나라 여행을 꿈꾸며 우주까지 오염시키려 든다. 모두 인간의 자제가 필요한 과욕이다.

인간의 법은 예술품 앞 퍼포먼스performance에게 큰 벌금을 부과했지만, 문화유산을 만들기 위해 훼손한 자연에 대해서는 무뇌인(無腦人)이 되거나 외면한다. 자연은 훼손되지 않은 본 모습 그대로 시간으로 흘려보내야 한다. 자연은 예술품[332]과 비교할 수 없는 모든 생명에게 유용한 절대가치[333]다. 환경활동가들의 그림 훼손에서 사회의 반응은 목적이 아니라 수단에 집중하였다. 환경 활동을 '아무데나' 캘리그래피calligraphy나 경복궁 낙서와 같은 반달리즘으로 묶는 아둔함에 인간과 모든 생명의 보금자리는 쉴 틈 없이 썩어간다.

◑ 인간은 비겁하게 휴머니즘 뒤에 숨어있다.

Humans cowardly hide behind humanism.

◑ 비거니즘을 비난하는 당신은 동물 학대를 주장하는 중이다.

If you're arguing against veganism, you're arguing for animal abuse.

◑ 인간은 책을 많이 읽어도 얇은 장막에 가려진 동물의 지옥을 모른다.

Even if humans read a lot of books, they do not know the hell of animals that is hidden behind a thin curtain.

◑ 지구는 인간만이 아니라 모든 생명을 위해 존재한다.

Earthwas created for all life, not just human.

◑ 자연은 인간 없이 살 수 있지만, 인간은 자연 없이 살 수 없다.

Plants can survive without humans but human can not survive without plants.

---

332) 인구가 많은 곳에서는 창작활동도 많다. 적체된 작품 대부분이 쓰레기로 폐기된다.

333) 나무는 공기를 정화하고, 향기와 산소를 주며 함께 살게 한다.

구조 출구 없는 뫼비우스의 길

〈SOS〉 임보 & 입양처를 찾습니다. 〈SOS〉
불법 번식장 구조견 253마리, 임보처 확보가 시급합니다.

오랫동안 함께한 비건활동가가 번식장의 뺑개장(뜬장)에 갇혀 있던 수백 명의 강아지를 구출하고 뒷감당하느라 분주하다. 마음이 무겁다. 또 착한 사람들이 힘들어야 할 일이 생겼다. 고통은 항상 이들의 몫이 된다. 오늘도 문구용 칼로 배를 갈라 새끼만 꺼내고 방치하는 반려견 번식장이 적발되고 여기서만 1,410명의 개가 구출되었다.[334] 또한 개 1,256명을 굶겨 죽인 사건에 대한 추모제도 있었다.[335]

---

334) '참혹한' 화성 반려견 번식장에서 1,400마리 구출, 서울신문, 2023.09.03.

335) 뜬 장의 강제 번식과 상품으로 선택받지 못한 아이들의 뒤처리가 그냥 방치였다. 그나마 다행히 굶겨 죽인 범인에 대한 마녀사냥은 없었다. 만원에 여생을 맡긴 수많은 견주의 미필적 고의, 만행이 주범이다. 내가 반려동물을 사랑하여도 반려 문화는 굶겨 죽여야 하는 사건

개 번식장은 육견협회가 아니라 강아지와 그 '고기'를 사랑하는 사람들이 만든다. 특히 개와 고양이 등을 반려동물로 사랑한다는 마음이 무수한 생명의 고통을 만든다. 키우고 싶다는 인간의 단순한 생각이 자신을 함정에 빠뜨리고 (인정하지 않지만), 죄 없는 동물은 속박의 소용돌이에 빠진다.

강아지는 월령이나 크기, 질병 등을 포함하여 여러 이유로 팔리지 않거나 국내외 입양을 놓치면 개인 농장에 남거나 결국 죽어야 한다. 한국에서는 하루에 수백 명이, 개를 사랑하는 인구가 더 많은 미국에서는 수천 명이 '안락사'라는 고통스러운 이름으로 죽인다.[336] 개나 고양이를 구출하여 육식을 제공하면, 또 다른 종에 대한 폭력자의 양산이 된다. 비거니즘을 모르는 무책임한 입양은 늘 탐욕스러운 입맛을 추구하며, 죄없이 고통받아야 하는 다른 종을 쉴 틈 없이 탄생시키는 무간지옥을 만든다.

반려동물을 인간과 물건 이외 제3의 지위를 부여하자는 논의가 오래전부터 있었고, 이를 법으로 시행하는 국가들도 있다. 하지만 제3의 지위가 개와 고양이에게만 국한되어서는 또 다른 동물들의 희생이 따른다. 모든 동물을 포함해야 한다. 펄펄 끓는 물에 빠진 고통에 입을 벌리고 죽어야 하는 멸치의 목숨이 소중하지 않다면, 개와 고양이 그리고 인간의 목숨도 소중하지 않다. 인간이 사랑하는 동물의 목숨만이 소중하다는 착각과 무

이 매년 발생한다. 현실에서 수만 원에서 수십만 원에 달하는 아픈 아이들의 안락사 비용을 감당하려는 마음보다 버리는 마음이 더 쉽다.

336) 안락사는 마취제와 근육 이완제를 순차적으로 주입해야 하지만 근육 이완제만 쓰는 곳이 많다. 정신이 살아있는 와중에 몸이 마비되는 고통을 느끼며 죽어야 한다.

지는 공감 없는 인간중심의 사고에서 헤어나지 못함이다.

번식장의 개는 모견이 강제 임신(농장주가 손으로 생식기를 강제 삽입한 결과나 인공수정)을 당하여 태어났거나 유기견으로 구성된다. 또한 부도덕한 동물보호소의 개들이 유입되기도 한다. 무모한 반려 관습의 중단을 위해서는 구출된 강아지를 결국엔 안락사(살처분stamping out)337)하는 어두운 곳도 공개하여야 한다. 인간의 이익을 위해 생성되는 잔혹한 현실을 외면할 권리는 없다. 좋아서 반려동물을 구매한 사람들과 개고기에 입맛을 다시는 또 다른 사람들이 저지른 참혹한 결과를 목도해야 한다. 안락사는 편안하고 즐거운 죽음이 아니라 살해다. 매일 수백명의 개가 안락사되고 있는 평범한 일상으로 보일 뿐이다. 죽어야 하는 동물들과 달리, 현대의 인간들이 '자발적으로' 원하는 안락사와는 다르다.

아무튼 구조되어도 체구가 크거나 고령이라 보금자리를 못 찾으면 곧 안락사로 이어진다. 개와 고양이를 선택적으로 사랑하면서, 살아있는 낙지의 다리를 뜨거운 물에 쑤셔 넣고, 포크를 소의 살에 꽂고, 돼지 발을 핥으며 안락사가 잔인하다는 말은 설득력이 없다. 우리는 좁은 새장을 만들어 새를 가두고, 종이상자에 거북이, 병아리를 가두고, 작은 공간에 고슴도치, 토

337) 수의사의 자살; 2016년 대만 타오위엔시(桃園市)의 한 동물보호소에서 일하던 수의사 지앤쩌청Jian Zhicheng이 자살하였다. 그녀는 수의사가 된 지 몇 년 되지 않았지만, 유기된 지 12일이 지나면 안락사해야 하는 실상을 언론에서 알리다 오히려 사람들의 백래시backlash를 받았다. 유서 "개의 생명은 우리의 생명과 다르지 않다. 나는 오늘 개에게 주입하는 약물로 편하게 잠들 것이다."를 남겼다. 그녀는 연예인 효리님처럼 사지 말고 입양하자는 활동도 하였다.

끼를 가두고, 방에 개와 고양이를 가두고 키운다, 사랑한다고 한다. 좁은 틀에 다양한 물살이를 가두고 보기 쉽게 뜨거운 조명을 비추고는 이쁘다, 물고기를 키운다고 한다.

동물들이 대량으로 생산되는 배경에는 흑역사가 있다. 닭, 소, 돼지 등의 가축이 그나마 '고기'로 죽임을 당하기 전까지 자연스럽게 산책을 하던 과거가 있었다. 하지만 공장식 축산 factory farm의 하나인 배터리 케이지battery cage라 부르는 밀집가축사육시설(Concentrated Animal Feeding Operation, CAFO)이 탄생한 배경은 단순한 주문 실수였다. 1923년 미국 델라웨어Delaware 주에서 육계 산업을 하던 세실 스틸(Cecile Long Steele, 1900~1940)에게 주문했던 50명이 아니라 10배가 배달된 병아리를 사육하면서 시작되었다. 이 방식으로 1925년 델라웨어주에서만 사육 수가 1,000만에 이르게 되었다. 이때부터 계란이 목적이었던 양계산업은 냉장고의 보급과 함께 대중적인 육류로서 미국인의 식탁에 오르게 된다.

고통을 느끼는 동물들에게 인페르노inferno 같은 속박 사육을 창시한 이 사람이 현재 델라웨어주 윌밍턴Wilmington 명예의 전당에 올라있음은 인간들의 가치관을 우습게 만들었다. 이들 부부는 세상에 잔혹한 어둠을 남기고 40세에 사고사하였다. 물론 이들이 아니었더라도 인구폭발에 의한 수요를 감당하기 위해 누구라도 쉽게 밀집 사육을 창안했을 것이다. 중국은 대형빌딩을 곳곳에 지어 동물을 사육한다. 질퍽하게 갇혀 있던 동물들은 고기로 죽임을 당할 때 처음이자 마지막으로 엘리베이터를 타고 지상으로 내려온다. 광활하고 악취도 느낄 수 없는 세상을 본 동물들은 마치 천국을 만난 듯한 표정을 짓는다. 아름다운 자연 세상은 이들에게 찰나의 기억이 되며, 이내 매를 맞고 쫓기며 사형장으로 들어가야 한다.

우리에게 익숙한 많은 구속동물 이외에도 매년 늘어나는 파충류 등 희귀동물exotic animals338)도 사랑한다는 마음으로 가두고 있다. 병이 나거나 싫증이 나면 자연으로 돌려준다는 핑계로 방사하여 생태계도 망치고 있다. 인간이 누구의 소유가 아니듯 감정을 느끼는 동물도 소유의 대상이 아니다. 지나가는 바람처럼 느끼며 만족해야 한다. 내가 사랑하는 마음이 상대에게는 폭력이 될 수 있다.

◑ 수의사는 힘들게 살리고, 육식인은 즐겁게 죽인다.

Veterinarians work hard to save lives, and meat eaters kill with joy.

◑ 한 동물을 구출함이 세상을 바꾸지는 못하지만, 그 한 동물로 인해 세상이 바뀔 것이다.

Saving one animal won't change the world, but it will change the world for that one animal.

◑ 내가 늙었다고 버리지 말아줘. 난 너를 늘 사랑할 거야.

Don't abandon me because I get old. I will always love you.

— 어떤 개A dog

338) 한국에서도 거미, 거북, 귀뚜라미, 대형거미(tarantula), 도마뱀, 뱀, 새, 전갈, 쥐, 지네(centipede, millipede), 햄스터 등의 희귀동물 전시회가 자주 열린다. 동물의 고통에 무감한 부모들이 아이들을 데려와 갇혀 있는 생명의 고통을 즐기고 약자에 대한 폭력을 가르친다.

◑ 동정심은 도덕의 바탕이다.

Compassion is the basis of morality.

— 쇼펜하우어Arthur Schopenhauer

◑ 왜 사람들은 내가 고통받는 모습에 박수를 칠까요.

Why does everyone applaud to see me suffer.

— 싸워야 하는 소, 투우bulls

◑ 미안해하지 말고 뭔가를 해줘!

Don't be sorry, do something.

— 동물들The animals

◑ 구조한 한 동물이 세상을 바꾸지는 못하지만, 세상은 그 동물로 인해 바뀐다.

Saving one animal won't change the world, but it will change the world for that animal.

개만 고양이도 먹어요

"소, 돼지도 먹지 마", "대대로 먹던 음식을", "개만 갖고 난리야", "무식하게 왜 이래", "형평성에 안 맞잖아", "뭘 먹든 내 권리야"

"개 식용 그만!" 활동에도 '이유' 장과 같은 댓글이 줄줄이 달린다. 의견이 지식수준을 표출하지만, 일부 일리가 있다. 사실 소나 돼지 먹는 일이 큰일이 아니면, 개나 고양이 먹는 일도 별일이 아니다. 그렇게 보이는 사람들이 있을 뿐이다. 그리고 댓글의 진의는 그냥 다 먹자는 뜻이다.

동물보호를 표방하는 대부분의 단체는 주로 개와 고양이를 구조하는 조직이다. '치킨'을 먹으며 닭을 구출하면 분명 위선이지만, 닭이나 개, 고양이 하나라도 구하는 것이 인간적으로 보인다. 사람들의 공감도가 높은 동물 위주로 공개 구조해야 기부금과 지원금도 많이 받는다. 그리고 구출한 개나 고양이에게 닭살이나 참치 통조림을 주는 일이 마땅하다고 착각하지만, 당연하지도 도덕도 아니다. 그냥 개와 고양이를 이용하거나 중독되었을 뿐이다. 또한 구출한 동물이 채식하면 진정한 구출이지만, 아니면 완전한 헛짓이다. 고통받는 동물을 구조하고, 먹기 위해 많은 선택적 동물들에게 고통스러운 죽음을 준다.

치킨이라는 한 달(외국은 2개월 정도) 된 어린 닭을 편하게 배달로 뜯어 먹는 일상에서 개고기나 나비(냥이)탕만 큰일로 보인다면 종차별이다. 에어컨 있는 복날에 보신탕을 피해 삼계탕으로 달려간들 무슨 면죄와 생명의 차이가 있을까. 개의 목숨은 소중하고 닭은 하찮은가. 개고기가 잔인하다면 육식이 잔인하다. 개가 아프다고 소를 고아 먹이는 처방도 잔인함이다. 내 고양이의 보신을 위해 개고기는 괜찮은가. 미미한 논쟁도 필요 없이 결국 육식이 잔인함으로 귀결된다. 앞선 연구와 사례에서 보듯 개와 고양이도 채식으로 건강하게 살 수 있다.[339] 인간의 편견과 무지가 끝없는 잔혹사를 만든다. 설사 채식으로 수명이 짧아진대도 인간도 그 삶을 선택해야 하지 않을까.

1924년 프랑스에서 설립된 세계동물보건기구(World Organization for Animal Health, WOAH) 가입국 182곳(2018년 기준) 중 개식용을 법으로 인정하는 국가는 없다. 그런데 개, 고양이 섭취가 불법인 나라도 별로 없다. 호주와 캐나다, 프랑스, 독일, 이태리, 스위스, 영국까지 개나 고양이 섭취가 합법이다. 심지어 캐나다는 키우던 개나 고양이를 검사만 받으면 잡아먹거나 식당에서 제공해도 된다. 이들 국가의 일반 음식점에서 개나 고

339) 요즘은 개와 더불어 고양이 채식사료도 많아졌다.

양이 고기를 팔아도 괜찮다. 수 년전 일본의 유명식당에서는 중국에서 수입한 개고기에 사람들이 몰려들어 먹었다.[340]

유럽이나 서양권 국가에서 도축은 대부분 금지지만 식용은 불법이 아닌 이유는 먹는 사람이 없기 때문이었다. 먹지 않는데 굳이 법으로 금지할 이유가 없다는 현실론적 선택이다. 그런데 이들 국가에서도 새로운 갈등이 생겼다. 법이 없어 소비가 불법이 아니다 보니 이민자들이 개와 고양이를 먹는다. 법을 안 만들어 불법 같은 합법인 회색지대grey zone가 생겨난 것이다.

만연한 육식 환경에 대한 혐오로 채식이 강해진 대만은 2017년 사실상 세계 최초로 개와 고양이 육식금지법을 만들었다. 다음해인 2018년 미국이 G20 국가 중 최초로 개와 고양이의 도살과 판매, 소비를 불법으로 만들었다(The Dog and Cat Meat Trade Prohibition Act). 앞서 1953년 독일의 동물보호법, 1991년, 2018년 한국의 동물보호법 등이 있지만 비현실적으로 실효성이 없었다. 싱가포르, 홍콩도 법으로 개 식용을 금지하였고, 중국도 코로나 이후 개를 가축에서 제외하였다.

우리는 국교인 불교의 영향으로 신라 시대(57BCE-935CE)와 고려 시대(918-1392CE)에는 드물게 왕실 등에서만 먹었고, 조선 시대에도 간혹 별미로 삼복더위나 장례식, 그리고 환갑잔치에서 먹기도 했다. 개고기는 주로 보신탕으로 부르는 개장국으로 먹는다. 이외에 개고기 전골, 개 수육, 개고기 무침, 개소주 등으로 만들어진다. 개는 원래 누린내가 심해 채소와 과일을

340) 2023년 홍콩의 뱀고기 피자 출시에 대해 국내에서도 맛보고 싶다는 '미식가'가 꽤 많다.

함께 삶아 수육으로 먹는다. 돼지고기 맛이 나지만 사실 매우 질기나 보통 오래 삶아 부드럽다고 착각한다. 1984년에는 서울 올림픽(1988) 개최를 위해 서울 사대문 안에서의 개고기 판매를 금지하였다.

2024년 1월 9일 한국에서 '개 식용 금지법'(개의 식용 목적의 사육·도살 및 유통 등 종식에 관한 특별법안)이 만들어졌다. 식용 목적으로 개를 도살하면 3년 이하의 징역 또는 3,000만 원 이하의 벌금을, 사육·증식·유통·판매는 2년 이하 징역 또는 2,000만 원 이하 벌금에 처하는 법이다. 동년 1월 23일에는 농림축산식품부는 '개 식용 종식 추진단'을 발족하였다. 닭, 돼지, 소 등의 축산업을 지원하는 부서에서 개는 종식을 한다.

법안 공포 후 3년 유예기간을 둔다. 이 기간 안에 국민에게 홍보가 이루어지고, 개를 키우고 제공한 사람들은 자구책을 제시하고 보상을 받게 된다. 개를 키워온 육견 협회는 명당 200만 원의 보상을 요구하고 있지만, 이 '무리한' 요구 조건이 스스로 표현한 대로 배운 것 없고, 늙고, 힘없는 사회적 약자임을 반증하였다. 개 식용 금지법은 자랑거리가 아니라 부끄러운 법이다. 마치 술 취한 사람이 많아 만든 '전봇대 소변 금지법'과 같다. 도덕의 기준은 시대와 장소에 따라 다르지만, 스스로 도덕적이지 못하면 법의 제재를 받게 되는 구속이 만들어진다.

2023년 기준 고기로 죽는 개는 약 3,000만 명이다. 이 중 1,000만은 중국에서, 베트남에서는 개 500만과 더불어 고양이도 100만 명이 죽는다. 한국에서 고기로 죽는 개는 연간 수백만에서 현재 약 50만 명으로[341] 줄었다 해도 인구를 생각하면 한국(1.00%)이 중국(0.67%)보다 두 배 정도 더 먹는다. 베트남은 경제적 여유로 교육 수준이 향상되면서 개와 고양이 소비가 급격히 줄고 있다. 한국은 '잘'산다는 OECD 가입국 중에 개를 먹는 악습이 살아있는 유일한 나라다. 항간에서는 노년층이 죽으면 개 식용 인구가 사라질 것처럼 이야기하지만, 신뢰할 만한 조사를 보면 개고기에 대한 인식이 20대부터 6, 70대까지 별 차이가 없다. 사회 분위기와 공급이 어려워져 소비가 줄었을 뿐 인식은 그대로다는 분석이다.

중국에서는 개고기 라면이 연변구육면(延辺狗肉面)이나 향고기라면(香肉面)으로 팔리고 있다. 고기보다는 맛을 내는 수프 형태로 첨가된다. 또한 개고기 통조림도 만들어져 연변 조선인 지역과 다른 중국, 그리고 북한에도 단고기로 보내진다.

한국은 최근까지 연간 100~200만 명의 개를 소비하였다. 현재 서울에만 개고기판매음식점 수는 229곳[342]이다. 2020년 농림축산식품부에 따르면 등록 개 농장 수는 200개나 미등록도 많다. 원래 3,000개 정도였지만 통폐합되어 농장 수는 줄었지만, 규모는 커졌다.[343] 농림수산식품부의 공식 조사 '식용견 사육 및 분포조사'에서는 2022년 2월 기준 전국에 1,156개 개육농장에 521,121명의 개가 사육되고 있었다. 사육장당 약 450명[344]

---

341) 50만 명으로 표현하면 간단하게 보이지만 여기에는 짧은 평생을 악취 나는 음식물쓰레기와 고통스러운 뜬개장(철망으로 만든 좁은 사육장, 배변처리를 위해 바닥보다 높다)에서 살다 처음 세상에 나와 도살된 개와 누군가의 아기였던 강아지들이다.

342) 국회 김지향 의원 자료.

343) 사육농장 1,150곳, 관련 식당 1,600곳, 유통업체 219개, 도축업체 34개(연합뉴스, 2023.11.17.).

344) 생계를 위해 뛰어든 사람들의 마지막 선택지가 불법 개 농장이다. 증언에 따르면 사육 수 100~200명이 손익분기점이다.

이다.

전국 1,666개 식당에서는 약 388,000명의 개가 소비된다. 설문조사에서는 55.8%가 개식용 중단을 주장하였지만, 28.4%는 개인의 권리를 주장하며 개 식용 유지를 지지하였다. 또한 도살 합법화에의 찬성이 39.2%, 반대가 52.7%, 현재 안 먹는다 85.5%, 먹는다 14.1%로 조사되었다. 2020년 닐슨 온라인Nielsen Online 조사에서도 83.8%가 개고기를 먹지 않으나, 58.6%만이 개고기 금지를 지지하여 농수식품부의 조사와 유사한 결과를 도출하였다. 2023년 12월 코리아리서치(동물복지문제연구소 의뢰) 조사에서는 '먹을 의향이 없다' 93.4%, '지난 1년간 먹지 않았다' 94.5%로 나타났다. 역으로 산출하면 아직 성인 인구의 5%, 약 200만 명이 먹고 있다는 뜻이다.

2018년 성남 모란시장이 공식적으로 폐쇄되었지만, 2021년에도 노점 형태로 불법판매가 있었다. 공급자가 있어서 먹는지 수요자가 있어 먹는지 명확하지는 않지만, 항상 잠재수요가 있다는 뜻이다. 2019년에는 구포 가축시장이 폐쇄되었고, 2021년 마지막 개고기 시장이 된 대구 칠성시장(세계적으로 개고기 식당으로 유명)도 폐쇄 순을 밟고 있지만 '개'를 감추며 아직도 영업 중이다.

착각은 무지의 산물이다. 개고기가 몸에 좋다는 소문이 있지만, 사육장 개들의 식사는 인간이 버린 음식물쓰레기와 항생제뿐이다. 잔반은 알다시피 버릴 때부터 상하기 시작하여 개들이 먹을 때면 곰팡이도 많이 핀다. 그래서 쓰레기다. 게다가 담배꽁초, 머리카락, (물)휴지, 이쑤시개, 처방약(물),[345] 플라스틱 등이 예사로 포함되어 있다. 여기에 항생제를 붓고 휘저어 놓으면 굶주린 개들이 어쩔 수 없이 입을 댄다. 이 모든 쓰레기와 개를 개 먹는 인간이 먹음으로써 괴로웠던 착취와 고통은 일단락된다.

2017년에 실시된 한 수의과대학의 개고기 위생 검사에서는 전국 12개 전통시장 93개 판매점 중 61곳에서 8종의 항생제가 검출되었고, 잔류치도 소, 돼지, 닭의 기준치에 96배에 달했다. 검출 빈도도 496배로 늘 그렇다는 상황이다.

현대는 기술의 발달로 도살 방법도 간단해졌다. 개에게는 오히려 다행일지도 모르겠다.[346] 이동식 배터리를 들고 다니며 뜬 장 속의 개 입안에 쇠막대를 물린 후 전류를 흘려 찰나에 감전사시킨다. 개는 힘없이 순간에 스러지며 오랫동안 갇혔던 지옥에서 해방된다.

◑ 방귀 뀌는 것들은 먹지 않는다.

I don't eat anything that farts.

◑ 육식하는 환경주의자가 될 수 있을까? 다시 생각해!

Think you can be a meat-eating environmentalist? Think again!

◑ 24세부터 비건이었다. 햄버거와 스테이크를 먹었지만, 녹초가 되는 느낌이었다. 이것들을 포기해야 했다. 비록 유제품이 먼저였지만.

---

345) 약물은 땅을 오염시키고 생태계를 교란하므로 분리 배출하거나 약국에서 수거한다.

346) 단두대 기요틴guillotine은 귀족들의 고통 없는 사형집행을 위해 개발되었다. 고통 없는 죽음은 누구에게나 축복이다.

I used to eat burgers and steak but I would just feel knocked out afterward; I had to give them up. Daily was the first, though.

— 우디 해럴슨Woody Harrelson

◑ 과학은 질병에 대한 치료제는 찾았지만, 최악인 무관심에 대한 치료법은 못 찾았다.

Science may have found a cure for most evils, but it has found no remedy for the worst of them all - the apathy of human beings.

— 헬렌 켈러Helen Keller

◑ 가장 큰 학대는 무심해서 다른 동물의 절망을 못 보는 일이다.

The greatest cruelty is our casual blindness to the despair of others.

◑ 내가 돼지를 안 먹는 이유는 당신이 개를 못 먹는 이유와 같다. 그들은 그냥 음식이 아니다.

I don't eat pigs for the same reason you don't eat dogs. They are not food. It's that simple.

◑ 엄마! 내가 음메~ 대신 멍멍~ 하면 살 수 있을까.

— 아기 소

- **86%** 고기 먹는 채식주의자
- **경고** 비건의 죽음
- **비질** 같은 죽음 다른 슬픔
- **역설** 육식의 심리학

86% 고기 먹는 채식주의자

"'채식주의자'라고 말하는 사람 다수, 비채식주의자와 식생활에 큰 차이 없어 채식주의자의 86%, 육류 섭취하고 있어"

한국에서도 터졌다.

한국리서치의 정기조사 [2023년 채식 비거니즘 인식]에서 자신을 비건 혹은 채식주의자로 응답한 86%가 평소 소고기와 돼지고기 등의 육류를 섭취한다고 답하였다. 통계결과치를 18세 이상 인구수로 환산하여 채식주의자는 176만 명(4%), 채식 지향자는 727만 명(12%)으로 추정하였지만, 식단을 점검한 결과 실제 채식주의자(비건)는 성인의 0.5%에 불과하다는 발표다.

이번 조사는 목차의 '2014(미국) 연구'와 매우 유사한 결과를 도출하였다. 즉, 한국의 채식주의자들도 채식 목적이 동물해방보다는 자신의 건강에 집중한 탓이다. 가장 큰 채식의 이유가 건강(73%), 그리고 환경(29%), 동물권(20%) 순이었다. 사실 건강이나 환경보다는 동물의 권리가 비건의 존재 이유임을 생각하면 동물권을 내세운 20%만이 실제 채식주의자(비건)들이다. 채식주의자로서 육류를 섭취하는 이유에 대해서는 맛, 영양, 사회생활, 불편 등 다양한 핑계가 붙어 있다. 그래도 고무적인 응답은 건강(38%)보다는 환경(42%)을 위해 비건 제품을 구매한다는 응답이 약간 더 많다. 이기적인 삶보다 이타적 결정이 다소 높았다는 뜻이다.

채식 지향은 대부분의 채식주의자가 겪는 과정이다. 비건의 길에서 경험하는 시행착오일 뿐이다. 중요한 점은 채식과 환경, 동물 권리를 생각하고 행동(식단, 구매)을 변화시켰다. 지금까지 한국 비건의 수를 물어보는 질문을 많이 받았지만, 객관적 통계가 없어 답을 못하였다. 채식인은 50만에서 250만 명으로 늘었다는 설도 있었지만, 채식인의 정의를 포함하지 않아 신뢰할 수 없는 자료였다. 전수조사인 인구 센서스census 질문 항목으로 포함하면 정확하겠지만, 이번 전문기관의 통계조사로 윤곽은 드러내었다.

사실 발표처럼 육식하면서 채식 지향인 사람들이 스스로 채식주의자 혹은 비건으로 생각하는 사례뿐만 아니라, '먹방' 같은 먹거리에만 집중하면서 비건을 자처한 예가 적지 않았다. SNS에 승마 사진을 올리는 비건, 반려동물에게 육식 사료를 주는 비건, 가죽제품을 신고 들고 입고 다니는 비건, 심지어 식당에서 고기 요리를 하며 스스로 비건이라 표현하는 예도 있었다. 모두가 비건으로 착각한 삶이다. 정보의 부족으로 동물착취에 가담하고 육식을 하면서 채식 위주의 식사를 하면 비건으로 착각하는 현상이 흔하다.

비건은 동물해방을 추구하는 삶을 지향한다. 환경에서 축산업이 차지하는 이산화탄소 배출이 약 17% 이상이지만, 육식과 관련된 식습관으로 계산하면 2009년에 이미 약 51%[347]로 발표되었다. 2021년 Nature Food에 발표(The Guardian에서 재인용)[348]된 연구에서는 육식 관련 이산화탄소 배출(소, 우유, 돼지, 닭, 양, 계란의 순)은 57%로, 식물식 29%(쌀, 밀, 사탕수수, 옥수수의 순으로 배출)의 약 2배가 된다.

설사 육식이 탄소배출을 줄이고 지구환경을 깨끗이 하더라도 죄 없는 동물을 가두거나 죽여선 안 되지만, 비건식이라 하더라도 지나친 에너지를 투입하여 화려하고 맛있는 식단을 만드는 일은 비건의 삶이 아니다. 비건과 관련된 책을 찾으면 대다수가 먹거리와 관련된 내용이다. 채식을 맛있게 먹는 방법을 연구하고 알려주지만, 대중에게 비건식은 동물해방이 아닌 또 하나의 새로운 먹거리 세계일 뿐이다. 그러다 결국 맛이 가짜가 아닌 진짜 '고기'를 찾아서 회귀한다. 그게 86%란 뜻이다. 동물의 고통이나 지구환경에의 관심은 애초에 없었으므로 떠날 때도 미련이 없다. 가짜 육식인 채식으로 돌아오지 않는다는 의미이다.

누구에게나 맛은 중요하지만, 요리에 집중하는 생활은 비건과 거리감이 있다. 비건식은 앞서 설명한 대로 에너지와 삶을 소비하는 요리가 아니라 소식(素食)과 자연식이다. 동물의 식

347) Martin Hickman, Study claims meat creates half of all greenhouse gases: Livestock causes far more climate damage than first thought, the Worldwatch Institute, November 2009.

348) Oliver Milman, Meat accounts for nearly 60% of all greenhouse gases from food production, study finds, the Guardian, 2021.9.13.

사처럼 단순할수록 좋은 음식이다.

◑ 자가면역질환 진단을 받았을 때 코트에서의 성적을 지키고 싶었다. 자연 비건식을 먹기 시작한 후로 몸이 최대한 충전된다는 생각에 푹 빠져 즐거웠다.

I was diagnosed with an autoimmune disease[349], and I wanted to maintain performance on the court. Once I started [eating a raw vegan diet], I fell in love with the concept of fueling your body in the best way possible.

— 비너스 윌리엄스Venus Williams(미국 테니스 세계 챔피언)

◑ "난 절대 비건이 안 될 거야" 거의 모든 비건이 그랬다.

"I could never go vegan" - said almost every vegan, before going vegan.

◑ 우유 한 잔은 어미에게서 분리된 아기의 눈물이다.

Every glass of milk, tears a baby from their mother.

◑ 당신이 수혈이 필요할 때 내가 소의 피를 주지 않는 이유로 소의 우유를 마셔서는 안 됩니다. 그것은 인간을 위한 것이 아닙니다.

You shouldn't be drinking cow's milk for the same reason that if you needed a blood transfusion, I wouldn't give you cow's blood. It's not meant for a human.

— 닥터 밀턴 밀Dr. Milton Mills

---

349) 세균, 바이러스, 이물질 등 외부침입자로부터 내 몸을 지켜주어야 할 면역세포가 자신의 몸을 공격하는 병(출처: 다음).

◑ 비건이 아니었던 날들을 그리워하기보다는 후회하고 있어.

I don't miss my non-vegan days, I regret them.

◑ 모든 '고기'는 겁에 질린 동물이 살기 위해 몸부림치는 것으로 시작됩니다.

Every piece of 'meat' starts with a terrified animal fighting for their life.

경고 비건의 죽음

부드러운 '주의'보다 자극적인 '경고'를 선택한 이유가 있다.

2022년 미국 플로리다주의 비건 엄마 쉴라 올레어리Sheila O'Leary는 아동학대와 방치negligence[350] 등의 죄목이 1급 살인에 해당하여 종신형 + 65년을 선고받았다. 쉴라의 남편도 같은 죄목으로 재판 중이다. 쉴라는 아기 에즈라Ezra가 18개월 될 때까지 모유와 과일, 그리고 채소만 먹였다. 그 결과 사망 시 그의 체중은 평균 24파운드가 아닌 17파운드(7개월 영아의 평균체중)였다. 다른 세 아이도 모두 영양실조 상태였다.

2023년에는 러시아인 비건 유튜버 잔나 삼소노바Zhanna Samsonova가 말레이시아에서 7년 동안 열대과일 두리안durian과 잭프루트jackfruit만을 고집하다 사망하였다.

---

350) 방치, 업무 소홀negligence은 미국에서 중죄에 해당한다. 한국도 건설 현장, 이태원 사건 등에서 유사한 추세를 보인다.

이 두 사건에서 우리는 경고성 설명이 필요하다.

첫째, '비건' 초판에서 설명하였듯 이전에도 과일 식단만으로 사망한 사례가 있었다. 두 사건의 조사에서 이들은 곡물을 섭취하지 않음으로써 비건이 아닌 프루테리언이다. 앞서 지적한 바와 같이 프루테리언frutarian은 동물해방이 목적인 비건과 무관하다. 과일 성분의 대부분은 수분으로 영양이 부족할 수밖에 없다. 과일 식단을 따르는 사람들은 과일과 태양에서 영양분을 받아 초인적인 삶을 살 수 있다는 착각을 한다.

둘째, 자녀에게 어떤 식단을 제공하느냐는 개인의 자유이며 비건들은 '당연히' 비건식을 함께 한다. 하지만 영아에게 초유와 모유는 필수이며, 모유가 어려우면 식물성 대체식품으로 충당하여야 한다. 비건은 자녀에게 채식이 아닌 육식을 제공하는 행위를 학대로 여기지만, 법 집행권을 가진 사회는 그 반대다. 건강을 위해서 스스로 채식을 찾으면서도 아직도 다수 국가에서 채식을 학대로 간주한다. 이러한 집단 무지는 유사 사건 발생 시 비건에게 감당하기 어려운 누명을 씌운다. 따라서 모든 비건이 숙지해야 할 내용이다. 현실은 진실과 무관하게 다수가 휘두르는 결정이 법이다.

이 과정은 반려동물에게도 적용될 수 있다. 육식으로 알려진 동물도 채식으로 건강하게 살아가는 사례가 흔하지만, 다른 질병으로 사망하여도 채식을 한 동물에 대해서는 학대로 고소당할 수 있다. 향후 법적 소송으로 새로운 판결 사례가 있어야 해결되는 문제지만, 그 사이 피해자가 발생할 수 있다.

특히 12개월 이하의 영유아 사망률은 10만 명당 약 200명으로,[351] 1~9세에 비해 50배나 된다. 따라서 곡물을 포함한 비건식을 하더라도 채식을 했다는 이유만으로도 사망의 누명을 지게 된다.

셋째, 한국을 포함하여 전 세계에 '싱싱한' 모태 비건이 존재한다. 건강 측면에서도 '싱싱하다'. 수많은 비건 육아의 사례는 혹시 발생할 수 있는 분쟁이나 소송에서 참고자료나 증거로 사용할 수 있다. 특히 비건식이 건강에 긍정적인 효과를 증명하는 의학 논문들[352]도 훌륭한 증거자료가 된다. 기대수명은 10년 이상 늘어나고, 청년 시절의 채식이 노후의 심장질환을 낮추며, 42% 정도 노화를 늦추기도 한다. 심장병과 고혈압을 낮춤에 따라 비건들은 사망률도 9~12% 낮다. 부작용 없는 식물단백질로 근육[353]을 만들어 여러 부상도 예방한다.

---

351) 2019, 2020 한국 나이별 사망원인 기준.

352) Atul Bali, Roopa Naik, (2023), The Impact of a Vegan Diet on Many Aspects of Health: The Overlooked Side of Veganism, Cureus, Published Online; T. J. Key 외 11 (1998), Mortality in vegetarians and non-vegetarians: a collaborative analysis of 8300 deaths among 76,000 men and women in five prospective studies, Meta-Analysis Public Health Nutr, Vol. 1(1): 33-41.; Paul N. Appleby 외 4 (2016), Mortality in vegetarians and comparable nonvegetarians in the United Kingdom, Comparative Study, Am J. Clin Nutr, Vol. 103(1): 218-30.; Timothy J. Key 외 5 (2009), Mortality in British vegetarians: results from the European Prospective Investigation into Cancer and Nutrition (EPIC-Oxford), Am J. Clin Nutr, Vol. 89(5): 1613S-1619S.; Timothy J. Key 외 5 (2003), Mortality in British vegetarians: review and preliminary results from EPIC-Oxford, Review Am J. Clin Nutr. Vol. 78(3 Suppl): 533S-538S.; Huang T. 외 5 (2012) Cardiovascular disease mortality and cancer incidence in vegetarians: a meta-analysis and systematic review, Ann Nutr Metab. Vol. 60(4): 233-40.

353) 근육은 단백질 섭취와 함께 운동이 필수 요건이다.

한 메타분석연구meta analysis research[354]에서는 나이, 성별, 흡연 등 외생변수를 조절한 16~89세의 76,172명을 평균 10.6년 동안 추적 관찰한 결과 5년 이상 ve*an[355]을 유지한 27,808명은 심장질환이 잡식인이나 육식인보다 평균 24% 낮았다. 채식 유형별로는 비건이 26%, 락토오보가 34%, 플렉시(간헐적 육식)가 20% 낮았다.

◑ 사람들은 비건을 미워하는 것이 아니라 진실을 싫어한다.

People don't hate vegans. They hate the truth.

◑ 비건식을 먹으면 건강해질 뿐만 아니라 피부와 몸을 늙게 만드는 여러 독성을 피할 수 있다. 나는 비건이 된지 얼마 지나지 않아 피부가 달라졌음을 확실히 느꼈다.

Eating a vegan diet – it's just so much healthier – and you avoid a lot of toxins that could age your skin and your body. I really noticed a difference in my skin not too long after switching to fully vegan.

– 미셸 파이퍼Michelle Pfeiffer(영화배우)

◑ 최고로 강해졌음을 느끼고 지구력도 좋아짐을 느끼고 있다.

I feel stronger than ever and my endurance is only getting better.

– 네이트 디아즈Nate Diaz(이종격투기 챔피언)

---

354) T. J. Key 외 11 (1999), Mortality in vegetarians and nonvegetarians: detailed findings from a collaborative analysis of 5 prospective studies, Meta-Analysis, Am J. Clin Nutr., Vol. 70(3 Suppl): 516S-524S.

355) ve*an: 비건vegan과 채식인vegetarian을 포함하는 표현이다.

◑ 비건은 어른과 같다. 처음에는 그들을 싫어하지만, 어른이 되면 그들이 옳았음을 알게 된다.

Vegans are like adults. First you hate them, then you become one yourself and realize they were right all along.

◑ 다른 방법이 있는데도 육식을 계속함은 진정한 도덕주의가 아니다.

Those, who still eat flesh when they could do otherwise, have no claim to be serious moralists.

— 스티븐 클라크Stephen R. L. Clark

비질 같은 죽음 다른 슬픔

우리는 억울한 죽음이 있으면 흰 국화를 바치고 묵념을 하며 종종 눈물로 추모를 하게 된다. 단지 그 주검이 인간일 때만. 어린 아이처럼 천진난만한 눈과 마음을 가진 동물의 억울한 죽음은 슬퍼하지 않아야 한다. 슬퍼하면 좋아하는 육식을 못 하기에.

가끔 동물해방 활동의 하나로 카메라를 들고 추모에 나선다. 비질vigil은 무고한 죽음이 집행되는 동물들에 대한 마지막 배웅과 추모다. 주로 닭, 돼지, 소 등 '가축'[356]이라는 이름으로 고통스럽게 살다 참수되는 친구들이다. 죽음 직전에 활동가들은 이들을 쓰다듬고 물을 주며 눈물로 마지막 이별을 고한다. 억울한 죽음을 막는 힘은 아직 없다. 설사 모두 살려준다 해도 감당할 수도 없다. 이러한 현실을 만든 원인을 애초에 막았어야 했다.

356) 지금은 가축(家畜)이 아니라 90% 이상이 공장축(工場畜, factory animal)이다.

비질은 사람들이 익숙한 일상에서도 가능하다. 식당과 시장에도 죽음을 기다리는 친구들이 많다. 특히 수산시장은 다양한 동물들이 대부분 살아서 죽음을 기다리고 있다. 생김새가 인간과 좀 더 다르다 보니 죽는 고통에 대한 공감이 적을 수 있지만, 아무튼 동물이 느끼는 고통은 같다. 사실 물살이들이 죽는 과정의 고통은 더 잔인하다. 산 채로 피부인 비늘이 칼과 쇠솔에 의해 벗겨져도, 얼굴이 인간의 손바닥에 눌려 발버둥 이외는 아무것도 할 수 없다.[357] 산 채로 머리가 못에 박혀 피부가 벗겨지는 고통을 고스란히 느껴야 하는 아이들도 있다. 때로는 피부가 모두 벗겨진 채 고통에 신음하며 빨리 요리가 되기를 기다리는 생명도 있다. 머리만 살아서 아가미를 헐떡이며 토막난 살을 보여주는 만찬도 있었다. 이 지옥을 만든 사람들은 싱싱하다고만 한다.

수족관의 물살이가 나를 쳐다본다. 사람을 늘 한번은 다가와 쳐다보는 이유가 혹시 모를 자유의 기대일까. 탁한 물에 눈은 희미하게 상하였고, 좁은 공간 탓에 입과 비늘은 여기저기 벗겨져 고통스러워 보인다. 남은 비늘도 손님이 오면 바다에서의 자유로운 추억과 함께 토막토막 나겠다. 그 추억에는 아름다웠던 자신들을 보러 스킨스쿠버다이빙으로 물밑까지 내려온 사람들도 있었다.

'물고기'는 고통이 없다고 여기는 사람도 있지만 모든 동물은 고통을 느낀다. 인간이 '벌레'라 함부로 칭하는 작은 동물도 건드리면 필사적으로 발버둥을 친다. 눈코가 없어도 느낀다는 얘

357) 목을 먼저 자르고 비늘을 벗기면 피범벅이 되므로 머리를 누르고 산 채로 벗긴다.

기다. 한 번이라도 인간들은 자신의 피부가 산 채로 벗겨지는 상상을 해본 적이 있을까.

소비자 앞에서의 직접 도살이 일상인 저개발국가의 시장에서는 거의 모든 육지 동물도 산 채로 죽음을 기다린다. 특히 개와 고양이, 닭들이 묶인 채 겁에 질려있는 눈빛은 인간의 무심함이 얼마나 잔인한 장면을 만드는지 절감하게 만든다. 사진을 찍어 알리는 일은 반복된 노출로 더 고통스럽다.

앞서 구출한 사자를 살려야 하는가 아니면 먹이가 되는 수천수만의 닭을 살려야 하는가 하는 상황이 있었다. 사자를 안락사해야 하지 않을까. 파리도 인간의 목숨보다 자신의 삶이 소중하다. 인간들이 구출한 사자를 지지하는 이유는 자연 닭의 고귀한 삶에 대한 무지와 무조건 큰 것에 기대는 생존심리 때문이다. 왜 인간은 작고 힘없어 먹이가 되어야 하는 닭의 편이 아니라 모든 것을 포식하는 힘센 사자의 편에 서는가.

도축장에서 곧 죽어야 하는 병아리 같은 어린 닭들을 구출하는 활동가들이 국내외에 있다. 이들은 이 활동으로 체포되고 벌금도 내는 등 여러 고초를 늘 겪는다. 구출하는 닭과 사자 우리에 던져주는 닭은 태생이 다른가.

그런데 수많은 비질을 알리며 해방 활동을 하던 디엑스이DxE 한국팀[358]이 최근에 공식적으로 해체되었다. 같은 비건 동물해방단체였던 어나니머스(AV) 서울팀 역시 코로나 끝에도 회생[359]이 어렵다. 참여했던 활동가들에게는 대중들의 오해와 달리 늘 희생과 희생만이 요구되었다. 대부분 경제력이 약한 젊

358) '단체' 장의 디엑스이 참고.

359) 회생을 준비 중이다.

은 활동가도 끊임없이 자비를 투입하여 활동을 이어왔다. 활동가들의 소중한 청춘의 시간도 약간의 핏줄도 섞이지 않은 동물들의 해방을 위해 긴 세월을 보냈다. 혁명을 위해서 종종 두려움과 긴장 속에 '과격한' 활동을 이어왔지만 돌아오는 보상은 날선 비난이었다. 그 비난의 반응들이 결국 대중에게 비건이라는 단어를 알리고 기업들의 태도를 바꾸었지만, 상흔은 남아 있다.

번 아웃burnout으로 사라진 활동가들의 모습에서 동물 아이들의 죽을 운명이 투영된다.

◑ 동물 학대가 틀렸다고 생각하면, 당신은 이미 비건에 빠졌다.
If you think it's wrong to hurt animals, you already believe in going vegan.

◑ 유명 배우이자, 비건 활동가인 그는 3살 때부터 채식인이었다. 가족과 함께 간 낚시에서 물살이를 잡고 죽이는 장면은 그에게 지금도 생생한 공포였다. "왜 고기가 이렇게 오는지 말해주지 않았어요? Why didn't you tell us that's where meat came from?". 이 질문에 어머니는 어쩔 줄 몰라 했고, 기억에 어머니는 울고 계셨던 것 같다.

— 호아킨 피닉스Joaquin Phoenix

◑ 내 앞에서 수많은 동물이 죽어가고 있어도 난 괜찮아. 당신은 그것이 고기라고 생각하고 나도 그래. 비건 활동가들이 충격을 받거나 탈진하면 더 많은 동물이 죽어야 해.
Even though countless animals are dying in front of me, I am okay.

You think it's meat and so do I. If vegan activists are shocked or exhausted, more animals will have to die.

◑ 악행을 묵인하면 범죄가 된다.

Tolerance becomes a crime when applied to evil.

— 토마스 만Thomas Mann

◑ 당신의 '고기'는 살고 싶어 했던 착한 아이였습니다.

Your 'meat' was a gentle soul who wanted to live.

◑ 돼지가 동물임을 잊어라. 그냥 공장의 기계처럼 다루어라.

Forget the pig is an animal. Treat him just like a machine in a factory.

— 1976년 돼지농장 관리잡지 기사

Hog farm management magazine article from 1976

◑ 우리가 동물들에게 필요한 것은 용서뿐이다.

The only thing we need from animals is forgiveness.

역설 육식의 심리학

'왜 채식을 하는가'가 아닌 '왜 육식을 하는가'에 대한 의문이나 연구는 의미 있다. 육식이 아닌 채식을 당연한 일로 전제하기 때문이다.

비건은 '보통' 사람이 상상한 적도 없는 '고기' 없는 삶을 산다. 소크라테스는 육식이 전쟁의 기원이라 하였다. 아마도 인간이 두려워하는 피와 빨간색을 동물살육에서 극복한 결과일 듯하다. 전쟁은 다른 종에서는 볼 수 없는 잔인한 학살이자 거대한 환경파괴 행위이다. 너무 흔하여 거부감없이 보는 전쟁이나 서로를 죽이기 위한 첨단무기 개발 및 전쟁 훈련은 인간성이 가진 당연한 일일까. 전쟁에 몰두하다 보니 방문할 가능성도 희박한 외계인과의 전쟁도 준비하는 망상을 보인다.

위인이 인간을 서로 싸우게 만드는 원인이 육식이라 하는 이유는 육식이 가진 이런 폭력성 때문이다. 인간과 같은 고통을 느끼는 존재에 대해 다르게 생김을 이유로 적으로 간주한다. 같은 인간에 대해서도 피부색이나 성별이 다르다고 차별하고 학대해 왔다.

그러면 인간은 건강하게 살 수 있는 채식을 두고 왜 불필요한 육식을 할까. 종교나 문화의 영향력이 큰 지역은 채식과 육식의 관습 차이도 크지만, 대다수 국가에서의 인간 심리는 유사함으로 가정하고 연구를 뒤졌다. 많지는 않지만 그래도 약 100개의 신뢰할만한 연구가 있었고, 그 결과는 서로 유사하였다.

육식의 심리학은 보통 개인의 도덕성, 감정, 인지, 성격특성 요소로 설명하고 부수적(후천적)으로 남성성, 위계성, 경험으로 분석한다. 관련 심리이론은 인지부조화cognitive dissonance와 도덕적 이탈이론moral disengagement이 대표적이다. 인지부조화이론[360]은 많이 알려졌지만, 도덕적 이탈이론은 인지부조화에서 발생한 불편한 소비자들의 도덕적 심리를 해소한다는 뜻이다. 즉, 육류산업의 이해관계자집단이 동물 사체의 모양이나 출처를 가공으로 은폐하여 고기와 동물(사실은 고기가 동물이지만) 간의 연관성을 낮추거나 없애는 방법이다. 게다가 정부 지원으로 낮아진 가격이나 건강(영양소), 취향을 강조하며 도덕성을 잊게 만든다.

미국과 호주의 대학생들을 대상으로 조사한 2015년의 연구 '고기에 긍정적 태도Pro-meat Attitudes'[361]에서는 육식에 찬성하는

360) 인지부조화는 개인의 심리적 가치와 행위가 모순될 때 발생하는 불편함으로 1957년 Leon Festinger에 의해 정의되었다.

361) Charlotte J.S. et.al. (2015), Meat morals: relationship between meat consumption consumer attitudes towards human and animal welfare and moral behavior, Meat Science, Vol. 99, 68-74.

심리적 태도로 4N을 들었다. 자연 세계에서 육식이 존재한다는 자연의 육식성(Natural), 다수의 인간 행위를 정당화하는 사회 및 역사적 규범(Normal), 생존을 위해 고기가 필요하다는 영양 및 환경적 필요성(Necessary), 끝으로 인간의 입맛과 취향을 충족하는 고기의 맛(Nice)이 인지부조화에서 발생하는 도덕적 긴장을 낮춘다.

또 다른 분야의 연구[362]에서는 고기의 역설meat paradox로 명명하며 인간이 동물에 관심을 가지면서도 동시에 동물을 해칠 수 있다는 모순심리를 설명한다. 현실 상황을 지배하는 이 심리의 특성은 인지부조화를 불편한 채로 유지하거나, 고기와 동물을 심리적으로 분리하는 해리dissociation, 동물 학대 상태 및 이와 관련된 정보를 회피하는 전략적 무지strategic ignorance, 나만 즐기면 된다는 이기주의를 지탱하는 쾌락주의hedonism, 다수에 책임을 전가할 수 있는 관습custom을 내세우거나, 공감의 소외 혹은 공감의 결핍marginalization of empathy, 그리고 앞서 설명한 개별적 수준의 도덕 결핍moral disengagement이 존재한다.

객관적 해석학의 선택The Choice of Objective Hermeneutics으로 인지부조화로부터의 탈출을 연구(Stefan Mann 등, 2021)[363]에서는 도덕적 규범 흔들기blurring normativity, 쾌락향락주의emphasizing hedonism, 무한자유추구unlimited freedom, 육식사회의 규범복종obeying rules, 죽음에 대한 인식conscious about death을 들어 순서

362) A Structured Literature Review of the Meat Paradox, Sarah Gradidge et.al. Social Psychological Bulletin, 2021, Vol. 16(3), Article e5953.

363) Stefan Mann & Helene Renaux (2021), Five Shapes of Cognitive Dissonance – Using Objective Hermeneutics to Understand the Meat Paradox, Food Ethics, Vol. 7, Article number: 4.

대로 인간의 횡포, 중독, 방종, 변명, 위장으로 해석한다.

한 조사에 따르면 미국인들의 70%가 동물성 식품이 불편하고, 69%는 공장식축산은 중요한 사회문제이며, 50%는 도축장 폐쇄와 33%는 모든 축산업의 금지를 지지한다고 하였다. 하지만 여전히 75%는 '인도적' 동물제품을 구매하고 있으며, 58% '동물복지'를 인정하는 전략적 무지와 이중성을 보인다. 영국인들은 73%가 완전 채식이 윤리적이며, 70%는 친환경이라는 생각에도, 83%는 여전히 채식이 쉽지 않고, 77%는 불편하거나 61%는 즐겁지 않다. 그리고 60%는 육식이 사회적으로 용인되었고, 50%는 건강상 필요하다는 견해를 보였다. 인구통계변수로는 비건이나 채식주의자veg*n의 63%는 여성이며, 37%는 남성으로 구성된다. 비거니즘이나 채식주의veg*nism자들의 정치 성향으로는 우파보다 좌파가 많다.

동물의 죽음을 가까이하면 불편하지만 죽음 없는 육식은 없다. 사람들이 부러진 나뭇가지에 대해 슬퍼하지는 않지만, 하수구에 빠진 동물을 황망히 구출하는 이유는 그가 고통을 느끼는 존재라는 사실을 무의식적으로 인지하고 인정한다는 뜻이다. 동물이 음식이라면 빠진 채로 내버려 두어 죽이는 불편함 없이 음식이 될 때까지 편하게 기다릴 것이다. 어려운 구출을 무의미하게 만드는 자신의 육식에 대해 그 마음을 점검할 필요가 있다.

당연한 듯 보이는 맛있게 먹어야 한다는 심리를 거부한다. 과일을 제외한 자연 음식은 맛있지 않다. 요리로 인위적으로 맛있어진 음식은 사람의 입맛을 게걸스럽게 하고 결국 더 많은 동물의 살해와 질병으로 이어진다.

◑ 축산업은 21세기에도 가장 미개한 산업이다.

Livestock farming is the most uncivilized industry even in the 21st century.

◑ 베이컨을 보면 돼지가 보이고, 어린 친구가 보인다. 내가 그를 먹을 수 없는 이유다. 그렇게 간단하다.

When I see bacon, I see a pig, I see a little friend, and that's why I can't eat it. Simple as that.

— 폴 매카트니Paul McCartney

◑ 터무니없고 잔인한 동물학살을 멈추는 모든 노력을 해야 한다. 동물학살은 우리의 도덕성을 파괴함이 분명하다.

Every effort should be made to stop the wanton, cruel slaughter of animals, which must be destructive to our morals.

— 니콜라 테슬라Nikola Tesla

◑ 동물의 절망을 알아채지 못함이 가장 큰 학대입니다.

The greatest cruelty is our casual blindness to the despair of others.

고기 /미-트/: (명사) 누군가의 식욕을 위해 고문당하고 살해된 누군가의 시체.

Meat /mi:t/: (n) Dead body of an individual, who was tortured and killed for someone's appetite.

◑ 네가 먹는 것은 너의 선택이다. 그것이 누가 될 때까지.

What you eat is your choice until the what becomes a who.

◑ 제발! 내가 뭘 잘못했어?

"No! Please! What did I do wrong?"

— 학대당하는 동물들

V E G A N

VEGAN

- **종교** 신은 이미 죽었다.
- **옛일** 나의 과거를 묻지 마라
- **논쟁** 굴 먹는 비건
- **인물** 리처드 라이더

종교 신은 이미 죽었다

"1시간 반 동안 하시는 말씀에 눈물이 나와 혼났다. 사람들은 채식주의 하면 건강을 생각하지만, 채식이 가져다주는 이로움은 단순하게 건강뿐이 아니고 자연과 생태계 그리고 우리의 후대에 아이들을 위한 것이며 인류를 위한 것이라는 것을 알게 되었다. 그러나 이러한 것을 아는 사람은 사실 그리 많지 않다. 나도 이번에 알았으니...,"

코로나 시기에 비대면 도구 줌으로 전국 대학 기독교학과 교수 대상의 한 강연에서 한 교수님이 블로그에 올린 글이다.

이번에는 수천 명을 '교화'하려는 욕망으로 큰 교회에서 비거니즘 강연을 하였다. 나중에 안 일이지만 불신자가 교회 강단에 서는 방법에 반대가 많았단다. 그래도 주제의 중요성과 담임목사의 설득 덕분에 많은 사람이 동물과 마음이 닿았다.

사실 나는 이교도라기보다는 신은 죽었지만, 종교는 남아야 한다 '믿는' 신자이다. 흔히 말하는 세계 4대 철학자(공자, 석가모니, 소크라테스, 예수)는 죽었지만, 그들의 깨우침은 종교로서도 경외하고 숭배한다. 이상적인 종교는 신도에게 도덕성을 가르쳐 세상을 선하게 만든다. 착하게 베풀고 살라는 종교가 있음에도 인간은 온갖 무기[364]로 대량 학살을 만드는 세상에서, 종교마저 없다면 인간사회는 마수의 살육장이 된다.

강연 후 알려준 이메일로 '성경에서 하느님이 육식해도 된다는데'라는 저항[365]이 들어 왔다. 이 부분에 대해서는 이전 강연 때 다른 목사님들과 오랫동안 토의한 결과가 있었다. 어떤 교인들은 성경 구절만 집중하여 해석하려는 오류를 범한다. 그 배경에는 당연히 맛있는 육식을 놓지 않으려는 욕심이 숨어있다. 빨간 치약이 몸에 해롭다면 사람들은 이유를 묻지 않고 다른 치약을 택한다. 선택 전환에서 발생하는 손실이나 불편함이 없다. 채식으로의 전환은 거대한 손실로 여겨진다. 지금까지 맛있게 먹어왔던 그리고 먹기 위해 살았던 인생 모두를 강탈당하는 듯한 큰 상실감으로 다가온다. 그래서 반박처럼 보이지만 저항의 몸부림이다.

불경이든 성경이든 잠시 덮고 생각해보자. 모든 교리는 생명을 존중하라 한다. 기독교와 불교의 계율에도 살생 금지가 있다. 교리가 없이 '생각'만으로도 모두의 삶은 소중하다. 동물이

364) 인간이 같은 인간을 죽이기 위해 개발하는 거대한 무기들; 핵폭탄, 미사일, 폭격기, 항공모함 등에서 인간의 본성이 무엇일까 고민하게 된다.

365) 심리학에서 말하는 인간이 선택의 자유를 지키기 위해 행동하는 저항 reactance이다.

인간의 양식이라면 창조주는 왜 그들을 만들 때 불필요한 고통을 느끼게 하고, 죽을 때 눈물을 흘리게 하셨을까. 인구보다 수십 배가 많은 그 동물들이 어떻게 전생에 사람으로서 중죄를 지어 고통의 지옥에 빠졌을까. 좀 더 순진하게 생각해서 하느님이 육식을 허락하셨다면 왜 동물을 과자처럼 만들지 않으시고, 인간과 유사한 장기[366]를 가진 동물로 창조하였을까. 그리고 하느님이나 예수님이 재림하셨을 때 인간이 같은 피조물을 가두고 피투성이로 살육하는 모습에 과연 잘 먹고 산다는 찬사를 보내실까.

불경스럽지만 설사 하느님이 동물을 잡아먹으라 하여도 오히려 물음을 갖고 저항해야 할 일이 아닌가. 예수가 어쩔 수 없이 한 점 먹은 일로 육식을 전면 허용했다는 왜곡을 퍼뜨리는 저의는 포기하기 싫은 자신의 입맛이다. 신이 부정하는 살생을 부르는 육식을 종교인들이 계속하는 이유는 결국 신의 경지에 못 미치는 인간이기도 하다. 존경받는 종교인들에게는 자제력이 있다. 요즘은 신과 가까운 신도도 많아진 세상이다.

◑ 신은 천국을 선물하였지만, 인간은 지옥으로 만들었다.

God gave heaven, but humans made it hell.

◑ 자연에서의 육식은 비도덕, 인간의 육식은 부도덕이다.

Eating meat in nature is amoral, and eating meat in humans is immoral.

---

366) 실제로 육안으로는 돼지고기, 사람고기, 소고기 구별이 어렵다.

◑ 비거니즘은 식단이 아닌 생각이다. 영양분이 아니라 폭력을 거부하는 일이다.

Veganism is not a diet, it is a philosophy. It is a rejection of violence, not a rejection of calories.

◑ 당신이 구매하여 죽은 동물들이 귀신이 되어 괴롭힐 수도.

Those murdered animals you pay for will haunt you.

◑ 외계인들이 지구에 와서 우리가 동물에게 한 일을 우리에게 하는 날은 우리의 정당화가 얼마나 잔혹한 것이었는지 깨닫게 되는 날이다.

The day aliens come to earth and do to us what we do to animals is the day we will realize just how atrocious our justification were.

옛일 나의 과거를 묻지 마라

(여러분은 갈비찜, 불고기, 삼겹살, 초밥, 치맥을 안 먹고 살 수 있나요.)
아니요... 절대로... 어떻게... 포기 못해요... 고기 맛 너무 좋아요!...
(라며, 마치 앞으로 육식을 못하는 운명처럼 당황한다.)
(저도 그랬습니다.)

보통 비건들이 듣기 싫어하는 말이 "언제부터 비건이었어요?"라는 질문이다. 당연히 궁금할 수 있는 내용이지만 '언제 출소하셨어요'로 들린다.

모태 비건이 아닌 비건에게는 흑역사가 있다. 들추고 싶지 않은 과거다. 교도소에서 출소하여 진정한 갱생의 삶을 사는 전과자라면 과거에 저지른 살인이나 강도질에 대해 무용담을 늘어놓지는 않을 것이다. 비건들도 마찬가지다. '내가 옛날에

회를 집을 때 젓가락이 수평으로 들어갔지' 같은 이야기를 절대 꺼내지 않는 이유다. 과거를 덮거나 숨기기 위해서가 아니다. 오히려 저질렀던 육식의 장면은 오랜 시간이 지나도 4K 플래시백flashback으로 종종 나타나 마음을 괴롭힌다. 물론 지인들은 누가 하루아침에[367] 비건이 되었다는 일은 마치 기독교인이 불교도가 된 일과 같은 충격일 수도 있다.

흔히 말하는 채밍 아웃 후에는 탈 육식, 불살생ahimsa 생활을 진심으로 지지하는 사람도 있지만 아픈 과거를 계속 말하는 이들도 있다. 비건들이 가장 후회하는 일은 '왜 좀 더 일찍 비건이 되지 못했나.' 하는 자책이며, '전과'[368]로 항상 속죄하는 마음으로 살게 된다. 살아있는 대게를 삶은 잔인성, 생새우를 받아먹은 충격, 뻣뻣해진 해삼을 토막 살해한 엽기 등등 끔찍한 과거는 늘 숨기고 싶지만, 기억은 생생하다.

인간은 무수히 많은 교양서적을 읽어도 눈앞에 보이지 않는 진실은 깨닫기 어렵다. 육식인 시절 손가락 크기의 족발을 핥으며 족발의 크기가 왜 그리 작은지, 크기가 작으면 아기 돼지가 아닌지 생각지도 깨닫지도 못했다. 천연가죽을 자연스러운 가죽으로 생각하는 몽매함도 일상이었다.

누적된 잘못은 폭발로 분출된다. 부끄러워할 수만 없다. 진실을 알려야 한다. 그래서 남들이 부러워하는 업종을 뒤로하고

367) 나는 '목 사슬을 한 원숭이' 사진을 본 순간 '인간이 동물에게 무슨 짓을 하고 있는가'의 충격으로 약 30분간 참회의 눈물을 흘리며 바로 비건이 되었다. 그 시간, 지식으로 저장된 동물 학대가 육식에 이어졌다. 이 사진은 항상 휴대전화 배경이다. 어떻게 비건이 되었는지 궁금한 사람들이 많아 사족을 붙였다.

368) 처벌을 받지 않지만, 육식으로 인한 동물살해는 도덕적 범죄다.

활동가의 역할에 집중하였다. 멋진 차림에서 누추한 자연 옷으로, 좋은 차는 가장 싼 차로, 차보다는 대중교통을 즐기게 되었고, 화려함보다는 소박함으로, 사회관계보다는 자연과의 조화로 꾸준히 이사하고 있다. 목표와 욕심이 많았던 삶에서 매일 버리는 즐거움 속에 있다.

사실 대중매체가 없었을 때의 선각자 '비건'들도 많지만, 현대는 대부분 유튜브YouTube 등의 영향이 크다. 진실에 공감한 후 나도 모르게 죽은 그리고 수많은 생명을 죽인 일은 이제 도덕적으로는 범죄가 되었고, 법적으로도 범죄가 되고 있다. 인간 중심의 법 제정이 어디까지의 살육을 범죄로 여길지는 모른다.

비건으로 살면 편하겠지만, 활동하는 이유는 죽어간 생명에 대한 속죄다. 내가 죽인 동물들보다 더 많은 동물이 억울하게 태어나거나 죽지 않도록 하는 개과천선 활동이다. 이도 모자란다면 추후 방생으로써 (어차피 죽거나 다시 잡혀 올 수도 있지만) 죽음을 살리고자 한다.

이제 한국 사회에도 과거의 흑역사에서 벗어나고자 하는 비건들이 많아지며 비건 상품에의 관심도 커졌다. 따라서 기업들도 비건 제품이나 식품을 생산하고, 대기업도 비건의 증가세를 간과할 수 없는 환경이다. 비건 제품만을 위한 상점이나 식당, 기업들도 증가하고 있다.

새로운 비건 상품에 관심을 두는 고객 중에는 비건 생활로 이어지는 지향자도 늘고 있다. 또한 엄격한 채식에 대한 두려움과 육식에의 욕구를 해소하는 부분 채식자들도 늘고 있다. 간혹 한 명의 완벽한 비건보다 열 명의 불완전한 비건이 낫다는 주장도 보인다. 얼핏 공감이 가는 이야기다. 한 끼라도 채식하면 한 명의 목숨은 살린다.

반면에 활동 경험에서 동물살해에 대한 진실과 고통에 대한 공감이 있다면 육식을 완전히 끊을 수 없는 자신을 슬퍼해야 할 일이지 불완전한 비건을 주창할 일을 아니다. 종차별이 남아 있거나 '고기'에 대한 마음을 정리하지 못함이다. 엄격한 식단의 비건들에게 '한 번의 육식'도 마치 인육을 먹는 일처럼 불가능한 일이거나 매우 혐오스러운 일이다. 또한 점진적 채식의 의미는 당장 중단되어야 할 총기 난사를 점진적으로 줄이자는 말과 같다. 육식은 흡연처럼 '지금 당장' 중단해야 한다.

불완전한 비건은 육식의 즐거움을 즐기는 상태에 있다. 잊고 살지만, 그 때문에 죽어야 하는 동물의 고통을 즐긴다는 뜻도 된다. 여러 연구와 관찰에서 보여주듯 이들의 대부분은 결국 '고기'로 회귀한다. 결과, 대부분 비건이 채식을 포기한다는 고소한 착각을 대중에게 남긴다.

◑ 나의 심장이 입보다 큰 소리를 내는 날 내 삶은 영원히 바뀌었다.

The day my heart spoke louder than my stomach, my life changed forever.

— Vegan FTA

◑ 내가 할 수 있는 작은 일은 자신을 위해 말하지 못하는 존재들을 위한 외침이다.

The least I can do is speak out for those who can not speak for themselves.

— 제인 구달Jane Goodall

◑ 비건이 된 이유는 폭력과 비겁이 나의 성질에 맞지 않기 때문이다.

Vegan because violence and injustice are not traits of my character.

◑ 동물들에게, 늦게 비건이 되어 미안해.

Dear animals, I'm sorry it took me so long.

◑ "나는 비건입니다 왜냐하면..." 동물의 사체 맛을 좋아한다고 그들의 목을 자르는 일이 정당화되지는 않습니다.

"I am vegan because..." Liking the taste of someone's dead body doesn't justify slitting their throat.

논쟁 굴 먹는 비건

인간이 물고기(물살이)를 좋아하면 입이 찢어지고, 말을 좋아하면 등이 벗겨지고, 꽃을 좋아하면 목이 꺾인다.

느끼는 모두가 자유를 찾는 동물해방이 비건 활동의 목표다. 가끔 '느끼는sentient'의 정의 때문에 고민에 빠질 때가 있다. 굴과 멍게 때문이다. 내게는 맛이 있었다. 비건이 된 이후로 '거의' 먹은 적이 없지만 아주 가끔 초장이 감정을 소환한다. 유혹이 잔재하는 이유는 까르마karma와 약자에 대한 무감각 폭력의 생명력이다.

먼저 멍게는 그 유충이 작은 올챙이처럼 귀엽고, 헤엄치다 적절한 바위에 앉아 정착한다. 뿌리를 내리고 필요가 없어진 운동 활동으로 뇌를 스스로 소화하고 단순 호흡으로 대부분의 장기가 식물화된다. 아가미와 배설기관, 췌장 등은 잔재한다. 유충 때는 척추가 있는 중추신경계를 갖고 있지만, 고착 후 퇴화한다. 따라서 뇌가 없고 중추신경계가 없으면 고통을 느끼지 못한다는 견해가 많지만, 신경이 전신으로 퍼져있는 동물도 있어 당사자가 아닌 이상 확실히 알 수는 없다. 아무튼 멍게는 주로 한국과 일본 사이, 미국과 캐나다 사이 태평양 근해 일부에서만 살다 보니 생물학자들의 연구는 많지 않다. 따라서 멍게의 역할에 대해 상세히 밝혀진 과학적 사실은 드물다.

반면에 굴은 전 세계에서 생산된다. 최근에는 중국이 대부분을 생산하고 있지만[369] 고대 로마부터 시작한 아주 오래된 해양 농업의 하나다. 현재 인간이 소비하는 굴의 95%는 양식으로 보급된다. 해부학적으로는 호흡하는 아가미와 무색의 혈액 및 혈관, 심장과 신장, 자웅동체의 생식기를 갖추고 있다.

굴이 오랫동안 비건들에게 논쟁이 되는 이유는 맛과 역할이다. 굴의 역할이 커진 배경에는 생산량의 증가도 있다. 1990년 이후로 소비가 약 5배로 급속히 증가하였고, 현재는 해양생물 생산의 절반 이상을 차지한다. 굴의 역할은 하루에 24~96리터의 물을 여과하고 해양 오물을 청소한다. 또한 탄산칼슘 형태로 공기 중의 이산화탄소와 질소를 껍질에 저장하여 현재의 기후위기에 긍정적인 역할도 한다. 따라서 미국과 프랑스 등 다수의 국가에서는 굴의 양식을 새로운 환경정책으로 내세우고 있다.

패류(貝類)를 섭취하는 비건을 드물게 오스트로비건ostrovegan(혹은 '굴비건'[370])과 바이밸비건bivalvegan(혹은 '이패류 비건'[371])

369) 중국은 굴의 체세포뿐만 아니라, 진주와 껍질의 수확을 위해서 대규모 양식생산을 한다. 여러 나라에서 쓰레기로 여겼던 굴 껍데기는 이제 의약, 화장품 원료, 건축자재에서 굴 방파제, 제설용 염화칼슘 등으로 활발하게 쓰이고 있다. 이 과정에서 탄소배출 감축 효과도 상당함으로 알려져 있다.

으로 나누기도 한다. 재미있는 일은 오스트로가 바이밸을 불편해한다는 점이다. 그 이유는 오스트로비건은 패류 중에서 고착성sessile이 있고 식물 같은 굴과 홍합만 섭취하지만, 바이밸비건은 추가로 동물처럼 이동능력motile이 있는 조개와 가리비도 먹기 때문이다.

오스트로비거니즘ostroveganism을 지지하는 주장은 설명한 대로 굴의 대량생산(양식)이 해양 수질과 기후 위기에 긍정적인 역할을 한다는 점이다. 굴을 먹지 않으면 그만큼 생산이 줄어들고 환경에의 긍정적 효과도 감소한다는 지적을 한다. 또한 무척추 연체동물 조개류인 굴은 여러 장기가 있지만, 고통을 느낄 수 없는 기계적인 기능만 한다는 '사실'을 든다.

더불어 리처드 라이드Richard Ryder가 명명한 종차별주의speciesism, specism를 책 '동물해방Animal Liberation'을 통하여 대중에게 전파한 동물해방 활동가 피터 싱어Peter Singer 교수도 그의 책[372]과 여러 인터뷰[373]에서 굴은 고통을 느낄 수 없기에 식물과 유사하여 먹어도 된다고 주장하였다. 그는 굴과 조개 등은 감각이 있는 존재가 아니고 환경에도 해를 끼치지 않는 방법으로 재배 및 수확한다면 섭취를 지지하였다. 또한 동물의 고통이 수반될

---

370) 영문 ostro는 라틴어로 굴oyster을 뜻한다. 굴은 파리지옥과 함께 채식과 육식의 경계에 있다. 파리지옥은 동물 같은 식물이고, 굴은 식물 같은 동물이다.

371) 이패류(二貝類, 혹은 쌍패류, 쌍각류)는 조가비(껍데기)가 두 쪽인 패류로 굴, 홍합, 그리고 조개, 가리비 등이 있다.

372) 1975년 출판된 '동물해방'에서의 이 주장은 그 후 개정판에서 삭제되었다.

373) The Ethics of Vegetarianism: An Interview with Peter Singer, Havard Political Review, Sep. 4, 2021.

수 있어 의심하는 배양육에 대해서도 피해가 있는 동물이 없다면 세포 배양육을 찬성하였다.

굴의 섭취를 부정하는 시각은 설사 고통을 느낄 수 없다 하더라도 존중되어야 할 생명체라는 시각이다. 억울한 주검 로드킬roadkill의 섭취를 거부하는 이유와 같다. 또한 고통의 존재는 자신만이 알 수 있다. 자극에 대해서 반응이 없다고 해서 고통을 느끼지 못한다는 결론을 내릴 수는 없다. 인간은 근대까지도 동물은 고통을 느끼지 못한다고 믿어왔다. 특히 동물의 이동성은 주로 위험을 감지하여 이를 회피하기 위한 두뇌 등 의사결정 기관의 존재 가능성을 뜻한다. 굴 등의 패류가 뇌는 없지만, 인간이 모르는 다른 대체 장기가 존재할 가능성이 있다. 특히 고통을 재빨리 줄이는 신경반사nerve reflex를 이패류도 갖고 있는데, 판단하는 뇌의 기능이 없다면 불가능한 작동이다.

굴에 대한 논쟁에서 대부분의 결론은 편한 대로 하라는 것이다. 거부감이 없으면 먹을 수 있고 환경에 도움이 된다. 생명의 섭취가 편하지 않으면 먹지 않을 수 있지만, 환경에의 기여는 줄어든다. 둘 다 인간중심의 휴머니즘이다.

항상 결론이 없는 논쟁에 대해 이렇게 정리한다. 기후 가열화의 최대요인인 이산화탄소는 축산업에서 전체의 20% 정도가 발생하고, 육식에서는 50%를 초과한다. 만약 반대로 육식이 이산화탄소를 50% 줄인다면 동물을 죽이는 타당한 이유가 될 수 있을까.

또한 굴이 되어보지 못한 인간이 불확실한 굴의 고통을 판단함은 오만과 경솔이다. 굴도 많은 동물 중 하나이다. 먹지 않는 동물에 포함하면 모든 의문과 논쟁에서 벗어날 수 있고 나중에

자책할 가능성도 없다. 그런데 오늘도 논쟁이 끊이지 않는 이유는 무엇일까. 그것은 굴[374]맛이다. 비건도 하나라도 더 먹으려는 인간으로서의 욕심을 피할 수는 없을까. 귀여운 강아지가 가장 학대받는 동물이듯, 상대에게 즐거움을 주는 존재는 사랑받지만, 그 사랑의 내면은 폭력일 수 있는 아이러니한 상황이다.

◑ 무엇을 먹는가는 개인의 선택이다. 그 무엇이 '누구'가 될 때까지.

◑ 굴은 먹히기 위한 존재가 아니라 바다를 정화한다.

Oysters were not created to be eaten, but to purify our oceans.

— Yada

◑ 내가 비건이 아닌 이유는, 내 입맛이 동물의 목숨보다 소중해서다.

I can't go vegan, my taste buds are more important than a animal life.

◑ 내가 비건인 이유는 학대가 틀렸음이다.

I'm vegan because I know the cruelty is wrong.

◑ 감각에 대해 과학적으로 해명되지 않는 한, 우리는 그들을 착취하거나 억지로 해를 끼칠 필요가 전혀 없다.

Where there is scientific uncertainty about their sentience, do not exploit them or cause deliberate harm as we have absolutely no need to do so.

---

374) 굴은 아연이나 B12 등을 제공하지만, 식중독 위험이 크다.

인물 리처드 라이더

저는 왜 결혼을 못 할까요?
가까운 교수가 안타까운 심정으로 하소연하였다.
('아마도 차별하는 마음이 커서 그렇지 않을까요')
순식간에 슈퍼돌직구를 날려버렸다.

불혼주의자[375]나 비혼주의자가 아니라면 배우자 선택에 대해 고민한다. 인간의 속성에 대한 선택은 위험을 회피하고 선호하는 부분을 소유하려는 당연한 행위이자 권리다. 그런데 그 이면에는 누구나 욕심이 있다.

욕심이 없으면 그냥 '아무나'와 사랑하거나 결혼하면 된다. 좀 손해를 보겠다면 더 쉬워진다. 하지만 우리는 배우자 속성에 대한 정당한 차별을 통해 선별과정을 거친다. 그 과정에서

375) 결혼을 원하지 않는 불혼(不婚)주의자와 결혼은 선택이라는 비혼(非婚)주의자를 구별해야 한다.

내가 이익을 보는 부분은 상대가 손해를 보는 부분이다. 더 많은 이익을 추구하고 망설이다 결국 모두를 잃거나 나머지를 선택하게 된다.

이렇게 인간이 인간을 차별하는 사회에서 동물도 차별하여 보이면 잡아먹는 대상으로 여겨왔다. 인간도 존재로 존중하지 못하는 얄팍한 휴머니즘 세상에서 동물을 존중한 인물이 리처드 라이드Richard Hood Jack Dudley Ryder(1940-생존)이다. 라이더는 1970년 종차별주의speciesism를 명명한 영국 작가이자 심리학자이다. 그는 종차별주의speciesism[376)]와 고통주의painism라는 이론을 통해 휴머니즘을 동물 차원으로 승화하는 위대한 사상을 만들었다.

종차별주의를 '자기가 소속된 종의 이익을 옹호하면서 다른 종의 이익을 배척하는 편견 또는 왜곡된 태도'로 정의하며, 21세기의 도덕성에 관해 설명하였다. 여러 역사적 철학자처럼 인간중심의 사고를 넘어 이론적 동물 도덕을 정립하였다.

리처드는 1990년 그의 저서 '고통주의painism'에서 고통을 느끼는 존재의 권리에 대해 다음과 같이 역설하였다. "사람이 받든 동물이 받든 고통은 고통이다. 개나 고양이에게 X만큼의 고통은 인간에게도 X만큼 중요하다. 중요한 것은 고통이지 종이 아니다.Pain is pain regardless as to who or what suffers it. X amount of pain in a dog or a cat matters just as much as X amount of pain in a human being. It is the pain that matters, not the species."

반종차별주의Anti-specism는 비건들의 핵심 사상으로, 인간들이 육식에 대하여 암묵적인 사회적 합의가 유지, 지속되는 만

---

376) 종차별주의는 편협된 인간중심주의anthropocentricism의 하나다.

행에 대한 저항이자 집단적 깨우침의 시작이다. 지금까지 이어지는 역사적 차별인 인종차별racism, 성차별sexism, 계층차별classim과 같은 범주에 속하는 해방 활동의 대상이다.

그의 환경은 동물과의 삶이었다. 침대에 개와 고양이, 새, 그리고 원숭이와 함께 살며 그들이 인간과 같은 감정이 있다는 사실을 체득하며 성장하였다. 따라서 리처드는 인간중심의 시각인 휴머니즘을 넘어 동물 중심(인간을 포함한)의 시각을 구체적으로 제시한 포스트 휴머니즘의 주창자이다. 이와 관련하여 지금까지 약 20권의 저서를 집필하였으며 인간의 행복과 동물의 대우에 관해 연구하고 있다.

그는 1970년대 미국과 영국에서 동물연구를 하며 공장식축산과 동물실험을 반대하는 활동을 하였다. 1977년에는 캠브리지대학에서 처음으로 동물 권리 학술대회를 개최하고 여기서 '종차별 반대선언Declaration Against Speciesism'을 하면서 수백 명 학자의 지지 서명을 받았다. 2020년까지 약 50년간의 활동에는 미국과 영국의 동물보호 입법 활동도 포함한다. 2020년부터는 살아있는 동물의 수출입도 금지하자는 '동물학대방지왕립사회(Royal Society for the Prevention of Cruelty to Animals, RSPCA)의 회장이다.

그의 책[377]에서 인용한 종차별주의와 고통주의의 정의는 다음과 같다.

377) Richard D. Ryder, Speciesism Painism and Happiness, A Morality for the Twenty-First Century, 2011, Imprint Academic. 이어지는 학대의 원인도 이 책에서 발췌하였다.

• 종차별주의speciesism: "이 책의 목적을 위해 저자는 '다른 종의 구성원에 대한 인간의 착취와 부정적인 차별'을 설명하기 위해 종차별이라는 용어를 사용한다."
• 고통주의painism: '도덕 행동의 목적을 주로 개인의 고통 감소를 통해 타인의 행복을 향상하는 것'으로 정의하는 리처드 라이더가 제시한 윤리 이론이다. 고통주의는 개인 간의 고통이나 즐거움의 합산을 거부하지만, 개인 간의 비용-편익 계산은 인정한다.

리처드는 공리주의적 도덕주의자를 비판하였는데, 한 예로 쾌락의 합이 공리주의적 도덕이라면, 강간자의 쾌락이 피해자의 고통보다 크다면 집단강간은 정당하고 도덕적이라는 모순에 빠진다며 다수에 의한 독점tyranny by the majority을 비판하였다.

특히 동물실험에 대해서도 실험동물의 고통은 현재 확실하나 그로부터 얻는 이익은 불확실하고 미래의 일일 뿐만 아니라 그 이익도 인간의 이익이지 고통받은 동물의 이익이 아님을 역설하였다. 이는 공리주의 동물연구가 피터 싱어Peter Singer와 톰 리건Tom Regan의 의무론적 권리시각Deontological Rights View과는 다른 접근방법이다.

라이더는 학대cruelty에 대해서도 단순히 '치료를 목적으로 하지 않거나 수난자의 동의 없이 통증이나 괴로움을 유발하는 행위(the causing of pain or suffering other than for treatment or with the consent of the sufferer)'로 정의하고 모든 종의 희생자에게 적용된다고 하였다.

이어 학대의 원인을 4가지로 나누었는데, 문화적 학대, 무의식 학대, 도구적 학대, 의도적 학대 등이다.

• **문화적 학대**Cultural Cruelty

투우나 투견, 사냥뿐만 아니라 여성 할례female circumcision 같은 학대를 포함한다. 이러한 학대는 관습의 일종으로 평범한 사람들이 의문 없이 받아들이는 특징이 있다. 관습은 문화 안의 작은 부족이나 집단별로 종교적 제물 등 다른 학대 행위로 나타날 수 있다.

• **무의식적 학대**Unintended Cruelty

가해자의 배려 없는 실수에 의한 학대나 결핍, 정신질환 등에서 기인한다. 무의식도 있지만 소홀함이 가장 흔한 학대다. 동물 수집pet-hoarding[378] 학대는 가해자가 자신의 행위를 깨닫지 못한다.

• **도구적 학대**Instrumental Cruelty

도구적 학대는 동물을 상업성이나 과학, 농장 등 물질적 결과의 수단으로 사용할 때 나타난다. 음식이나 모피를 위한 낚시나 사냥이 포함되며 고래잡이나 속박(말의 재갈, 반려동물의 목줄[379])처럼 학대는 일상적인 일이 된다.

---

378) 2023년 10월, 한국에서도 170명을 적절히 돌보지 않고 방치한 견주가 구속된 사례가 있다.

379) 저자 주.

• **의도적 학대**Deliberate Cruelty

학대 자체가 주 목적인 학대다. 주로 주동자가 있는 패거리에서 이루어지는 분노나 복수가 이유가 된다. 분노가 늘 희생자에 의해서 유발된다고는 볼 수 없다. 인간에게서 일어난 분노를 동물에게 전가함으로써 희생양scapegoat을 만들기도 한다. 행동장애 등의 정신질환자들은 사람들의 관심을 끌기 위해서 자극적인 행동을 하기도 한다. 여기서 상대적으로 약한 아이들과 동물들을 학대한다. 이러한 행위는 인격장애의 일종인 초기 정신분열증incipient schizophrenia의 신호이기도 하다.

리처드의 분류 이외에도 인간은 지극히 정상인 사람들도 폭력에서 힘과 조종의 재미를 느끼기도 한다. 두더지 머리를 망치로 내리치는 게임은 평범한 사람들의 가학성이 표출되는 때이다. 두더지가 나무 혹은 플라스틱으로 만들어져 가학성과 무관하다면, 인형이나 얼굴이 그려진 축하 케이크를 자를 때에도 거리낌이 없어야 한다. 또한 공포나 두려움도 종종 학대를 시작하는 원인이 된다. 공격을 받기 전에 먼저 무장하여 동물이나 인간을 공격한다. 종종 이러한 공포는 편집성 정신분열증 paranoid schizophrenia에서 나타나는 망상이다.

새디즘sadism성 쾌락도 복수 및 권력의 쾌락과 연관이 있다. 새디즘이 성적 쾌락과도 연관이 있지만 잠재된 새디즘 성향은 전쟁에서 발현하기도 한다. 동물에 대한 학대는 그 소유주와도 밀접하게 상처를 줄 수 있는 행위이므로, 연쇄 살인범들은 종종 동물들을 먼저 학대한다. 아이들은 동물을 사람으로 여기고 가족의 일원으로 받아들인다. 따라서 경쟁의식이나 질투심리는 괴롭힘과 천대로 이어진다. 특히 부모나 형제의 동물 학대를 그대로 학습한다.

◑ 산타는 도축장에 고요한 밤이 없음을 알고 있다.

Santa knows there are no Silent nights in the Slaughterhouse.

◑ 고통은 고통이다. 느끼는 방법은 모두가 같다.

Pain is pain, and we all feel it the same way, period.

◑ 죽기 싫어하는 이를 인도적으로 죽이는 방법은 없다.

There is no human way to kill someone who does not want to die.

◑ 인간이 가장 잔인한 동물이다.

Man is the cruelest animal.

— 니체F. Nietzsche

◑ 동물에게 친절하지 않은 사람을 신뢰하지 마라.

Never trust someone who isn't kind to animals.

VEGAN

- **해탈** 해방된 자아
- **철떼** 반려 생활
- **일상** 자질구레한 이야기
- **한국** 차별로 사라진다
- **대화** 비거니즘, 채식주의가 더 궁금하면

해탈 해방된 자아

석가모니는 해탈을 위해 수년간 출가하였지만, 비건은 출가 없이 가능하다. 해탈은 사람만이 소중한 것이 아니라 살아 있는 다른 생명도 소중하다는 매우 간단한 깨달음이다. 비거니즘으로 해탈을 이룸은 극히 자연스럽다.

질퍽한 외양간의 소를 보고, 악취에 파묻힌 돼지를 보고, 재갈을 물고 고삐를 휘감고 사람을 싣고 다니는 말을 보고, 동물원에 갇힌 뭇 생명을 보고 '이 장면이 맞는가?'라는 생각을 하면 된다. 인류애는 인간만 사랑하는가. 사람들은 많은 종의 '고기'를 먹으면서 단 하나도 포기하길 두려워하는데, 모든 '고기'를 그냥 끊은 비건은 해탈이 아니겠는가. 먹거리보다 생명성에 공감하는 비건이라면, 해탈emancipation은 일상의 사물에서 벗어나 평상심을 갖는 상태다. 평상심은 채워지지 못한 욕구에서 느끼는 불편한 감정인 불안이 제거된 마음이다.

해탈의 깨달음은 사회의 타인에 의해 학습된 가치관을 쉽게 재정립한다. 사람들이 열광하는 사치품으로부터의 해방, 식탐으로부터의 해방, 좋은 외모로부터의 해방, 재물로부터의 해방380) 등에서 건강한 자기true self를 형성할 수 있다. 보통 비싼 모피 옷이나 '명품가죽' 가방을 마다할 사람은 드물다. 오히려 이런 욕구를 충족하기 위해 오랜 시간 땀과 고통을 바친다. 그 대가로 받은 돈을 들고 새벽부터 줄을 서기도 한다. 비건들은 가죽가방에 수 억원을 채워도 이를 거부한다. 현실에서 명백히 존재하는 양 간의 확연한 차이가 깨달음, 곧 해탈이다. 해탈은 깨달음에서 시작된다. 이 깨달음이 유명한 매슬로우의 자아실현 욕구의 성취이며, 에릭슨이 말하는 '제2의 탄생'이다.

해방이나 깨달음을 방해하는 요인은 습관이나 과거의 행위와 경험을 반복하려는 인간의 특성에 있다. 즉, 매너리즘mannerism으로 인해 습관에서 탈피하는 일이 무척 어렵다. 과거의 행위가 내일의 일을 결정한다는 프로이트의 정신결정론psychic determinism에도 변화를 못 하는 배경이다.

인간이 다른 동물처럼 자연의 법칙을 따르고 조화를 이루는 삶을 깨닫고 편하게 실천할 때 자기실현이 완성된다. 그런 의미에서 비록 완벽하지는 않지만, 비건은 자기실현을 이룬 사람들이다. 과거의 습관을 따르려는 욕구는 자아가 과거의 경험과 기억에서 만들어진 과거지향적이기 때문이다. 이를 반복 강박repetition compulsion으로 부른다. 모든 인간은 반복강박심리로 인해 과거로 회귀하려는 본능이 있다.

380) 자발적 가난이 궁핍을 의미하지는 않는다.

그런데도 습관에서 탈피하는 사람들이 분명히 존재한다. 이들의 변화요인은 충격이다. 주로 정신적으로 거대한 사건은 트라우마적 영향을 끼친다. 한 예로 육식의 진실을 몰랐던 사람들이 비건이나 비건 지향으로 전향할 때 도움이 되는 다큐멘터리(도미니언Dominion, 2018 등)가 있다.

동물에 대한 다른 사람의 잔혹한 행위를 시각적으로 학습하고 모방하는 의식은 집단 무의식collective unconsciousness의 하나일 뿐이다. 이러한 무의식에서 탈피하여 주체적 가치관을 정립함이 해탈의 길이기도 하다.

알다시피 인간은 생존의 욕구를 넘어서도 끊임없이 욕심을 부린다. 오욕(五慾)에서 비롯된 칠정(七情)은 평상심을 깬다. 인간의 욕심은 지구를 가져도 채워지지 않는 허망한 바람이다. 행복을 바라면서 채워지지 않는 욕심을 부리고 불행을 자초한다. 통제되지 않은 욕구 이드id는 결국 장기적인 고통을 수반한다.

불완전한 자아는 끊임없는 욕구를 생성하며 이성보다는 감정적이다. 주체 못 하는 과식이 대표적 예이다. 뷔페는 이러한 인간의 감정적 욕구를 충족하는 마케팅 산물이다. 욕구는 싱싱하게 살아 있음을 표출하는 증거이기도 하다. 하지만 욕구의 대상이 대부분 자기를 망치는 사물이다. 술을 끊고 싶지 않다는 사람을 제외하고, 현실에서 음주를 중단한 사람과 계속하는 사람이 존재한다. 마찬가지로 육식을 계속하겠다는 사람을 제외하고, 육식을 중단한 사람과 실행하지 못한 사람이 존재한다.

건강에 나쁘다는 것을 알면서도 여러 핑계와 합리화로 육식을 하는 '나'ego는 누구일까. 나 때문에 간혀있거나 간혀있어야 할 수천수만 동물의 고통보다 내 입맛이 더 소중하다고 결정짓는 '나'는 또 누구인가.

인간은 생리적 욕구부터 쾌락의 욕구를 추구해왔다. 항상 즐거움을 느끼려는 쾌락 원칙pleasure principle이다. 육식도 분명 쾌락이다. TV를 보다 훅 들어온 갈치구이가 왜 먹고 싶지 않겠는가. 길에서 만난 강아지를 왜 만지고 싶지 않겠는가. 지나가는 아름다운 사람에 대한 욕구가 왜 없겠는가. 그래도 인간의 본성인 쾌락만을 따를 수 없는 이유는 그들의 신체가 나의 것이 아니기 때문이다. 철학자들은 쾌락을 '물리칠 자유를 박탈하는 존재'로 정의하였다. 구속된다는 뜻이다.

세속적 자아실현이 아니라 자기실현을 인생의 목표로 여기는 사람이라면. 자기실현은 위대한 인물이 되는 것이 아니라 사람을 사람으로 만드는 과정이다. 진정한 자기를 즐김이 참 행복이다. 융Jung은 진정한 자기와의 만남을 의식화 즉, 깨어남으로 정의하였다.

파란 하늘과 바다, 맑은 공기와 물, 청정한 숲과 땅이 소중한 것들이 아닐 수 없다면, 인간이 지금까지 지구에서 행하는 오염은 무엇으로도 정당화할 수 없다. 인간의 모든 행위는 소중한 자연에 역행하는 오염원이다. 인간중심의 경제나 사회학습은 자연에 대한 폭력이었다. 이를 깨닫고 벗어남이 곧 해탈이고, 비건은 그래서 해탈자이다.

◑ 바른 식단이 자기 존중이다.

Eating well is a form of self-respect

◑ 인간은 지구를 동물의 지옥으로 만들었다.

Man has turned Earth into a hell for animals.

◑ 인간은 알면서도 다른 생명에게 고통을 가하는 독특한 동물이다.

Man is the only animal that knowingly inflicts pain on others.

◑ 인간이 가장 잔인한 동물이다.

— 니체Friedrich Nietzsche

◑ 채식 혁명만큼 인류건강과 지구에서의 생존에 도움이 되는 것은 없다.

Nothing will benefit human health and increase the chances for survival of life on earth as much as the evolution to a vegetarian diet.

— 앨버트 아인슈타인Albert Einstein

◑ 마지막 순간까지, 나는 동물이 도살장 바닥에서 두려움에 떠는 이유가 되지 않을 것입니다.

Until my last breath, I will never be the reason an animal trembles in fear on a slaughterhouse floor.

◑ 이기적인 사람은 비거니즘이 어렵다.

Veganism is hard for selfish people.

철폐 반려 생활

"조심스러운 표현이지만, 발달장애아를 키우는 기분입니다. 사람은 몇 년만 키우면 되는데, 반려동물은 평생 배변 처리도 미용도 해야 하고, 산책도 있어 함께 구속된 기분입니다."
"말이 통하지 않는 동물임을 알지만, 늘 잘해줬는데 식구에게 입질합니다. 부모님도 크게 다쳤습니다. 입양을 정말 후회합니다."
"다 크지 않았나요. 여기서 더 큰다고요? 헐~ 너무 힘들어요."

한 비건 활동가는 반려견과 함께하느라 20년 동안 해외여행을 못 했다. 그래도 무지개다리를 건널 때까지 행복하였다. 즐거움과 행복은 개별적이지만 어느 순간 숨 막힘과 배신을 느끼는 전자도 있다. 하루에 수백 명의 자식을 아픈 마음으로 버리는 이유다. 대중은 유기자를 비난하지만 잘못 선택한 삶의 위기에서 비롯된 생존을 위한 탈출이다. 자식을 버리는 마음이 고통스럽지 않을 수 있겠는가. 치매에 걸린 부모를 버리거나 함께 죽는 상황을 비난하지 않고 함께 슬퍼하는 상황이다. 죄가 있다면 '아무것도 모르고'[381] 입양한 경솔함이다.

지금처럼 강한 동물은 겁에 질려 피하고, 약하고 순한 동물은 가두어 먹는 약육강식의 세계라면 인간도 '짐승'이다. 왜 사람이 아니라 동물에 집착하는가. 다른 동물이 또 다른 종의 동물을 데리고 다니거나 키우는가. 코끼리가 사슴을 키우거나 데리고 다니거나 독수리가 참새를 끼고 다닌다면 반려 생활이 자연 현상이다.[382]

사람이 반려동물을 좋아하거나 집착함은 자연 현상이 아니다. 돈이 되는 반려 시장에 뛰어드는 직업군과 상품도 인간의 것 못지않게 다양하고 질도 높아지고 있다. 그 이면에는 겁먹은 개들에게 상처를 입는 미용사, 수의사, 훈련사가 존재한다. 반려동물 시장은 크지만, 자연스럽지 않은 행위로 여전히 국소적 문화다. 반려 생활을 동물 사랑으로 생각하는 사람들과 비정상으로 보는 시각이 있는 이유다. 그러면 왜 사람이 동물에 집착할까. 심리학에서는 혼자서도 행복한 자족감이 있지만, 세상에 태어났을 때 충분하지 못했던 애착형성attachment formation[383]도 원인으로 본다.

381) 반려견 훈련 프로그램을 보면 거의 모든 견주가 적절한 지식 없이 입양하였다.

382) 한 집에서 여러 종의 반려동물은 친구가 될 수 있다. 의식주가 해결된 조건이 있다.

383) 오토 랑크Otto Rank(1884~1939): 오스트리아 정신분석학자, 작가, 철학자. 프로이드Sigmund Freud와 절친한 동료, 프랑스와 뉴욕에서 활동하였다.

세계적으로 펫pet 시장이 급속히 성장하는 배경에는 인간에 대한 불확실성도 이유가 된다. 경영학에서 불확실성은 위험을 의미한다. 최근 220년 동안 10배로 불어난 사람의 입(인구)은 먹고 살기 위해 치열한 투쟁을 한다. 경쟁에서 밀려나면 회색지대로 밀려난다. 위태로운 사람이 많아진다는 뜻이다. 따라서 인간사회에 살면서도 인간관계에서 신뢰보다는 불안을 느낀다. 부족한 애착 형성은 분리 불안separation anxiety 등의 형태로도 나타난다. 부모에 대한 불신은 버림받게 될지도 모르는 유기불안fear of abandonment의 두려움도 생성된다. 이는 반려동물도 같다. 특히 낯선 사람의 위해성에 대한 불안stranger anxiety이 크다.

인간성을 탐구하는 인문학의 몰락은 물질을 탐하는 치열한 경쟁사회에서 자선보다 이익 실현에 집착하고, 의무보다는 권리만 주장한다.[384] 위험하고 피곤한 인간관계에서 본능인 애정을 나눌 틈새가 반려동물이라는 '시장'이다. 하지만 지식 없이 입양한 반려동물은 그만큼 더 유기될 수밖에 없다. 업보로 유기견이나 그 2세, 3세가 들개가 되어 인간을 공격하고 있다. 피해가 많은 지역은 중성화로 '해결'을 하고 있지만, 개와 고양이는 들개와 야생고양이가 자연스럽다.

반려 생활은 합의의 결합이 아니라 일방의 선택으로 상대를 구속하는 생활이다. 앞선 조사에서 가장 학대받는 동물이 개라고 하였다. 사랑으로 결합한 부부도 폭력으로 변질하듯 동물과의 관계도 절대적 사랑이 항상 유지되기는 어렵다. 인간도 반려동물도 불출생이 지구를 살리고 다른 죄 없는 생명을 살리는

---

384) 경영학 원론에는 '책임과 권한 동등의 법칙'을 다룬다.

유일한 길이다. 인간에게 가장 가까운 동물인 개나 고양이를 가장 멀리 보내야 하는 이유다. 태어나지 않은 아이에 대한 감정이 생성될 수 없듯 '불출생'이 그들을 고통에서 벗어나게 하는 길이다. 비건 활동가들이 동물 사랑이 아니라 동물해방을 외치는 이유다.

◑ 무지개다리[385]는 개와 고양이만 건너는가.

Are only dogs and cats cross the rainbow bridge?

◑ 새장에서 태어난 새에게 난다는 생각은 질병이다.

Birds born in a cage, think flying is an illness.

— 알레한드로 호도로프스키(영화감독)Alejandro Jodorowsky

◑ 동물원: 아이들이 의미 없는 고통과 잔인함을 인정하고, 더구나 재밌다고 배우는 곳입니다.

Zoos: where children learn that unnecessary suffering and cruelty are acceptable and even fun.

◑ 어떤 (물살이) 비명은 들리지 않습니다.

Some screams can't be heard.

---

385) 무지개다리는 스코틀랜드 화가이자 동물애호가인 에드나 클라인-레키Edna Clyne-Rekhy가 19세이던 1959년에 강아지 메이저Major를 보내고 추모한 시(詩)에서 표현되었다. 에드나는 마치 메이저가 이 시를 작성한 느낌이라고 하였다.

◑ "개를 사랑하지만 다른 동물을 먹는다" 아내를 사랑하지만 다른 여자들을 때린다는 뜻이다.

"I love my dog but I eat other animals." is like saying: I love my wife but I beat other women.

◑ 동물에게서 영혼을 볼 수 없다면, 아직 당신의 것도 찾지 못했기 때문이다.

Maybe you can't see their soul, because you still haven't found your own.

일상 자질구레한 이야기

비건 식당에서 우연히 합석한 환경활동가 한 분이 식탁의 휴지를 뽑아준다.

(전 괜찮아요.)

....

(상황을 어색하게 만들어 한동안 말이 없다. 비건들의 일상이 까탈스러워 보이지만 활동가는 세심해야 한다.)

현대사회는 작은 실수에도 큰 비난을 받는 위험한 소용돌이다. 비거니즘을 모르는 학계나 기업, 정치 등에서도 잦은 오류를 본다. 말 한마디에 평생의 무게로 추락하는 장면을 접하고 있다. 매일같이 갱신되는 기준에 적응이 어려운 '익은' 사람에게는 사회의 이해가 절실하지만, 자구적인 보충학습도 꼭 필요하다.

비건 활동가 호아킨 피닉스는 '나폴레옹 시대에 비건 모자를 썼고, 영화에서는 말을 타는 또 다른 쓰레기 위선자 연예인(Joaquin Phoenix wore a vegan hat in Napoleon. Another scumbag hypocrite celebrity who rides horses in movie)'으로 질타를 받았다. 완벽할 수 없는 비건의 삶은 어렵지만 즐겁다. 그래도 약간의 허점이나 오해로 여러 비난에 직면한다.

반면에 비거니즘 없는 삶은 말 타는 모습에 감탄하고, 우는 물살이의 입을 꿴 낚시꾼을 부러워한다. 사치품에는 비굴하고, 골프 샷에 열광한다. 무심한 소비행위에 오염은 가중되고, 타인의 삶이 멘토mentor가 되어 있다.

나를 위한 한 장의 휴지는 가볍지만, 모두의 휴지는 순식간에 인구만큼 수 십억 장이 되므로 오염을 경계하는 행동이 필수다. 특히 물휴지는 휴지(紙)가 아니다. 종이로 알기도 하지만 플라스틱과 화학물질로 만들어진다. 생활이 항상 완벽할 수는 없지만, 인간이 소비를 최소화해야 하는 지구의 상태다. 소홀한 작은 일이 나중에 큰일을 만든다. 하루 백 원이 일 년이 지나면 수만 원이 된다. 무심히 버린 담배꽁초[386]는 땅과 강을 망치고 해양 수질오염의 주요 원인이 되었다. 그 물을 또 인간이 마시고 있다. 서울에서는 매년 약 100억 원 세금으로 꽁초를 수거한다. 플라스틱 커피잔은 이제 지구를 덮을 지경이다. 미세화하고 겔gel화 되어 인간의 몸에도 매일 쌓이고 있다. 종이컵과 빨대도 플라스틱으로 코팅되어 흡입하게 되고 재활용도

386) 한국에서 매일 860만 갑이 팔리고, 1억 7천만 개비의 꽁초가 자연에 버려진다. 연간 바다로 흘러간 수십억 개의 꽁초는 미세플라스틱으로 변해 인간에게 돌아오고, 수백억 개의 꽁초는 식량을 주는 땅을 오염시킨다. 담배는 연간 4만건 이상의 화재 원인 중 1위다.

못 한다. 현세대뿐만 아니라 다음 세대의 모두를 위해서라도 파괴를 멈춰야 한다.

친환경 대체재를 찾기보다는 최소주의자 생활minimalist lifestyle을 지향하며 최대한 쓰지 않는 습관이 해결책이다. 한 예로 친환경은 전기차[387]가 아니라 대중교통이나 적게 쓰고 안 쓰는 것이다. 우리 인간은 약간의 불편함도 없이 모두 친환경으로 대체되길 원하지만 그런 해결은 없다.

아직도 사람들이 찰나의 음료를 위해 플라스틱 용기를 즐겨 쓰는 모습[388]은 이제 죄악에 가깝다. 식당에서 휴지를 피하는 다른 이유도 있다. 내 입을 닦은 종이를 남이 치우는 일은 틀리다.[389]

일상에 관한 자질구레한 이야기를 펼치는 이유는 구체적 비건 생활에 관한 질문이 가장 많다. 비건이 되었거나 시작하고 싶은데 요리에 관한 내용이 전부인지 생활은 어떻게 해야 하는지 몰라 궁금해하는 사람들이다. 22일 동안 비건 생활을 체험하며 탈육식을 지원하는 해외사이트[390]는 오래전부터 있었지만, 먹거리 위주에다 생활환경이 국가마다 다른 차이가 있다.

국내에도 비건 생활을 소개하는 SNS 등이 있지만 대부분 비

387) 전기차가 자동차회사의 이익을 위한 그린워싱greenwashing이라는 논쟁이 계속되고 있다. 전기차 이산화탄소 배출량은 제조 시 약 2배이나 운행은 1/3로 줄어든다. 따라서 많이 타야 친환경이라는 모순이 있다. 적게 타면 석유 차가 더 친환경이다. 고정비용을 환수하는 손익분기점(BEP)과 같은 구조다.

388) 채식주의 강의 시간, 일회용 음료를 들고 오던 학생들이 서서히 텀블러로 바꾸는 모습은 장관이다.

389) 간혹 작은 손수건을 잊어버렸을 때 사용한 휴지는 갖고 나온다.

390) Challenge 22 (https://challenge22.com).

건 실패율이 높은 요리에 치중하고 있다. 육식 생활을 탈출하고자 하는 목적이 동물의 자유보다 음식에 관심이 있는 건 눈앞의 인지상정이지만 유튜브 등은 먹거리에 관심이 있는 사람들을 유혹하기 위한 돈벌이 수단도 많다. 먹거리에 지나치게 집착하고 과식하는 결과보다는 소식(素食)과 자연식을 소개하는 채널을 추천한다. 정크 비건이 아니라 그냥 비건이 되기를 원한다면 동물해방 다큐멘터리를 시청하면 감춰진 진실TRUTH을 통해 비건 생활을 정확하고 고요하게 시작할 수 있다.

♣ 식단

먹거리는 주 단위로 식단을 짠다. 21끼나 14끼 중 식사를 포함하는 회의나 모임을 제외한 끼니만큼의 식료품을 구매하여 남지 않도록 한다. 보통 재료나 잔반이 생기는 경우는 매우 드물다. 외식할 때 지니는 '각설이' 통에 잔반을 담아오면 과식도 막고, 한 끼가 저절로 해결되는 즐거움이 있다.

나의 아침과 저녁 식단은 늘 같지만 편하다. 두부 반 모를 썰어 약간의 간장과 올리브오일을 부은 종기에 찍어 채소(깻잎, 상추, 파채, 혹은 모듬 채소 중 하나)에 싸서 (청량)고추와 먹는다. 혹은 두부 반을 밀도에 따라 8~10개로 나누어 에어프라이에 180도에서 20분(밀도가 높으면 200도 15분) 굽는다. 노릇해진 두부는 향기가 난다. 두부나 두부의 밀도는 사람마다 선호도가 다르지만, 부침용은 빵처럼 구워진다. 간장, 고추, 두부, 올리브오일 모두 유기농이 있다. 유기농을 지향하는 이유는 건강이 목적이 아니라, 우리에게 모든 식량을 베푸는 땅을 학대하지 않는 농경 방식이다. 오염을 고려한 이타적 선택은 자연스러운 이기적이다. 유기농은 생각보다 가격 차이가 없지만[391] 비싸면 좀 덜 먹어도 된다.

여기에 아침은 주로 사과 하나, 저녁은 토마토나 수박, 포도, 복숭아, 딸기 등 다양한 색상의 계절과일을 추가한다. 출출할 때 간식은 바나나[392]가 싸고 포만감도 있다. 가끔 생고구마나 감자도 자연식으로 부작용이 없다. 그 외에 가끔 공장식품이 생각날 때 땅콩이나 건포도 100%, 바게트 등도 대체품으로 훌륭하다. 가까운 농산물직거래장터를 알아두면 비용면에서도 효율적이다.

비싼 식당이나 뷔페, 길거리에 가득한 '고기'집들은 나와 상관없는 벽처럼 느껴진다. 마트에 있는 라면, 만두 등 공장식 채식은 괜찮은 요리(방부제나 인공색소, 향미증진제[393] 등이 없는)도 있지만 대부분 인공원료가 많아 피한다. 가끔 공장식 비건 식품을 충동구매로 사는 실수를 하면 오랫동안 자책하며 망설이다 억지로 먹어 치운다. 사람보다 사람이 가꾸며 자연이 만든 식사가 몸에도 편하게 느껴진다. 요리에 집착하는 습관은 비건으로 보기 어렵다. 단조롭지만 먹거리에 고민할 필요가 없는 식단이 다른 일에 집중할 여유를 준다. 가공해서 화려한 식단보다 자연에 가까운 소박한 식사는 편안함으로 행복을 느끼게 한다.

---

391) 마트에서 사람들의 관심이 적은 유기농이 더 쌀 때도 있다.

392) 바나나는 내용물에 비해 두꺼운 껍질이 나오는 불편함은 있다. 부피가 큰 만큼 이산화탄소가 발생한다.

393) 2018년 식약처는 화학조미료를 향미증진제로 MSG 표기를 변경하였다.

♣ 비건 식당

점심은 고구마, 감자, 과일 등으로 해결하고, 비건(옵션) 식당도 이용한다. 패스트푸드지만 '지하철'394)의 베지메뉴도 식단으로 훌륭하다. 육식 현장이 싫어, 되도록 피하지만 논비건 식당에서도 밥은 비건이다. 한식은 나물, 연근, 콩, 콩나물 등 밑반찬에 채식이 많다. 그리고 '느낌에 엄청나게 많은' 사람들을 틈틈이 비건 식당으로 '인도'하였다. 한 끼라도 죽음 없는 식탁을 소개한다.395) 거기서 그들은 배신감을 느꼈다. 비건이 풀만 먹고 사는 줄 알았는데 이렇게 맛있는 음식을 먹고 있었다니 하였다. 그리고 그들은 다른 지인들을 데리고 다시 비건 식당을 찾고 방문이 이어진다. 그렇게 비거니즘이 확산한다.

♣ 친환경 소비

앞서 설명한 대로 샴푸나 린스를 포함하여 신체에 바르는 화장품은 전혀 없다. 알약처럼 생긴 비건 치약396)과 대나무 칫솔397)로 플라스틱 배출을 배제한다. 면도기는 플라스틱이 없는 재래식 면도날이 있지만, 폐기에서 청소노동자의 자상 위험이

---

394) '지하철Subway'은 동물해방활동 후 팀원들과 많이 방문하는 곳이다. '베지' 메뉴에 위트나 하티빵을 추천하고, 소스는 머스타드, 스위트칠리(토마토), 올리브오일, 케첩(토마토), 핫칠리(대두, 밀, 토마토)가 비건이다. 소스 없이 빵과 채소만 먹어도 괜찮다.

395) 비건 식탁에서 자연스럽게 동물권 설명도 할 수 있어 효과적이다.

396) 무 동물성 치약(동물실험은 있을 수도 있는)을 사용하였지만, 최근 출시된 비건 치약을 추천한다. 수입산도 있었고, 국내 의사가 개발한 치약은 천연물질로 입안에 남지 않아 깔끔하다.

397) 잘 닦이지 않는 대나무 칫솔도 있다.

있어 '여러 날' 면도날을 사용할 수밖에 없다. 면도액 대신 비누로 충분하다.

동물성 비누는 육, 해상 동물의 지방인 유지 등이 포함되어 불편하다. 공중탕에 갈 때도 식물성 비누를 준비한다. 잊어버리면 물로만 샤워를 한다. 샤워는 짧게 그리고 가능한 에너지가 덜한 미온으로 한다.[398] 탄소배출 때문에 여행을 줄이려고 하지만 아무튼 여행에는 모아둔 비누 조각을 가져가 사용하면 그동안 쌓아둔 쓰레기를 치우는 것 같아 마음이 시원해진다. 객실 물품 중 비누나 샴푸를 사용하지 않아 플라스틱 배출과 동물성 오염을 막는 효과도 있다.

일상의 세탁물은 세제 없이 헹굼과 탈수기능으로 10여 분만 돌려도 충분하다. 오염이 많은 계절 세탁물에는 친환경세제로 쓰이는 베이킹소다(탄산수소나트륨, $NaHCO_3$)를 추가한다. 베이킹소다는 식초를 첨가하면 거품이 나면서 싱크대나 배수구 청소에도 탁월하다. 음용수는 플라스틱 배출을 막기 위해 정수기를 사용하고, 직장이나 운동시설 등에서는 비치된 종이컵 대신 텀블러에 담아 마신다. 플라스틱으로 포장된 과일과 채소[399]를 최대한 거부하며 그러지 말라는 잔소리를 일부러 한다. 플라스틱 포장 상품을 피하며 비닐까지만 허용한다.[400] 비

398) 해외 봉사 지역은 대부분 열악한 환경으로 온수가 없고, 비가 오면 단수지만, 그래도 적응된다. 돌아와 온수가 나오면 오히려 어색하다.

399) 미국이나 호주, 유럽, 아시아 대부분의 마트에서는 플라스틱 포장 없이 과일이 진열되고 보통 무게를 측정하여 구매한다. 플라스틱 용기를 많이 쓰는 한국의 마트가 개선해야 하는 부분이다.

400) 전통시장에서는 바구니로 비닐을 배제할 수 있다. 집에서 필요한 비닐은 생분해나 옥수수 등으로 만든 친환경 제품이 있다. 위생 문제가

싼 가죽제품이나 사치품을 사지 않으니 가처분소득을 해치는 지출도 사라지고 그만큼 노동을 덜 하는 자유가 생긴다.

작년에 믿을만한 비건 향수가 국내에도 나왔다. 오래전부터 여러 비건 향수들이 있었지만, 국내까지 유통할만한 규모는 아니었다. 향수는 개인의 취향과 배려의 의미가 있지만, 화학물질이 피부에 스며들고 향을 맡기 힘들어하는 주위 사람들도 있을 수 있다. 문신tatoo은 동물뼈가 들어가지 않는 비건태투가 있다. 마우스, 리모컨 등에 소비되는 배터리는 크기와 개수를 확인하여 충전 배터리를 구매하면 배출이나 오염 없이 보통 1,000회 이상 사용할 수 있다.

♣ 계륵

비건 이전에 구매하였거나 존재하는 가죽제품, 털 제품 등은 폐기보다는 사용을 권하나 비건이 되면 동물의 비명이 들리는 것 같아 편하게 사용하기 어렵다. 수거장에 보내면 재활용보다는 대부분 소각된다. 재활용센터가 유용하다. 계륵은 자동차다. 비건 이전에 구매한 십수 년이 지난 차에는 가죽이 의자에 붙어있다. 탈 때마다 찝찝하지만 새 차로 바꾸면 탄소배출과 감당하기 어려운 교체 비용 등의 변명으로 유지하고 사용은 최소화한다. 그러다 보니 총 주행거리가 적어 신차 느낌과 보험료 할인이 크다.

없으면 구매로 생긴 봉투를 재활용한다.

♣ 스트레스와 취미

약간의 스트레스는 이로운 유스트레스eustress가 되지만, 해소가 필요하면 친환경 취미를 만든다. 의식주에 필요한 생필품 이외는 상품이 소요되지 않거나 최소화할 수 있는 취미를 찾거나 개발한다. 바다에서 바람과 햇볕 느끼기, 숲이나 바다 향기 맡기, 바람과 파도 소리 듣기, 구름보기 등 자연에서 오감 활성화를 가장 먼저 추천한다. 운동 목적의 바쁜 산책은 오감의 소통을 막아 오히려 몸을 힘들게만 한다. 그리고 명상이나 요가, 서점방문, 시장 구경, 전자책e-BooK 구독, 비건 활동사진과 편집, 시내버스 여행, 자전거 등 환경에 맞는 취미[401]를 선택한다.

상품을 소비하지 않으면 환경과 경제면에서 여유로워진다. 우연히 개발한 돌 세우기나 맨발 산책도 감정 해소에 좋다. 돌 세움은 뾰족한 부분을 아래로 다른 돌 위에 세울 때의 집중으로 무념무상의 훌륭한 친환경 취미가 된다. 맨발 산책도 마음을 즐겁게 만든다. 건강에도 좋지만 작은 동물들을 살펴 밟지 않아 더 좋다. 신은 발을 보호하나 동물을 죽인다. 맨발은 땅의 다양한 질감과 온도를 느낄 수 있어 지구와 호흡하는 느낌이 든다.

보여주기식의 취미나 단체 행동은 예기치 않은 스트레스를 가져올 수 있다. 혼자 차분히 즐기는 움직임에서 오감의 소통으로 스트레스가 해소된다. 과도하거나 과격한 운동은 부상 위험이 있어 장기적 스트레스가 될 수 있다.

---

401) '고급' 악기는 대부분 동물의 뼈, 피부, 털 등으로 이루어져 있다. 동물의 비명으로 연주되는 아름다운 선율은 슬프다. 비건 악기를 찾기 바란다.

술과 담배, 약물 등 자극적인 습관과 해결책은 결국 여러 고통을 감당해야 한다. 멋진 운동으로 생각하는 골프 등의 상업적 취미는 지출이 많을 뿐 아니라 심각한 토양오염을 만든다. 이산화탄소를 품는 나무를 베어내고, 제초제 등의 농약으로 풀과 땅을 죽이고 식수가 되는 지하수를 오염시킨다. 바닷가의 골프장은 인근 해수도 망친다. 스포츠는 대부분 서구에서 이윤을 목적으로 개발되어 불필요한 소비를 가속화하고 환경오염도 많은 해악이다. 비싼 과시용이 아닌 자연스러운 복장이나 도구로 할 수 있는 취미를 개발하면 좋다. 사람들이 마케팅에 속고 현혹되어 구매중독에서 강박 구매까지 이어지고 있어 매우 안타깝다. 이제 소비자들이 동물의 고통과 환경을 생각하며 중심을 잡을 때이다. 이타적인 삶은 자연이 이기적인 환경을 만들어준다. 따라서 우리는 나만 즐기면 된다는 취미가 자연에 해악이 많은 활동이 아닌지 점검할 필요가 있다. 자칫 평생 자책할 수도 있다.

여러 스포츠에서 호흡과 생각을 다듬는 명상을 많이 하지만, 자신의 이익을 추구하기보다는 더불어 세상을 다듬는 실천이 더 중요하지 않을까. 육식하는 명상은 선zen의 참인 이타심에서 멀어진다.

♣ 사회관계

사회활동 후 육식하는 모임은 배려차원에서라도 탈퇴한다. 비거니즘에 공감하지 못하는 친구, 지인의 만남은 최소화한다. 여기에 손익을 묻지만, 손해를 보면 된다. 육식하는 장면은 동물을 죽이고 있는 폭력이다. 언제든 육식을 할 수 있는 잡식인이 비건을 만날 때도 '고기'를 고집하면 멀리할 수밖에 없다. 비건들은 육식의 모습과 냄새를 참기 어렵다.

♣ 동물성 제품

눈에 보이는 동물성 식품이나 동물유래 제품을 피하더라도 생활 곳곳에 피하기 어려운 동물의 흔적이 있다. 모두 회피함은 불가능하지만, 최소주의 삶으로 극소화는 가능하다. 다음은 일상에 스며든 동물 사체 부위와 제품들이다.

- 피: 거품제, 도자기, 비료, 사료, 살충제, 소시지, 실험재료, 약품, 염료, 의료용 잉크, 접착제, 케이크, 플라스틱, 화장품
- 뼈: 강철, 경화 제품, 단추, 벽지, 비료, 사료, 사진, 사탕, 샴푸, 설탕, 손잡이, 연고, 유제품 의약, 접착제, 정제 젤라틴, 종이, 컨디셔너, 필름, 합판, 화장품 재료
- 귀: 동물사료, 다양한 육고기
- 지방: 고무, 글리세린, 껌, 단열재, 로션, 면도크림, 부동액, 분필, 비누, 사탕, 산업용 살균제, 살충제, 섬유유연제, 쇼트닝, 시멘트, 오일, 윤활제, 의약품, 크레용, 타이어, 페인트, 폭약(불꽃), 플라스틱, 향수
- 발: 가죽, 다양한 고기 성분, 미세 윤활제
- 창자(돼지소장chitterlings): 다양한 고기 구성재료, 소시지, 의료용품
- 피부, 가죽: 과자, 껍질, 사진 석고, 약물, 양초, 연고, 유제품, 젤라틴, 조미료, 종이, 축구공, 캔디, 캡슐, 필름, 화장품

◑ 마지막 나무가 베어지고, 남은 물살이가 잡히고, 눈앞의 시냇물이 오염되고 나서야 인간은 깨닫게 될 것이다. 돈은 먹을 수가 없다는 것을.

Only when the last tree has been cut down, the last fish been caught, and the last stream poisoned, wil we realize we can not eat money.

— 인디언 크리의 예언Cree Indian Prophecy

◑ 흔적 없는 삶이 가장 위대하다.

A life without a trace is the greatest.

◑ 인간은 자신의 둥지를 파괴하는 유일한 동물이다.

Humans are the only animals that destroy their own nests.

◑ 우리는 하늘에서 새처럼 나는 것을 배웠고, 바다에서 물살이처럼 다이빙도 배웠다. 남은 것은 땅에서 인간처럼 사는 일이다.

Now that we have learned to fly in the air like birds 뭉 dive in the sea like fish, only one thing remains – to learn to live on earth like humans.

— 버나더 쇼George Bernard Shaw

◑ 두부는 비명을 지르지 않는다.

Tofu never screams.

◑ 빙(생명) 말고 빈(콩)을 드세요.

Eat beans not beings.

◑ 비건들은 비건 생활을 당신에게 강요하는 것이 아니라, 당신이 동물에게 당신의 생활방식을 강요하는 것을 멈추기를 바랍니다.

Vegan are not trying to force their lifestyle onto you, we want you to stop forcing your lifestyle onto animals.

한국 차별로 사라진다

"너거 아부지 머하시노?"[402]

그리 멀지 않은 2001년 영화 '친구'의 대사다.

배우의 어투가 지금도 유행이지만, 당시의 선생님들은 '아'를 때리기 전에 왜 물어봤을까.

화려한 한류와 경제 성장으로 지구인의 부러움과 관심을 받는 한국은 곧 죽는다. 세계 최초 자연 소멸국가다.[403] 예정이라는 희망은 있지만, 뭔가 바꾸지 않으면 사라진다. 소멸의 원인은 특유의 최저 출산율이다. 정부는 지금까지 원인분석보다는 출산장려금 등으로 유혹해 왔으나 효과는 없었다. 수백 개의

---

402) 2019년 7월부터 시행된 채용절차법에 따라 개인정보 수집과 이에 관한 질문은 범죄가 된다.

403) 비건과 반출생주의자의 시각에서 국가소멸은 중요한 일이 아니다. 그렇지만 친환경적이고 부당한 차별 없는 안락한 환경이 된다면 인간사회도 가치가 있다.

국가 중 왜 하필 우리가 먼저 소멸할까.

한국이 망하는 소멸의 원인은 차별이다. 경쟁에서 차별대상이 탄생한다. 1등은 축복이지만 꼴찌 없이 불가능한 지위다. 인간 탑 쌓기에서 아래가 무너지면 위도 무너진다. 그래도 우리는 패자를 짓밟았다. 승자는 나눔 없는 독식으로 모든 시민을 죽였다.

이 장에서는 한국 특유의 차별을 설명한다. 그리고 그 차별이 어떻게 지금의 소멸국가로 만들었는지 점검한다. 해외에서 분석한 한국 소멸의 주요 원인은 주거비, 교육비, 젠더gender[404] 갈등이다. 이들의 배경에 있는 지역차별, 계층차별, 성차별 등이 원초적 원인이다.

주거비에서의 주택은 영혼도 끌어다 바쳐야 할 대상이다. 서울을 벗어나면 빈집도 많지만 갈 수 없는 이유에는 '서울과 지방'이라는 근대적 지역 차별이 있다. 교육비는 불투명한 미래의 경쟁사회에 대비하기 위한 투자다. 투자에는 한계액이 없다. 가처분소득을 모두 쏟아부어도 불안한 늪이다. 젠더 갈등은 유교의 정신문화에서 비롯된 고질적 성(性)차별과 성(姓)차별이 이제 상호 권리적 평등만 주장하는 비혼으로 정리되었다.

국가가 몰락하는 배경에는 인문학의 상실도 있다. 철학은 나무의 뿌리이며 경영학은 과실로 비유하지만, 과실에만 심취하여 뿌리를 버렸다. 도덕적 정신문화의 상실로 평가한다. 철학 없는, 즉 생각 없는 삶은 이기적 행위에 몰두하여 결국 충돌을 낳는다. 다른 하나는 경영, 경제학에서 바라보는 경쟁 심화의

404) 섹스sex와 젠더gender의 차이는 각각 육체와 성향 기준이다.

원인으로 자원고갈이다. 보전과 보존보다 물리적 욕망과 과소비가 취하는 개발과 착취로 중독 및 강박 구매로 이어지는 소비자 행동이다. 고갈된 자원은 가격상승으로 기업의 이익을 불투명하게 만들어 새로운 투자나 일자리를 창출할 수 없다.

현재의 비거니즘은 동물해방과 지구환경을 표방하지만, 그 근저에는 부당한 차별에 대한 저항사상이 명백하게 존재한다. 피부색에 대한 차별은 노예제도와 인종차별, 식민지 등을 만들었고, 신체에의 차별은 성차별과 매스컬리니즘masculinism을 만들었다. 인간중심의 종차별에 따른 거대한 동물살육산업, 그리고 헤아릴 수 없는 동물 학대는 인간의 일상에서 조각조각 파편화되어 지구에서 인간도 동물답게 살 권리를 잃었다.[405)]

비거니즘은 동물해방에 국한하지 않고 인간사회의 여러 차별에 관해 이야기한다. 차별은 개미를 밟고 선 사람의 무의식이나 다원적 무지pluralistic ignorance에서 발생한다. 또한 내가 가진 가학적 지위를 즐기고 권력과 조종을 누리는 잔인성도 있다. 링컨이 노예해방을 주창하듯 부당한 수혜자는 이익을 내려놓아야 한다. 강자는 약자를 위하고 약자는 강자를 위하는 상호존중의 진정한 휴머니즘 사회가 비거니즘 세상이다.

앞에서 비건들은 서로 개인정보를 묻지 않는 불문율이 있음을 설명하였다. 질문에서 차별이 생성되어 비거니즘 사상을 해치기 때문이다. 만남에서 "커피 좋아합니까? 취미가 뭔가요? 여행은 자주 가시나요? 등의 자연 질문이 아니라 어디 살아요? 키가 몇인가요? 어느 대학 다녀요? 직업이 뭔가요? 몇 년생인

405) 인간은 약자의 목소리를 내는 이익집단이나 노조 등이 있다.

가요?, 부모님 뭐 하세요?, 혹시 싱글인가요?"는 상대가 즐거운 질문도 되지만 종종 폭력도 된다. 서두 선생님의 질문은 클래시즘classism이다. 잘못된 질문은 물리적 폭행처럼 상흔이 오래 남는 심리적 가학이다. '개인정보를 묻지 마세요~' 강연 등에서 강조하지만, 질의 시간에는 비거니즘과 함께 어김없이 사생활을 물어댄다. 이는 개인정보가 차별의 단서로 이어지는 위험성을 간과한 현상이다. 일상의 차별은 질문에서 시작된다. 특히 한국처럼 획일적이며,[406] 다양성을 인정하지 않는 수직 사회일수록 상호존중보다는 갑을 사회가 편하다. 그래서 여기서는 고객님이 되고 저기서는 노예가 된다. 상대에 따라 자존감이 급격히 변동하므로 외형으로 자신을 보호한다. 반사손실로 사치품 구매가 세계 1위다.

개인정보는 선택할 수 없는 고정값을 갖는다. 응답을 해야 할 의무는 없지만, 회피는 무례가 된다. 우리는 아직 종차별에서도 헤어나지 못하고 있지만, 같은 인간에 대해서도 부당한 차별이 있다. 차별에는 부족한 정보와 소통의 집단화, 사회의 발전단계, 상반된 주장과 이론과 토론, 그리고 이견이 있어 명확히 정리하기는 불가능하다. 하지만 우리가 건강한 사회의 지속성을 위해 인지해야 하는 부분이 분명히 존재한다.

이러한 '속세'에 비해 차별 없는 비건들의 인간관계는 인간적이다. 친구나 연인이 되기 위한 조건은 마치 동물이 다른 동물을 좋아하듯, 눈에 보이는 행동이 전부다. 가족, 나이, 재산, 지역, 직업, 학력 등 다양한 조건을 평가하고 차별함은 궁극적으

406) 개성보다는 '명품', 브랜드 상품, 검은 옷, 검은 차, 양복 등.

로 무의미하다. 비건은 단순하게 사람이 사람을 좋아한다. 그런데 속세에서는 사람이 조건을 좋아한다.

♣ 다른 차별, 틀린 차별

차별의 목적은 자기방어다. 자기는 개체와 종족이 된다. 종의 지속성을 위해 다름과 지나친 다름outliar을 제거한다. 끼리끼리 어울리며 이종을 소외시킨다. 생김새나 생각이 다르면 적으로 간주한다. 인간들이 외계인의 방문을 침략으로 상상하는 이유이기도 하다. 그런데 타종의 멸종은 결국 모든 개체의 멸종으로 이어진다. 다양하지 못한 개체는 마치 바나나처럼[407) 외부의 공격에 취약하다. 차별은 다양성을 죽이지만, 자기 생존을 위해서는 다양성을 수용해야 한다. 이종이 틀린 것이 아니라 다르다는 뜻이다.

비거니즘에서는 부당한 차별의 극복을 위해 다름과 틀림에 특히 예민하다. 생김새의 다름은 왕따의 대상이 아니라 다양성으로 존중하고, 모든 동물에게도 확장한다. 같은 자극의 고통을 '못생긴' 사람이 '잘생긴' 사람보다 다르게 느끼지 않듯, 더 많이 다르게 생긴 동물이라고 해서 고통의 정도가 다르지 않음을 인식한다.[408) 우리는 잘못된 습관으로 '다르다'를 '틀리다'로 종종 표현한다. 일상에서 무심히 틀리는 다름difference과 틀림wrong의 혼용은 차별의 영양분이 된다. 다름은 다양성을 의미

407) 현재의 유일종은 파나나병에 취약하지만, 다행히 지구 각지에는 상업성이 미치지 못한 소수의 품종이 다양하게 존재한다.

408) 동의하기 어렵다면 옆에 있는 개의 발을 밟아보라. 약하게 밟으면 씩씩거리지만, 세게 밟으면 물린다. 사람 같다.

하지만, 틀림은 같지 않으면 잘못되었다는 폭력이다.

• 성(性)차별sexism

(방학 봉사활동에서 함께 고생한 교수를 만나 '언제 식사해요!' 그랬다.)

(옆에 있던 동료가) 아니! 여교수에게 밥 먹자는 얘기를 그렇게 쉽게 해?

(왜 교수를, 여교수, 여자로 보시나이까!)

고려시대와 삼국시대에는 성차별이 별로 없었단다. 오히려 여성 중심의 사회였다. 여성해방을 찾게 만든 여성 억압의 시대는 유교 조선이다, 근대의 여성운동은 영국보다 늦지만, 미국보다는 빠르다. 미국은 1940년대 초 세계적 여성해방운동의 아이콘인 리벳공(工) 로지Rosie the Riverter(본명 Naomi Parker Fraley)가 2차대전에 참전한 남성들을 대신하여 군수공장에서 노동함이 계기다. 엉뚱하게 전쟁에서 여성이 필요하였고, 성역할을 중시하였던 과거에서 역할의 선택성으로 전환하는 사회로 만들었다.

한국은 1910년대(혹은 19세기 말) 여우회, 찬양회, 기독교 전도를 위한 전도부인의 등장에서 여성운동이 비롯되었단다. 가부장제 유교의 영향인 축첩(일부다처) 철폐에서 시작하여 농민, 빈민, 공장노동자, 장애인, 성소수자 등 심층의 취약 계층을 포함하며 지금까지 쉴 틈 없이 이어져 왔다. 현재는 운동의 방법에 따른 이견과 진영이 나타났지만. 토론과 논쟁은 더욱 활발하고 다양한 활동으로 이어졌다. 법 개정에도 주력하여 성매매

방지법, 남녀고용평등법, 성폭력특별법 등의 제도적 성과를 만들었다. 아직 부족한 인식이 사회 곳곳에서 성차별을 만들고 있지만, 역차별의 목소리도 등장하는 단계에 이르렀다.

성범죄는 대표적인 성 불평등의 표상이다. 남성다움과 여성다움의 잔재가 대중의 횡포 속에 불씨로 살아 있지만, 서울 강남역 여성 살해와 석희님이 쏘아 올린 작은 공 미투me2는 사회에 만연한 고질병이었던 성폭행 갑들을 잠시나마 떨게 하였다. 노출에 취약한 대학 등에서는 '위기를 느낀' 교직원들의 사직서와 자살이 조용하게 진행되었다.

하지만 미투운동으로 시작된 여성해방운동이 제대로 성과(사회학습)도 내기 전, 기득권이 세운 더 강한 벽과 여러 충격적 범죄로 페미니즘feminism의 목소리가 줄었다. 한국사회의 과오는 늘 화풀이 비난만 있을 뿐 원인분석과 방지에 무관심함이다. 오랫동안 피해자를 양산하는 성범죄는 여성의 총기 휴대가 해결책 같다.[409] 성범죄는 동등한 상대를 짐승처럼 약자로 잘못 인식하는 사회에서 흔하게 발생한다.

여성의 사회진출(노동시장 진출은 해방이 아니다.) 역사는 짧지 않지만, OECD 국가 중 임금 격차는 26년째 1위다. 세계에서 유리천장으로[410] 부르는 유리벽Glass Wall 지수도 늘 최하위다. 관련 발표에 대해서 반성이나 수치를 느껴야 하는 지성은 여전히 부재중이며 시민의식 없이 경쟁만 가치 있는 사회다.

409) (잠재적) 피해자들의 생활에서는 총기가 아니라 탱크라도 사고 싶어진다.

410) 영국 이코노미스트Economist지는 매년 직장에서의 여성의 역할과 영향을 분석하여 유리천장지수Glass-ceiling index를 발표한다. 한국은 OECD 중 변함없이 늘 최하위(29위)이며 바로 위에 일본과 튀르키예Turkiye가 있다.

남성주의masculinism가 인간 동물의 자연스러운 방식인가에 대한 의문이 있다. 희망은 진화의 방향이 명백히 여성해방이다. 여성의 사회활동은 남성 중심의 사회가 허용하는 대상이 아니다. 쟁취하지 못하고 베풀어진 자유는 언제든 소환당한다.[411] 스우파street women fighter는 항상 억압된 성역할에서 마음껏 다리를 벌리는 춤으로 악습에 억눌렸던 구속에서의 해방과 탈출이었다. 여기서 여성은 사회의 도움 없이 금기를 깨고 멋지게 자유를 즐긴다. 사람들은 법적 제도에 의지하지만, 법은 대중의 인식에서 탄생한다. 여성의 인권에 대해 무관심한 사회, 남성도 그 피해자가 될 때까지도 무지한 사회에서 오롯이 여성의 활동으로 해방 활동이 전개되었다.

사실 성평등은 매우 복잡한 다면성을 내포한다. 성역할에 관한 관습적 여성상에서도 선호도가 다르다. '현모양처'를 지향하거나 거부함은 개인의 선택이지 획일화를 위한 논쟁의 대상이 아니다. 현재는 성역할이 전통이나 사회의 강요가 아닌 개인의 자유로운 선택의 대상이어야 한다는 점은 대부분 이의가 없다. 브래지어를 하든 말든 남녀가 성 노동을 하든 말든 다층의 견해는 결국 개인의 선택으로 정리된다. 언급이 곧 억압이다. 페미니즘 간의 주장이 종종 상호배타적이고 다원화된 부분의 배경에는 현실의 다면성이 있다.

남녀의 관계는 경쟁과 조롱의 대상이 아니라 신체가 물리적 맞춤을 이루듯 상호 화합(和合)의 관계다. 그 안에 사랑처럼 달콤하고 부드러운 배려가 있다. 한 여성이 커피잔에 쏘아 올린

411) 이란의 히잡 혁명을 들 수 있다. 자유로운 생활에서 다시 여성들에게 히잡, 키잡이 씌워졌다.

작은 메모조차도 국군을 울렸다. 오랫동안 청춘을 속박당하여 억울했던 남성들의 마음을 위로하기 시작하였다. 이후에는 휴가 군인들에게 밥값을 몰래 내주는 시민들도 늘었다. 상대를 위하는 작은 마음도 큰마음의 평등이 된다. 그동안 일부의 극단 세력이 전부처럼 보였던 착시[412]가 있었다. 남녀가 아니라 능력 있는 사람의 사회활동이 발전으로 이어져 모두에게 혜택이 커진다. 사람을 남자나 여자로 보지 않는 인식, 신체 능력의 평균 차이를 보완하는 사회, 그 와중에 여성성과 남성성을 자유롭게 선택하는 진정한 자유가 진정한 성평등이다. 성을 규정하고 구속하는 관습에서는 대중도 차별적 프레임에 갇히게 된다.

이제 한국도 여성 자신을 위한 운동뿐만 아니라, 신체적 성 역할로 고통을 받는 여성 동물의 해방을 위한 움직임도 이미 등장하였다. 비건이나 활동가 중에 여성vegan feminist이 압도적으로 많은 배경이다. 불합리한 면이 있지만, "페미니스트가 된다면 비건이 된다To be a feminist is to be a vegan", "유제품을 소비하면서 페미니스트가 될 수는 없다You can't be a feminist and consume dairy" 등의 슬로건slogan은 이미 세계적인 여성운동이다. 여성이기에 학대받는 동물을 외면하는 여성운동은 또 다른 어둠이다.

• 또 다른 성(姓)차별

성(姓)차별도 성(性)차별이다. 부부의 성(姓)은 불편함을 느끼지 못하는 관습이 있다. '왜 아이들이 아빠의 성을 따라야 하

412) 심리학과 정신의학에서는 오래전부터 악성 댓글러의 실체와 심리상태를 분석하였다.

는가'라는 질문에 기울어진 평화가 요동칠 수 있지만, 의문은 지속되어야 한다. 아이들의 부성(父姓)은 아빠의 소유[413]가 되고 기울어진 시가와 친정의 무게가 된다. 불평등과 큰 차별이 분명함에도 아직 무딘 관습이다.

부계사회에서 부의 성을 따르지만 사실 부모의 성 모두 대표성이 없다. 따져보면 A군은 부모 AB씨, 조부모 ABCD씨, 증조 ABCDEFGH 여덟씨의 피가 공평하게 분배되었다. A군에 섞인 A씨 피의 비중도 부모에서 1/2, 조부모에서 1/4, 증조에서 1/8, 고조에서 1/16 등으로 희석된다. 조상을 거슬러 올라가면 거의 모든 성이 A군 제작에 참여한다.[414] 따라서 A군이 A씨 혈족이라는 믿음은 착시다. 이는 모계의 성을 따라도 마찬가지다. 결국 우리가 중시하는 성은 대표성도 의미도 없다는 사실이다.

우리가 간과하는 부분은 원하면 모계도 따를 수가 있다가 아니라, 부계를 따르는 것처럼 모계를 선택할 수 있어야 차별에서 벗어난다는 점이다. 다른 성을 만들거나 성이 없는 이름만을 선택할 수 있다. 부모의 양성은 강도나 사기, 강간이 되는 표현상의 문제가 있었다. 지금처럼 하나의 성을 선택함은 기울어진 시각으로 결국 성(性)평등도 어렵게 한다. 반드시 부모의 성을 선택한다는 관념도 성평등 장벽이 된다. 부나 모의 성을 쓰거나, 모두의 성이나 다른 표현을 쓰는 자유로운 선택이 성평등이다.

---

413) 지금은 이혼에서 법원이 자녀에게 유리한 양육권을 결정하지만, 근대까지 특히 아들은 부계로 귀속되어 소유권으로 인한 차별이 만든 생이별이 많았다.

414) 후손도 비슷하다. 내 아이는 두 성(姓)이 만들고, 손주에게는 4명의 성이, 증손주는 8명, 다음 아이는 16명의 성이 제작에 참여한다.

진정한 성차별해소는 성을 선택하는 '선택성'이 화두가 되어야 한다. 별칭처럼 자유로운 이름을 지을 수도 있다.[415] 태어난 아이의 성을 비워두고 의사결정을 할 수 있는 성년이 된 후 부모의 성을 따르거나 다른 성을 만들거나 성을 선택하지 않는 자유도 존중되어야 한다. 새로운 세대는 SNS 등에서 법적 성명보다 스스로 지은 이름을 많이 사용한다. 즉, 유연성이 시대의 화두로 성(姓)차별에 균열을 만든다.

현대의 결혼은 가문의 결합이 아니라 개인의 동거처럼 가벼워야 한다. 사위가 백년손님이듯 며느리도 백년손님이어야 한다. 시부모와 처부모도 백년손님이다. 며느리는 딸이 아니고 사위는 아들이 아니다. 그냥 내 딸과 아들의 배우자이다. 부부의 선택이지만, 남처럼 거리를 두고 가끔 밖에서 만나야 갈등이 줄어든다. 한국의 여자는 조선의 여자로 집안이 아니라 가족으로만 인정하는 풍습에서 '시집'의 성을 가질 수 없는 영원한 외부인이다. 남편의 성을 따름도 부계사회의 관습이다. 다행히 현대의 결혼은 가벼워진 집안의 무게로 가문의 결합보다는 개인의 동거가 되고 있다. 아이들이 부모 중 누구의 성을 따를 것인가 하는 문제에 대한 해결은 법적 권리로 사회적 합의가 필요하지만, 성(姓) 문제는 일방에게 속함이 아닌 형평성이 진정한 결합이다.

고려시대에는 장가(丈家, 처가살이)를 갔고, 조선시대에는 시집(媤집, 시가살이)을 갔다. 현대는 모두에서 벗어나고 있다. 친지보다 사회적 관계가 생존에 중요하고, 가족의 범위도 점차

415) 한겨레로 여겨지는 몽골Mongolia은 성(姓)을 사용하지 않고 이름만 쓴단다. 부모의 이름이 성(姓) 역할을 대신하기도 한다.

좁아지는 현실이다. 반려동물이 부모나 형제보다 소중하고, 사촌이 남과 같은 지위도 된다. 가문의 위상으로 개인의 지위를 부여받은 과거에는 가계의 위엄을 유지하기 위한 장자(長者)상속이 합리적이었지만, 현대는 가문의 후광과 무관한 개인의 능력과 브랜드화(유튜버, 셀럽 등)가 중시되는 사회에서 성(姓)은 무의미하다.

• **장애인 차별**ableism

"그 누가 장애가 내게 올 거라는 생각을 하며 살까..."

어느 날 갑자기 장애인이 된 사람의 넋두리다. 장애는 누구에게나 순간에 오는 후천적 발생이 크다. 후천적 장애 비율이 약 90%(질병 56%, 사고 32%)다. 고령사회는 이 비율이 증가한다. 장애인들이 불편을 느끼는 부분에 대해서 체험이나 사례를 통해서 공감하면 조금 더 친화적 시설을 만든다. 그리고 비장애인과 다른 존중이나 친절은 예의가 아니다. 과도한 관심은 동정이며, 이에 예민한 장애인도 있다.

장애인의 정의는 신체 손상뿐만 아니라, 고령으로도 장애인 대우를 받는다. 오래 살아있으면 누구든 장애인이 된다는 뜻이다. 따라서 장애인 복지는 남의 일이 아니라 자신을 위한 보험이다. 힘든 장애인들이 '힘들게' 요구하지 않아도 GDP에 걸맞은 장애인 복지[416]가 시스템으로 제공되어야 한다.

장애인 의무 고용비율은 최소한의 법적 제도로 효과가 있

416) 사회복지지출, 한국은 GDP의 12%로 당시의 국가명 터키와 같다. 1위 프랑스 31%, 일본 22%, 미국 19%, 멕시코 8%(OECD 2019 자료).

다.[417] 고용비율은 증가하지만, 실현은 기관 차이가 있다. 인구 대비 장애인 비율을 총합으로 배정하면 역차별도 해결한다. 기업들은 최소한의 의무를 맞추기보다 적극적 수용이 기업이미지를 제고하고 돌발적 비난을 대처할 수 있다. 직무분석job analysis을 통하여 장애의 종류에 적합한 업무배치는 비장애인보다 높은 능력을 발휘하는 사례도 많다. 하지만 일상에서는 '평범하게' 일하는 장애인들의 모습은 귀하다. 불편하더라도 그들이 제공하는 서비스로 함께 사는 익숙함도 필요하다.

장애인을 존중해야 한다는 교과서 수준의 해결책은 무의미하다. 장애인도 비장애인의 권리에 대해 존중해야 한다. 무리한 투쟁이나 필요 없는 기득권도 과감히 내려야 지지를 받는다.[418] 지지가 중요한 이유는 비장애인이 갖는 기득권 중의 감정 부분이다. 완벽하지 못한 인간과 사회는 이성과 감성이 함께 변화시킨다. 장애인만 불편하지 않을 권리가 없다. 사회구성원 모두 불편한 부분을 품고 산다.

---

417) 한 예로, 국내외에서 일회용 플라스틱 봉투 자제 운동을 하였지만, 규제법이 발효된 후 사용이 순식간에 사라졌다.

418) 예를 들면, 주차장이 부족한 공동주택(아파트 등)에서 거주 장애인 수와 무관하게 주차장 수십 개를 비워두라는 요구는 결국 한 자리도 확보할 수 없는 불편을 초래하고, 비장애인들의 원성을 받는다. 비현실적 선심 정책은 오히려 모두에게 해가 된다. 지정 주차공간으로 시스템을 변환하는 합리적 해결이 필요하지만, 관련 단체의 저항은 스스로 불편을 가중한다. 비장애인에게 예측 불가능한 피해가 발생하는 행동이나 반달리즘Vandalism식의 시위도 결국 지지자들을 잃게 되어 복지정책을 어렵게 만든다. 민주주의 정치는 다수의 의견으로 결정되어 소수가 많이 희생되는 폭력적 결과를 야기한다. 장애인 가족이 주차장을 불법으로 점유하는 관행도 간과하고 있다. 주차장은 단순한 장소가 아니라 치열한 경제활동을 하는 모두에게 합리적으로 제공되어야 한다.

늙으면 간헐적 병신이 되지만, 장애인은 병신[419]이 아니다. 단지 남보다 무기력한disable 신체 부분이 있을 뿐이다. 패럴림픽Paralympic 선수는 비장애인보다 강한 부분도 많다. 모든 장애인이 반드시 사회적, 경제적 약자는 아니다. 오히려 자본사회에서 빈곤이 더 불편하게 만들기도 한다. 다양한 이유로 무기력한 사회적 약자들이 곳곳에 있다. 단지 외형에서 눈에 띄지 않을 뿐이다.

지금 한국 거리는 장애인 이동이 매우 불편한 환경이다. 경쟁으로 바쁜 사회, 합법과 불법을 오가는 거리 질서, 기본을 지키지 못하는 사회가 원흉이다.[420]

• **성소수자 차별**sexual minority discrimination

비건 사회나 활동가 중에도 성소수자들이 있다. 비건은 차별 무풍지대이므로 다종의 소수자들은 장애 없이 활동한다. 시중의 동성애homosexual[421] 차별은 혐오에서 시작된다. 혐오 실체는 '더러움'을 피하려는 인간의 평범한 감정이지만 그 '더럽다'와 '비정상'은 편견이며, 편견의 실체는 무지다. 인간은 일상에서 더러운 짓을 해야 깨끗해진다. 코와 귀를 파고, 더러운 화장

---

419) 병든 몸, 병신(病身)이란 표현이 틀리지는 않지만, 사람을 비하하는 중의어다. 병맛(병신 맛)이나 병어리 장갑(통장갑), 장님, 절름발이, 애자, 맹인(盲人)처럼 장애인이 싫어하는 표현이 있다.

420) 타인의 신체에 손을 대지 않는 '기본'을 지키면 밀집(밀림) 사고 등의 인재는 피할 수 있다.

421) 성소수자 유형 ABGILQT+(=LGBTQIA+)의 일부인 '동성애homosexual'는 헝가리 작가이자 게이gay권리 활동가였던 Karl Maria Kertbeny(1824~1882)에 의해 1868년에 명명되었다. 학계에서는 동성성행위(Same-sex Sexual Behavior, SSB)라 부른다.

실을 가야 씻고 깔끔해진다. 게이gay의 더러움은 이성애자에게도 흔하다. 정확히 설명하면 절대다수의 이성애자들이 '저지르는' 더러움이 훨씬 더 다양하고 강하다. 비정상은 이성애자가 저지르는 가학적, 정신 분열적 변태 성행위이다. 혐오 대상은 이성애자의 '정상적' 성행위에 충분히 만연하다.

성소수자의 더러움이 편견이라는 근거는 이성애자들의 기이한[422] 성애 형태가 수천 가지 이상[423]임에도 있다. 성소수자의 기이함은 흔적도 없이 삼키는 인간의 성적 취향 세계다. 실행 제한이 있지만, 동성애가 취향이라 주장하듯 이해할 수 없는 모두가 취향이다. 심리와 정신 분야 전문가들은 변태의 경계를 인정하지 않는다. 상호합의와 제삼자에 대한 피해가 없다면 '즐거움'을 중시한다. 소수자 성애도 여기에 포함된다. 하지만 소수자 성애만 기이queer하다는 누명에서 스스로 퀴어축제queer festival를 만들었다.

동성애 취향을 혐오나 비정상으로 상상하는 이유는 아직 한국 사회에서 제대로 드러나지 못함에 있다. 마치 처음 외국인을 만나면 신기하듯 익숙하지 않음이다. 그리고 드러나지 않았다는 뜻은 이들의 '일상적' 행위가 부당한 억압을 받았다는 의미다. 퀴어축제만으로도 비난이 쏟아지는 환경에서 애정 표현은 어렵다. 다른 국가처럼 성소수자가 '별것 아닌' 사회에서는 다양한 만남을 통해 그냥 평범하게 느껴진다. 이성애자의 결혼

422) 불법인 성폭력rapists, 근친상간incestuous, 동물강간(수간)zoophiles, 시체성애necrophiliacs부터 방귀나 소변 마시기, 배변 관찰, 다양한 페티쉬fetish 등 상상을 넘는 성애를 한다.

423) philpapers.org

에서 섹스가 전부가 아니듯 소수자도 마찬가지다. 에로스eros 연인도 있지만 아가페agape의 절대적 사랑도 있다. 편견으로 상상하듯 성적 취향만이 목적은 아니다. 성소수자에게는 성폭력 경험이 트라우마로 섹스의 정체성을 상실하는 원인도 있다.

변태metamorphosis는 일부 성도착자pervert 행위로 치부하지만, 상상을 초월하는 성애가 포르노그래피pornography 상품으로 유통된다. 세계 포르노 산업 규모(매출액)는 약 970억 불(100조 원 이상)이다.[424] 이는 세계 커피산업 매출액 932억 불[425]보다도 크다. 모든 인터넷 다운로드의 35%가 포르노이며, 구독자 중 9%는 12세 이하이다. 시장분석이 목적이 아니라 인간의 변태적 성애 취향이 은밀하게 일상이라는 뜻이다.

어떤 사람은 신체의 성과 정신의 성 지향성이 다르다. 남성성이 강한 여성일 수도 그 반대일 수도 있다. 선택 대상이 아닌 성 지향성에 대해 비난하거나 불인정함은 인간 성질에 대한 무지다. 성소수자에 대한 차별에 주의해야 하는 다른 이유는 언제 누구에게든 나타날 수 있는 현상이다. 역사적으로도 다양한 형태의 성소수자를 자연으로 여긴 부족들이 곳곳에 있다. 성소수자를 만나면 마치 여섯 손가락처럼 생소할 수도 있다. 이질감이 아닌 다양성으로 받아들이면 편하다. 5개 손가락은 10까지 셀 수 있지만, 6개는 12까지 셀 수 있는 장점도 있다. 또한 독특함이 아니라 다양한 인간 심리로 생각해야 하는 의미도 있다.

한국에서는 불필요한 차별로 인해 청소년 성소수자 약 70%가 학교 교육과정에서 비하 발언을 들었고, 실제로 20%[426]는

424) Gitnux market data report 2024, gitnux.com.

425) www.statista.com

폭력이나 부당한 대우로 학업을 중단한다. 굳이 퀴어문화축제나 성소수자를 상징하는 무지개 깃발을 좋아하지 않아도 된다. 이상하게 보는 마음은 내 마음의 넓이가 그렇다는 뜻이다. 성소수자를 비난하지만, 성다수자가 성소수자가 되기 어려운 만큼 소수자가 다수자가 되기도 어렵다. 그런데 성소수자는 소수일까. 통계수집의 어려움이 있지만 여러 연구에 따르면 지역별, 유형별로 비율이 나타난다. 현재 국내 성소수자 수는 100만~500만 명(전체 인구의 2%~10%)으로 추정된다.[427]

2016년 미국 내 조사[428]를 보면 이성애자heterosexual의 분포는 남녀 모두 97%[429]이다. 그리고 남녀 순으로 양성애(0.5%, 1.0%), 거의 동성(0.5%, 0.5%), 완전 동성(2.0%, 0.5%)이며, 여성에게서만 1%의 무성애자가 있다. 2021년 프랑스의 다국적 시장조사기업인 Ipsos의 27개국 조사에 따르면 이성애 80%, 양성애 4%, 동성애 3%, 범성애 1%, 무성애 1%, 그리고 모르거나 무응답이 11%다. 2023년 7월 뉴욕포스트에 따르면 미국 대학생 40%가 자신을 성소수자로 답하였고, 이는 2021년 갤럽에서 조사한 젊은 층 17%의 두 배가 넘는다. 연령층이 낮을수록 자신을 성소수자로 표현하는 비율이 높아지고 있다.

---

426) 중고등학생 학업 중단율 0.8%의 27배다.

427) 양은주 외 5(2022), 국내 성소수자의 성 정체성 형성에 영향을 미치는 요인에 관한 질적 메타요약, 한국심리학회지, Vol. 28, No. 2, 241-272.

428) Bailey, J. Michael; Vasey, Paul; Diamond, Lisa; Breedlove, S. Marc; Vilain, Eric; Epprecht, Marc (2016). "Sexual Orientation, Controversy, and Science". Psychological Science in the Public Interest. 17(2): 45-101.

429) 이성애자heterosexual에 가까운 여자(10%)와 남자(4%)를 포함한 수치임.

국내 한 종교단체는 퀴어축제마다 출두하여 신의 섭리에 반한다고 외치지만, 동성애가 신의 섭리다. 2019년 연구[430]가 밝힌 동물의 성애를 보면 곤충, 새, 포유동물 등 1,500종이 넘는 동물에게 동성애가 있다. 고래, 기린, 물범, 물소, 백조, 사자, 알바트로스albatross, 양, 원숭이 등 동성애 없는 동물을 찾기 어려울 정도다. 과학자들은 말한다. 동성 짝짓기가 '정상'이라 할 수는 없지만 흔하다. 130종의 새들도 동성 성행위(SSB)를 한다.[431] 이 중 93종을 관찰한 결과, 남남이 82%, 여여는 38%다. 섹스가 종족 보존보다 강하였다. 이를 다윈의 역설Darwinian paradox이라 부른다.

최근 국내 레즈비언lesbian 부부의 입양에 대중의 간섭이 많다. 사회에서 소수 성애가 더 드러나고 퀴어queer스럽지 않음을 인지하면 가족이 된 아이의 마음도 자연스럽다. 생김새가 많이 다른 '내 새끼' 강아지도 그럭저럭 산다.

• 인종차별racism

미국에서 친구들에게 '너희들은 백인이 아니고 홍인[432]이야'라며 인종에 관한 잡담을 나눈 적이 있다. 유색인종에 대한 차별이

---

430) Monk, Julia D. 외 4, (2019), An alternative hypothesis for the evolution of same-sex sexual behaviour in animals, Nature Ecology and Evolution. 3(12): 1622-1631.

431) Geoff R. MacFarlane 외 2(2010), Homosexual behaviour in birds: frequency of expression is related to parental care disparity between the sexes, Animal Behaviour, Vol. 80, Iss. 3: 375-390.

432) Johann Friedrich Blumenbach(1851)의 다섯 인종(Five Races)에서는 북아메리카 원주민을 홍인종으로 불렀다. Aethiopian(Black), American (Red), Caucasian(White), Malayan(Brown), Mongolian(Yellow).

심각한 근저에는 유럽의 홍인이 백인이라는 억지가 있다.

백인이 유색인종보다 우월하다는 인위적 함정frame이 있다. 모든 피부에는 색상이 있다. 백인, 황인, 흑인종이 아니라 굳이 크게 나눈다면 홍인, 황인, 흑인종이다. 현실에서도 사실 '백인'과 '황인' 간 색 구별이 어렵다. A4 용지처럼 정말 하얗다면 색소결핍증congenital albinism 환자다.

존재하지 않은 피부색의 진실을 다툼은 아직 생각이 프레임 속에 갇혔다는 뜻이다. 수많은 피부색을 가진 인종을 특색으로 표현하고 나누는 행위는 싸우는 정치인이 주목받고 유명해지는 과정처럼 색과 차별을 더욱 선명하게 한다. 피부색의 인간보다 남미인SouthAmerican, 아시안Asian,[433] 아프리칸African, 유러피언European, 인디언Indian, 코케이지언Caucasian 등으로 통칭하면 차별의 소용돌이에서 벗어난다. 또한 증가하는 이종의 결합으로 지역도 인종을 대표하기 어렵다.[434]

현재의 인종은 모두 호모사피엔스사피엔스로 유전적 구분이 무의미하여, 2023년 미국은 모든 학문 분야에서 공식 폐기하였다.[435] 중요한 사실은 인종race이라는 단어가 16세기에 비로소 생겨났다는 점이다. 그리고 21세기에 허구로 밝혀졌다. 인종은 없지만 주로 차별받는 인종도 모든 면에서 다른 인종과 차이가

433) 2024년 일본에서는 우크라이나 출신 귀화자를 '미스 일본'으로 선정한 후 스스로 논란이 많다. 피부색에 집착한 논쟁은 결론이 없다.

434) 스포츠에서 중국인으로 구성된 미국팀이 중국팀을 이기는 자연스러운 일도 있다.

435) Zimmer, Carl (14 March 2023). "Guidelines Warn Against Racial Categories in Genetic Research". The New York Times. ISSN 0362-4331. Retrieved 17 April 2023.

없다는 것을 깨닫게 된다. 부의 수준으로 인종을 차별하기도 하지만 역사적으로 살펴보면 흥망성쇠는 윤회한다. 한 지역 내에서도 생김새가 다양하듯 지리적 분포에 따라 인종은 같지만, 생김새가 다름을 환경 요인으로 본다. 날카로운 북유럽인의 코가 미국에서 세대를 거치면 많이 평평해진 얼굴이 된다. 자연환경의 영향으로 설명할 수밖에 없다.

국내 거주 외국인은 전체 인구의 4.5%인 225만 명(장기체류 이주민 169만 명 포함) 정도다. 2019년부터 실시하는 인권의식 실태조사를 보면 2022년 기준 국민의 36.2%만이 이주민을 존중한다고 답하였다. 사회적 소수자의 하나인 외국 노동자 차별은 국제사회에서 비난을 받을 정도로 심각하다. 한국민의 32%는 외국인 혐오와 차별이 심하다고 평가한다. 그 결과 한국은 조사대상 87개국 중 60위(28번째로 인종차별이 많은)다.[436] 참고로 일본이 40위, 중국 57위, 미국 73위다. 인종차별이 적은 국가는 뉴질랜드와 캐나다, 그리고 북유럽 국가들이다.[437]

국내의 차별순위는 빈곤층 〉 장애인 〉 이주민 〉 노인 〉 저학력자 〉 전과자 〉 성소수자 〉 비정규직 등의 순서로 이주민이 3번째로 차별당한다. 국민의 차별의식을 제재할 수 있는 법안도 차별금지법안(2020년, 장혜영 의원), 평등에 관한 법률안(2021년 이상민, 박주민 의원), 평등 및 차별금지에 관한 법률안(2021, 권익숙 의원) 등이 발의되었지만 지금까지 계류 중이다.

우리에게는 동포가 700만 명이라는 현실이 있다. 가끔 수입

436) Most Racist Countries 2024, World Population Review.

437) Best Countries for Racial Equality 2024, U.S. World News & Report.

차 구매를 비난하는 사람이 우리 차 수출을 망각하는 상태와 같다. 자국민이 해외에서 차별당하면 공분하지만, 취약한 환경의 국내 외국인에 대해선 냉담하다. 외국인들은 한국이 외모에 의한 차별이 유독 심한 국가로 평가한다.

외국인 차별의 원인은 관습이나 문화도 있지만, 경험 차이가 크다. 다양한 외국인을 접한 경험이 적을수록 차별에 적극적이다. 외국계 임원이 많은 다국적기업이나 대학 등에서는 인종에 대한 차별이 아니라 업무능력으로 차별된다. 이주 노동자에 대한 차별은 인종차별로 보이지만 사실 약자에 대한 차별이다. 하지만 한 사람의 외국인 뒤에는 수천, 수억 명의 자국민이 있고 자칫 외교 문제로 비화하여 큰 불명예로 이어진다. 또한 해당국 동포가 위험에 처하는 연계성과 확장성도 있다.

한국 사회를 살펴보면 특유의 현상이 있다. 수많은 변종 외래어가 일상어로 쓰이는 고질적 현상은 차치하더라도 레스토랑, 호텔, 카페는 고급스럽고 식당, 여관, 다방은 그저 그런 곳이다. 첫 데이트에서 된장찌개는 안 되고 스파게티가 어울린다 믿는다. 우리 클래식은 편하게 듣고 서양 클래식은 비굴하게 듣는다. 막걸리는 퍼마시고, 포도 술wine에 우아스럽다. 하얀 것의 모든 것을 숭배함은 인종차별이다.[438]

강자가 차별을 정당화하기 위한 수단으로 사용하는 기준은 역차별의 요인도 된다. 인종차별을 하거나 받거나의 문제가 아니라, 존재함은 언제든 제노사이드genocide[439]의 빌미가 된다.

---

438) 샤넬Chanel은 프랑스에서 만들어야 열광한다. 'Made in Italy' 등의 원산지 효과는 소비자의 편견이나 고정관념에서 분출된다.

439) 21세기에도 지구 곳곳에서 민족학살이 발생한다.

어쩌면 인간의 성악설처럼 강자의 차별행위는 인종뿐만 아니라 모든 곳에서 나타날 수 있다.

피부색은 다양할수록 축복이다. 색연필처럼 다양한 색이 있어 또 다른 색이 아름다움을 느낀다. 피부색도 다양할수록 아름답게 서로를 살린다. 구별하여 차별할 일이 아니라 다양성을 즐기는 감사한 일이다. 특히 저개발국 노동자에 대한 차별이 많다. 이민 떠난 한국인이 곧 천만에 달한다. 여기서는 차별하고 저기서는 차별받는 사회는 바람직하지는 않다. 현실에서 색채가 생소한 이방인이 가끔 멋지게 보이는 동물적 선호가 있지만, 차별하는 마음이 있어도 공정한 대우가 이성적이다. 다양성 존중이 부족한 사회는 불필요한 차별을 만든다.

• 계층차별classism

"뭣이 중헌디."

거울에 비친 내가 중하다. 내가 없다면 세상은 무의미하다. 내가 세상보다 소중하다는 뜻이다. 그런데 많은 우리는 자신의 소중함을 버리고 타인의 삶에 집중한다.

수많은 나로 이루어진 사회는 '무조건적' 상호존중이 소중한 나도 존재하게 한다. 안타깝게도 한국 사회는 지금도 식민지 교육 사관이 지속되어 경직된 수직 사회를 이루고 있다. 우리는 모르는 사람을 존중하기보다는 서열 정리를 위해 개인을 파헤친다. 그 와중에 나이나 출신 배경이 나타나면 갑이나 을로 정리가 된다. 동호회나 모임 등에서도 상대의 개인정보를 모른 채 '무조건' 서로 존중하기는 어려워 보인다. 인간은 사회적 배경과 무관하게 한 인권으로서 존중되어야 하지만, 오히려 을에 대한 갑질이 난무한다. 갑질의 의미가 단순한 상급자의 횡포가 아니라 상대적 약자를 적절하게 대우하지 못하는 가학성과 폭력성을 내재하기 때문이다.

특히 심한 한국의 갑질은 영어 'Gapjil'로 알려져 타국민으로부터 호기심과 조롱의 대상이 되었고, 그 틈에 을의 반란이 일어났다. 폭력의 지위였던 교사가 학생들에게 폭력을 당하고, 왕이었던 소비자들이 점원에게 찬밥을 맛보고, 민원인의 고자세에 숨죽였던 공무원이 거칠어지고, 사회 곳곳에서 횡포가 난무하는 시대가 되었다. 충돌의 시간은 사라지는 과도기가 되어 갑과 을이 수평이 되기를 바라지만 다음의 이유에서 난제가 있다.

한국의 계층차별은 주로 직업과 부에 대한 차별이다. 개인이 쉽게 바꿀 수 없는 속성이다. 불필요한 직업이 없으므로 모든 직업과 종사자가 존중되어야 하지만, 계층차별은 상호존중의 부재다. 겉으로라도 평등을 내세우는 국가들은 '상호 존중Mutual Respect'이 기본 태도다. 갑질의 행패는 을질과 병질로 이어진다. 결국 모두가 피해자가 된다. 스스로 갑이나 을이라는 생각을 빨리 버려야 억울한 사건이 사라지는 안전한 사회가 된다.

사회 비난으로 갑질이 주춤할 때 을질의 등장은 더 견고한 갑질 환경을 만든다. 신이 아니면 상호 간에 완벽한 평등을 이루기는 불가능하다. 인간은 불평등하게 태어나고 행운도 삶에 영향을 끼친다. 갑과 을은 숙명처럼 존재한다. 서로에게 존중이 필수인 이유다.

자본주의 사회에서는 특히 부가 계층을 만들어 차별 환경을 만든다. 빈부격차가 커지면 빈에 의한 폭동이나 혁명으로 귀결

된다. 빈측이 다수이기 때문이다. 모든 자본주의 사회의 극빈층에는 혁명 세력이 있다. 자연스러운 일이다. 그 세력의 빈자를 공산주의자로 정치적 치부를 하는 오류도 있다. '빨갱이'에게는 공산화만이 재기의 기회가 될 수 있다는 믿음이 있어 한국에서는 사회주의와 공산주의를 동일시하지만 프랑스와 북유럽 국가들이 대표적인 사회주의 국가다. 사회주의 시스템으로 보완되지 않는 자본주의는 비인간적 무한경쟁 사상으로 몰락하게 된다.

한국은 경쟁의 결과, 현재 약 1% 인구(45만 6천 명)가 전체 가계 총 금융과 자산의 59%를 보유[440]하였다. 평균값으로[441] 해석하면 99%의 대중이[442] 백만 원을 가질 때, 1%의 소수는 1억 5천만 원(150배)을 소유한다. 원통형(완전 분배)이나 두꺼운 역삼각형 빙하는 안정적이지만, 얇은 역삼각형 빙하는 스스로 붕괴하거나 충격에 취약하다. 현재 한국의 분배 구조가 후자다.

계층차별 탈피를 위해 세제와 취약층 복지정책도 중요하지만, 민간의 '노력 소비'도 필요하다. 소비자인 국민은 현금흐름이 집중되는 달러 보우팅dollar voting에 유의할 필요가 있다. 화려한 시장보다 평범한 골목시장을, 줄 서는 맛집보다 그 이웃의 평범한 맛을 즐기고, '명품'관 보다는 가성비 있는 상품, 보여주기 소비보다는 내면에 충실한 일상이 돈의 쏠림을 줄이고

440) 2023 한국 부자보고서, KB금융지주.

441) 표준편차가 중요하지만, 부의 집중화를 설명하기 위해 집단 간 평균값으로만 비교하였다.

442) 미국에서도 부의 편중으로 인한 "We are the 99%" 저항운동이 지속된다.

덜 가난하게 만든다. '명품'관 뿐만 아니라 연예인, 운동선수, 유튜버 등 소수 셀럽celebrities[443]에게 집중되는 부가 지나치게 많다. '돈'의 소수 집중은 대중을 급속히 빈자화(貧者化)한다. 가속되는 경쟁은 미래에 대한 불신으로 부유층의 낙수(落水)도 어렵게 만든다.

• **연령차별**ag(e)ism

"시골 영감 처음 타는 기차놀이라, 차표 파는 아가씨와 싱갱일하네. . . ." 오십여년전(1970)에 발매된 '서울구경'은 순수한 사람을 희화화하여 조롱거리를 만든다.

조롱의 대상은 기차를 탄 사람이 아니라 '지방' '사람'이다. 한국의 연령차별과 지역 불균형을 확산한 정신적 뿌리다. '시골 영감' 원곡은 조지 존스George W. Johnson(1846-1914)이 부른 The Laughing Song(1891)으로, 흑인인 자신의 외모와 인종을 놀리는 차별을 비판한 노래다. 인종차별 노래가 한국에서는 연령차별과 지역 차별의 노래로 '승화'하였다.

'자연이 가장 위대한 차별자다 Nature is the greatest discriminator.' 자연은 생명을 젊은 모습으로 죽이지 않고, 늙고 병든 모습으로 죽인다. 그래야 아쉬움이 덜한 것일까. 젊은 사고는 못다 핀 꽃이 되고, 누구나 가는 늙음은 남의 일이다. '바램'에서 "우린 늙어가는 것이 아니라 조금씩 익어가는 겁니다"로 자위하지만, 결국 썩어간다는 본질은 변함이 없다. 썩지 않

443) 영화의 내용이나 노래에 집중하지 않고 사람에 열광하는 자신을 살펴볼 필요가 있다.

음은 자연의 역행이다. 역겨움이 아니라 다른 생명의 탄생으로 이어지는 순행이다.

자연에서 연령차별은 자연스럽다. 또한 공평하다. 초라한 대상을 무시하고, 다음에는 자신이 차별당하면 된다. 누구나 썩는다는 진실에서 연령차별은 자기 차별이다. 지역 차별로 만든 '지방'이라는 늪에 결국 자신과 사랑하는 사람들이 빠짐과 다르지 않다.

자연이 주는 노화에 더해 인간에게는 나이라는 인위적 학대가 있다. 그 중에 타인에 대한 잔인한 호칭이 있다. 오랫동안 편하게 부른 아줌마와 아저씨, 할머니, 할아버지 등도 평민을 당혹스럽고 불쾌하게 만든다. '어르신'은 특유의 공경을 나타내는 단어임에도 대상이 늙었다는 주관적 판단으로 적용하는 폭력 언어가 된다.[444] 어르신은 '젊으신'의 대비 단어로 긍정적 차별positive discrimination이지만 역차별도 된다. 프레임 단어는 퇴출로 상처의 빌미를 차단할 수 있다.

호칭으로 인한 죽음이 늘어나도 관습 같은 악습이 지속된다. 호칭이 나와 무관하면 상처가 되지 않지만 해당하면 진실을 말하는 듯 더 싫어진다. 나이, 혼인을 떠나 '아줌마'는 작지 않은 충격이다. 여성 직장인의 56%가 아줌마, 아가씨로 불린 적이 있다. 특히 비정규직이나 임금이 적을수록 부적절한 호칭이 심하단다.[445] 고객에게 아줌마라 부르지 않는다. 결국 호칭이 폭력의 방아쇠다. 특히 아줌마라는 호칭에 정신이 혼미해지는 사

444) 지하철 개찰구의 '어르신 건강하세요'가 논란으로 '건강하세요'로 바뀌어도, 여전한 낙인 방송이다. 차별에 무심한 폭력 사례다.

445) 시민단체 '직장갑질119' 설문조사(2023).

람이 많지만, 타인에게 아저씨, 삼촌, 이모, 할머니, 할아버지의 심각성은 자신이 그 대상자가 될 때까지 모른다.[446] 초면인 타인의 나이나 외모를 마음대로 재단하여 대상화하고 프레임에 가둠은 명백한 폭력이다.

아줌마의 원어인 아주머니는 원래 친척에게 부르는 호칭이었고, 형수에게도 쓰는 호칭이었다. 아주버니도 여기서 나왔단다. 아저씨도 '아재' 씨가 원어로 삼촌을 부르는 말이었다. 아가(기)씨도 같은 처지다. 혈연과 친지용을 남에게 쓰고 있다. 다른 문화에서 응용하면 'Grandmother! 뭘 주문하시겠습니까?, Uncle! 뭘 도와 드릴까요?'가 된다. 먼 옛날의 아줌마는 어매, 아재처럼 친근한 용어였지만 지금은 편하게 대하는 말이다. 편하게 대한다는 말은 낮게 본다는 말이다. 사회생활에서 미지의 타인에 대한 호칭을 선생님으로[447] 통일하면 계층차별, 연령차별, 성차별에서도 자유롭다. 사람들의 심리적 안정을 해치고 복잡하게 만드는 용어는 아름다운 우리말이 아니다. 아줌마가 사라지면 수백만의 선생님들이 공포에서 해방된다.

한국 특유의 관습은 나이 민감성이다. 존중이나 보살핌이 나이로 구분과 차별의 기준을 만든다. 우리는 보통사람을 나이로 보고, 성별로 보고, 돈으로 보는 시각이 크다. 내가 판단하고 적절한 호칭을 선택하여 상대에게 가한다. 언어적 폭력은 물리적 폭력과 같다. 사회에선 'No 20대존', 'No 4050', '노키즈 존',

446) 근대 가족주의 문화의 영향이 남아 있고, 서구의 가족주의(패밀리얼리즘, familialism, familism)와는 무관하다.

447) 국내 공공기관에서는 모든 방문객에게 선생님으로 호칭을 통일하였다. 외국에서도 호칭은 단순(Ma'am, Sir)하거나 사용하지 않는 원칙(예: 호칭 없이 May I help you?)이 있다.

'노시니어 존', '노중학생 존', '노50대 존'이 존재한다. 어느 커피점에선 60세 이상 어르신의 출입을 제한한다는 문구와 함께 "안내견을 환영합니다"로 개보다 못한 취급(종차별 시각에서 개보다 못할 수도 있지만)을 한 사례[448]도 있다.

미국에서 50~80세 2,035명을 대상으로 시행한 조사[449]에서 연령차별은 편견으로 인한 메시지로 정의되며 상대에 대한 적대감, 가치 결여, 편협한 고정관념에서 발생한다. 노인의 일상적 연령차별 경험은 93.4%나 된다. 이는 불인정, 권리 상실, 특권 상실로 신체 및 정신건강에 부정적 영향을 끼친다. 누구든 영원히 사회, 경제, 신체적 지위를 확보하지 못하면 더 많은 차별을 감수해야 한다. 연령차별은 미래의 자신을 학대하는 예약이다.

• 지역차별regionalsim

서울을 떠나 제주살이나 다른 곳에 살다 보면 한국이 얼마나 서울 중심국가였는지 깨닫게 된다. 거기에는 지역 차별이 만든 국토'불'균형발전의 불편함이 있다. 벗어난 사람들이 그제야 느끼는 이구함성이다.

현재 대한민국의 수도는 서울'특별시'다. 서울이 수도가 아니라 정부가 서울에 앉아 수도가 되었다. 세종시로 천도하면 서울은 지방이 되지만, 지금도 법적으로 지방이다.[450] 현재의 관

448) 조선일보 2023.08.26.

449) JAMA Netw Open (2022), Experiences of Everyday Ageism and the Health of Older US Adults, Vol. 5, No. 6, Published online.

450) 서울에 서울 '지방'+(경찰청, 국세청, 국토관리청, 법원, 변호사회, 병

습으로는 수도를 이전하면 서울의 대학들은 지방대학으로, '표준말'은 사투리로 불러야 한다. 긴 시간 서울[451]은 수도를 등에 업고 대한민국에 폭력을 행사하였다. 국민은 폭력을 피해 지금도 서울로 몰리고, 국토의 쏠림과 비워짐은 한국을 죽이고 결국 서울도 죽는다.

서울은 다른 지역을 '촌스럽다', '사투리를 쓴다.', '억양이 세다.', '지잡대', '벚꽃 피는 순으로 대학이 망한다.' 등 정신적으로도 괴롭혀야, 인구가 집중되어 돈이 몰리고 부동산과 하부구조infrastructure에 의한 자산가치가 높아져 불로소득[452]도 만든다. 반대로 서울의 민심은 벗어나면 죽는 줄 안다.[453] 그렇게 대한민국의 모든 도시를 파괴하며 서울을 지켰다. 다산 정약용(1762-1836)은 "아들아 사대문을 벗어나지 말라. 시골로 가버린다면 어리석고 천한 백성으로 일생을 끝마칠 뿐이다"라며 현대 기준에서 지역차별, 계층차별, 인간차별의 언어를 설파하였다. 조선의 지성도 인정한 서울 중심이 만든 차별적 용어들 '유배지, 좌천, 낙향, 말은 제주 사람은 서울, 지방에서 올라온 환자들, 지방소멸, 노인과 바다', 특별시민은 밀려남의 두려움에 직장은 멀어도 서울에 매달린다.

무청, 세무사회)과 서울 동부, 서부, 남부, 북부 지방검찰청이 있는 이유다. 지방에는 두 가지 정의가 있다. 하나는 장소나 외지를 뜻한다(열대지방, 지방 간다). 둘째는 한국의 행정구역이다(부산지방경찰청, 서울지방국세청).

451) 법적으로 국무회의에 서울시장이 참석할 자격이 없다. 관행으로 참석하여 다른 시도 장(長)의 항의가 있다.

452) 서울과 타지의 부동산 가격 차이.

453) 국책은행 부산 이전에 줄사표를 내고, 과거의 공기업에서도 같은 현상을 보였다. 가더라도 KTX만 복잡하게 만들었다.

'서울과 지방'이라는 정신적 구도는 서울 중심시각[454]이다. 지방이라는 고유명사는 없다. 그냥 서울에서 다른 지역을 편리하게 '싸잡아' 지방 사람, 대학, 기업 등으로 부른다. 한국의 모든 '입(언론과 정치)'도 서울에 있어서,[455] 고유의 뜻인 '다른 곳', 지방(地方)이 되었을 뿐이지만 그 호칭에는 가벼운 마음도 있다. 슬픈 일은 지방 아닌 '지방' 사람들이 그 '입'에 세뇌되어 스스로 지방이라 부른다(지방사람, 지방대학, 지방균형발전[456]).

끝내 국토 균형발전은 허구였고, 진실은 불균형발전을 위한 미필적 음모로[457] 여겨진다. 음모론은 합리적 의심보다는 진실이다. 진정한 균형발전의 의지가 있었다면, 기득권이 가진 행정력으로 쉽게 이룰 수 있었던 사안이다. 지역의 반발에 미봉으로 던지는 허구의 균형발전은 신뢰를 잃고 편중만 악화하였다. 복잡함이 가중되는 서울은 비대와 경쟁으로 시민의 삶을 지치게 만들고 있다.[458] 기득권의 지역 이기주의에서 시작된

454) 어릴 때 한 번쯤 읽은 이솝의 우화가 세뇌의 출발점이다. City mouse and Country mouse를 '서울 쥐와 시골 쥐'로 번역한 우(愚)가 현재 불균형의 시발점이다.

455) 미국의 3대 방송사 ABC는 L.A., CBS는 뉴욕, NBC는 뉴욕이 본사지만 L.A.와 시카고로 분산되어 있다. 유명한 뉴스 방송인 CNN은 남부의 조지아주에서 우리 기준으로 '촌구석'에서 전 세계를 대상으로 활동한다.

456) 국토균형발전을 '지방균형발전'으로 잘못 부르는 지자체나 균형발전위원회가 많다. 스스로 '지방시대'라 부르는 프로그램도 잘못된 표현이다.

457) 기득권 지역 표출을 위해 전국 자동차 번호판 변경에 수십 년이 걸렸고, 도로명은 기득 지역민의 반발로 어정쩡한 지위가 되었다.

458) 우리는 서울을 위해 서울만 더 잘살기 위해 다른 지역은 착취로 비운다. 경기도에 매달린 수백만 명은 매일 3~5시간씩 출퇴근 지옥을 간다. 균형발전을 거부하고 욕심으로 착취하였던 '지방'의 소멸은 끝내

'서울과 지방'은 폭력적 차별로 공멸하며 끝내는 국가소멸 위기로 이어졌다. 지구에는 멋진 첫 선물이다.

♣ 특별시는 특별한가

서울특별시의 특별은 특별하다. 지구에서 특별하게 서울에만 있다. 서울특별시는 영문 표기도 차마 못 한다.[459] 중국 수도 베이징은 5개 직할시 중 하나이다. 일본 수도는 '특별' 없는 동경도(都)이지만, 차별적 지위가 '지방소멸'이라는 몰락으로 이끌었다. 한국은 특별시가 생긴 역사[460]가 수치스럽고, 특별에 의존하는 시민이 지금도 많은 사실은 해학이다.[461]

동경과 북경을 포함한 모든 국가에서 고유명사인 자국 도시명의 나열은 음순(音順)[462]이다. 서울, 부산, 대구, 광주가 아니

'몰린 곳'도 죽인다.

459) 영문 표기는 다른 광역시와 같은 Seoul Metropolitan City다. 만약 'Seoul Special City'였다면 세계적 조롱거리가 되었다. 중국(북경직할시)과 일본(동경도), 북한(평양직할시)에는 특별시가 없거나 있었거나 다른 의미다. 학자들은 특별시를 특별한 기능도 없는 권위주의 및 위화감으로 해석하고 있다.

460) 일본 식민지 해방 후, 1949년 미군정 아래에서 Washington D.C.처럼 설정한 'Independent City of Seoul(서울독립시: 경기도로부터 분리하였다는 뜻)'을 서울특급시로 엉터리 번역하고, 이후 서울특별시로 명명하였다.

461) 차별적 결과를 도출한 연구에서 소득이 낮을수록 서울시민이라는 자부심이 높았다. 강남에서 '특별'은 의미가 없었다. 서울에서는 강남이 브랜드가 되었다. 가수 싸이가 강남스타일을 멋지게 세계에 홍보하였지만, 강남스타일은 허구다. 다만 드라마와 언론매체의 일상어인 가로수길, 강남대로, 도곡동, 압구정, 청담 등은 국민에 대한 모독이며 존재감의 박탈이다. 서울공화국이라는 비아냥이 나온 배경이다. 뉴스에는 '여의도 몇 배'가 상투(常套)가 되었다. 서울에서도 잘 모르는 장소보다 제주도나 면적 단위로 표현함이 국민 시청자에 대한 예의다.

라 광주, 대구, 부산, 서울로 부른다는 뜻이다. 요즘도 가끔 달래듯 던져주는 특별자치도도 '특별'을 너무 좋아하는 희극이다. 상호존중의 수평적 사고가 아니라 한국의 고착성 수직 정책에서는 끊임없는 새로운 차별이 생성된다.

서울에서 부산대학은 지방대학이 된다. 부산에서도 서울의 대학은 지방대학이다. 그런데 후자는 지역 차별 관행으로 용인되지 않는다. 차별적 차별이다. 행정구역 외 지방은 다른 곳이라는 뜻이다. 수도가 아닌 곳을 '지방'으로 부르는 국가를 찾기는 어렵다(뉴욕대학과 UCLA도 우리 기준이면 지잡대 지방대학이다). 한국처럼 '서울과 지방'이라는 불평등 프레임 용어가 없다는 뜻이다. 헌법에 위배 된 특별시민과 군민이 아니라 모두가 국민이자 시민이다.

서울은 블랙홀이다. 기업과 자본뿐만 아니라 인구도 집중되어 있다.[463] 인구밀집도는 세계 최고로 2위인 일본과의 격차도 크다. 대기업은 환경오염 공장만 분산했을 뿐 본사는 대부분 서울이다. 한국은 커피 공화국이 아니라 식민지이듯, 흔히 말하는 서울공화국이 아니라 한국은 서울의 식민지다. 이제 한국은 없다. 국토 불균형이 나머지 모두를 급속히 죽이고 있다. 지역 차별이 국가소멸의 주요 원인이지만, 살상의 방아쇠는 '지

---

462) 한국에서는 아직도 생소한 개념이다. 명목변수는 오래전부터 자국의 어순(ABC 혹은 가나다 등)으로 나열함이 세계적 규칙이다. 외국에서는 이를 어기면 차별적 피해에 대한 소송을 당한다.

463) 100대 기업의 95%가 서울에 있다. 공공기관도 편중되어 있다. 미국은 세계적 다국적기업(MNCs)들이 마치 잉크를 뿌린 듯 전국에 분산되어 있다. 코카콜라는 남부 조지아주, 보잉은 북서쪽 시애틀 등이다. 취업을 위해 한곳으로 몰리지 않아도 된다.

방'이다. 다른 지역을 차별로 죽이고, 서울도 질식 상태다.[464]

♣ 뉴욕말이 사투리인가? 북경어가 표준어일까?

미국의 표준어는 수도 워싱턴 D.C. 말일까. 샌프란시스코와 텍사스 말투가 사투리가 아니면 국내의 모든 말은 한국어이다. '표준(어)'이라는 말은 한국의 차별적 시각이 빚어낸 용어로 외국어에도 갖다 붙이는 오류를 만든다. 북경어는 표준어가 아니라 국어(國語)라 부른다. 각 성의 말이 있고, 그중에 중국을 대표하는 말이라는 뜻이다. 홍콩을 포함한 광동성은 광동어가 일상어다. 상해사람은 상해어 사용이 정당하다 여긴다. 상해에서 북경어는 외지어다. 중국은 성(省)의 말을 어(語)[465]로 표기하며 사랑한다. 일본은 우리가 '사투리'로 무시하는 전국의 말을 표준어 사전에 포함하였다.[466]

서울말은 국민의 말을 '사투리'로 만들고, 조롱의 대상으로 여기며 서울 사투리를 강요한다. 학자들이 서울말을 폭력물이라 부르는 이유다. 말은 외모만큼이나 바꾸기 어렵지만 사실 그렇게 해야 할 이유가 없다. 미디어를 통해 시간이 지나면 자연스럽게 통일된다. 과거에는 산 하나를 사이에 두고도 말이 달랐다. 시민은 어디서 태어나든 언어를 포함한 문화를 존중받을 권리가 있다. 따라서 국토 내의 모든 언어는 일방적 폐기와

464) 2023년 기준 전국 출생률은 0.65(세계 최하위) 명이지만, 서울은 더 낮은 0.55명이다. 숨 막히는 일상에 인간의 가장 기본적 욕구인 종족 보존 행위도 어렵다.

465) 예: 광동어, 대만어, 민남어, 북경어, 상해어.

466) 이 때문에 오래전 일본의 국어사전이 갑자기 4배로 두꺼워졌다.

모방이 아니라 서로 존중하며 학습할 의무가 있다.

인기드라마 '웰컴 투 삼달리'는 자막 없는 제주말로 방송하였다. 알아듣지 못하는 표현이 많지만, 이해는 시청자들의 의무다. 제주어는 몰라도 되는 사투리가 아니라 일본이 이미 그랬던 것처럼 학습해야 할 한국어다. 국민은 서울 사투리뿐만 아니라 전국의 '사투리'를 수용하고 교차 학습할 권리와 의무가 있다. 서울에서 태어나면 다른 '사투리'는 몰라도 되는 소리가 아니라 학습의 대상이다. '지방'에서 태어나면 서울말로 고쳐야 하는 의무가 아니라 자기 말을 자연스럽게 하면 된다. '고침'은 사회적 억압이다.

언론의 역할이 매우 중요하다. 보도의 파급효과에 대한 고찰이 필요하다. 아직 살만한 도시들을 30년 이내 망한다며 뱅크런bankrun 같은 소멸을 조장하고 있다.[467)]

통계적 유의가 없는 관광객 수 변화를 과장된 그래프로 시청자들을 현혹하여 해당 지역을 망친다. 현지민들은 분통을 말하는 '입'도 없다. 평화로운 식당들의 한 곳을 맛집으로 보도하여, 이웃 식당들을 죽이고, 끝내는 손님을 제대로 감당하지 못한 맛집도 망한다. 결국 아마추어 언론이 주관적인 입맛으로 평화로운 시장을 초토화한다. 언론의 역할은 객관적 뉴스(NEWs, 새로운 일)를 발굴하고 알림에 있다. 현대의 예능에서도 '시골 영감' 대하듯 다른 지역에 대한 폄하는 도를 넘어 조롱이 다반사다. 한국처럼 단어 하나 억양 하나에 예민하게 반응하는 관행은 글로벌 시각에서는 스스로 우물 안의 무지와 천박의 표상

467) 국가소멸의 원인은 출생감소와 더불어, 지역 공동화(空洞化)도 있다. 남은 인구를 주거지 집중배치로 이탈을 줄이는 방법도 있다.

을 비춘다. 인간이 약한 동물을 차별하듯, 거대한 수도 서울이 다른 지역을 폄하하고 조롱하고 욕하는 현실에서 서울 밖에 살고 싶은 사람이 없어지는 것은 당연하다.

시급한 과제는 지역 간의 물리적 균형도 중요하지만, 정신 균형이 먼저다. 모든 국민이 어디에 살든 정신적으로 학대당하지 않는 구조가 없다면 서울로의 집중을 막을 수 없다. 지역 불균형은 국가의 위기라는 불출생도 만든다. 인구와 국토 크기를 비교하면 효율적인 주거비로 평안하게 살 수 있는 땅에서 지역 차별은 쏠림으로 국가의 균형을 저해하는 요인임을 인식한다면 간과할 수 없는 중대한 사안이다. 일상에서의 세뇌가 차별을 심화하고 지역을 죽이며 국가는 사라져 간다.

♣ 차별의 잔재

비 내리는 종로 거리, 강남역의 퇴근 시간, 경기도행 광역버스를 타기 위해 하염없이 기다리는 사람들의 긴 줄, 백 개가 넘는 우산이 슬프다. 누가 우리를 이렇게 만들었는가. 서울에만 있는 일자리와 잠 못 이루는 바쁨에 결혼이나 출산은 영원한 꿈으로 변한다.

최저 출산율[468]이외에도 한국은 변함없이 낮은 행복도, 자살률 매년 1위, 그리고 최다 1인 가구,[469] OECD 노인빈곤율 1위[470]

468) 한국의 출산율은 0.81(한 부부가 0.4명을 낳는다는 뜻)로 190개 주권국가 중에서 190위(최하위)이다. 20개 자치령을 포함하면 홍콩이 0.77로 최저다. 출산율 순은 중서아프리카 4.8, 동남아프리카 4.2, 아랍지역 3.1, 동유럽과 중앙아시아 2.1, 아태지역 1.9, 중남미 1.8이다.

469) 전국 평균은 1/3을 초과하였고, 서울 관악구는 학업 관련 특성이 있지만 61%에 달한다.

로 희망이 희미해진다. 서울에 집중된 일자리를 위해 고향의 싼 집을 버리고, 왜곡된 사교육 시장에는 이산가족이 되어 몰린다. 수십 년간 악화일로의 서울집중 현상에 결국 모든 시민[471]의 삶과 국가도 사라져 간다.

한국 경제는 차별의 불꽃을 먹고 자랐지만, 그 화려한 불길은 환상이었고 결국은 잿더미로 남게 되었다. 오래전 인구가 떠난 오클라호마 다운타운OK Downtown이 보여준 유령 건물들과 황량한 거리의 기억이 아직도 생생하다. 유령 도시다. 우리도 시골집 하나씩 폐가가 되지만, 곧 작은 도시부터 비워진다. 갈 수밖에 없는 서울로의 집중은 진정한 서울공화국이 되고, 기반 시설이 갖춰진 제주나 부산 등은 이민자들의 도시로 팔린다.

무의미한 '특별' 시민은 유입인구가 만든 주거비로 경기도로 밀려난다. 그래도 수도권이라는 말이 있어 자위한다. 남은 서울에서도 차별은 계속된다. 먼저 강남과 강북으로 나눈다. 강남은 강남구와 서초구가 중심이지만, 송파구는 강남 3구라는 이름으로 '다행히' 진입한다. 가끔 강남4구가 등장하면 질투의 비아냥이 댓글 창을 도배한다. 강남구는 테헤란로 남쪽(테남)의 도곡, 대치와 북쪽(테북)의 청담, 압구정으로 나눈다. 그리고 여기저기서 고층과 저층을 구분한다. 이런 부모의 영향으로 아이들은 친구 집 등기부등본을 열람하여 자가와 전세를 구별하고 우정을 차별한다.

---

470) 한국 40.4%, 미국 22.8%, 일본 20.2%, 독일 11.0%, 프랑스 4.4%, 노르웨이 3.8%(2020, 66세 이상 기준).

471) 모든 국민은 시민citizen이다. 군민, 도민, 시민의 구별은 식민지 잔재의 차별성이다.

그런데 매년 발표하는 한국부자보고서[472]에 따르면 서울의 부촌 지역은 강남의 2구(강남, 서초)와 강북의 2구(종로, 용산)다. 강남이 브랜드가 될 수 없다는 뜻이다. 2023년 기준 한국의 부자 46만 명은 서울, 경기, 인천 등 수도권에 70.6% 분포함으로 발표하였지만, 부자가 몰린 것이 아니라, 인구 집중에 의한 착시다. 빈곤층도 인구만큼 많다는 뜻이다. 부자보고서와 통계청 자료에 인구변수를 투입하여 부자 비율 기준으로 계산하면, 서울은 다른 지역에 비해 부자가 평균 2.3배 정도(2.2%) 더 많다. 경기도와 인천은 부자 비율이 각각 0.74%, 0.47%로 부산과 대구의 0.86%, 0.82%에 비해 낮다. 부자들만 살듯한 강남구의 자가 비율[473]은 불과 37%로 전국의 시군구 중 하위 3위다.

서울에서도 지역을 구분하며 계층을 나누는 행위가 불편함이 마땅하다. 경주 출장을 지방 출장으로 표현하는 자신이 혹시 차별주의자가 아닌지, 춘천은 올라가지 않고 '지방'은 내려간다고 표현하는 심리적 위계질서[474]가 맞는지 점검할 필요가 있다. 평등과 권리를 요구하고, 정의를 위함이 위선의 삶이 아니라면, 작은 의무가 무엇인지도 살펴야 한다. 강남을 브랜드로 이익을 취하는 세력이 장기간 분명히 존재하지만, 현실에서는 비강남 거주민들이 강남을 우상화하고 부러워하는 노예 심리가

472) 2023 한국 부자 보고서, KB금융지주, 경영연구소.

473) 통계청, 2020 인구주택총조사(20% 표본자료).

474) 수도인 워싱턴DC에서 뉴욕과 시카고를 내려간다면 어색하지 않을까. 미국의 수도가 뉴욕이 아니고, 호주가 수도를 멜버른Melbourne에서 한적한 캔버라Canberra로 옮긴 이유는 중립성과 균형을 위함이다.

악순환을 만들고 자신을 더 가난하게 만든다. 차별은 인간의 본성이지만 부당한 차별은 범죄다. 차별하는 습관은 자신에의 차별이다. 비거니즘은 차별을 거부하는 사상이다. 비거니즘 없는 삶에서 차별은 범죄가 된다.

♣ 혁명적 사고

결국 국가소멸의 길로 이끈 지역 차별과 불균형은 미봉책이 아니라, 혁명의 '극단적' 사고와 행동으로 저지할 시기다. 비건은 극단적이라는 표현을 수시로 듣는다. 그건 화자(話者)가 살해에 익숙함이다. 풀을 먹는 일과 살려 달라는 돼지의 목을 베게 한 일, 무엇이 극단일까. 변화는 채식처럼 극단적이 아니라 그냥 당연한 일이다.

한국이 소멸에서 벗어나는 희망은 변화에 있다.

- 서울특별시의 특별을 폐기한다. 모든 시는 지위가 동등한 가나다순으로 표기한다.[475]
- 주소를 도로명으로 단일화한다.
- 서울지역 국번 02를 다른 도시처럼 세 자리로 바꾼다. 전화번호가 지역을 차별하지 않도록 무작위로 배정한다.[476]

---

475) 면적이 넓지 않은 한국은 도시 중심으로 구축하고, 도, 군, 면, 읍, 리의 구분도 폐기한다. 농어촌지원 대상은 다른 수혜자처럼 전산에서 표기한다.

476) '평등'을 저해하는 법조차도 만들어서는 안 된다는 미국의 수정헌법 제1조 기준에서, 수도 워싱턴DC의 지역번호는 202, 771, 뉴욕과 캘리포니아는 200~900대의 번호를 무작위로 각각 20개, 37개 배분하였다. 익숙한 지역이 아니고, 검색하지 않는 한 지역번호로 어딘지 알 수 없게 되어 있다. 우편번호는 효율적 물류와 물리적 특성으로 지리(동북쪽 끝 메인주 039를 시작으로 알래스카 999까지)에 따라 순차적

- 서울을 포함한 지방 방송국은 지역어도 사용하여 전국으로 송출한다.477)
- 변호사, 의사, 회계사 등의 전문직은 지역 면허로 전환한다.478)
- 언론은 지역 차별과 소멸 가속화 표현에 유의한다.479)

♣ 차별의 늪을 벗어나는 삶

차별을 고찰하는 일은 참 고통스럽다. 어쩌면 차별은 모든 동물이 자신과 종족을 불확실한 위험으로부터 보호하기 위한 본능적 행위이다. 인간으로서 해결할 수 없는 숙제이기도 하다. 가해자가 피해자의 고통에 공감하지 못하면 폭력은 지속된다. 슬픈 일은 가해자가 항상 가해자가 아니라는 점이다. 문헌에 의하면 가해자가 차별을 당하는 사례도 많다. 인간은 모든 면에서 우성이 될 수는 없다는 현실이다. 이 사실이 인간을 겸손하게 만들어야 하지만 우리는 늘 자만한다. 오늘 여기서 차별당하고 내일은 저기서 차별한다. 동물도 갖춘 이성이 인간에게는 욕심에 가려 결핍된 잔혹한 삶이다.

차별의 유일한 해결책은 이타적인 삶이다. 비건은 하루라도

으로 분포하였다. 한국은 서울부터 100으로 할당하였다.

477) 의식 있는 국어학자들도 '사투리'로 폄하되어 사라져가는 지역어를 매우 우려한다. 그리고 강원도에서 제주방송을, 부산에서 청주방송을 볼 수 있어야 한다. 현재는 위성과 케이블 방송체제로 풍부한 채널이 있어 가능하다. 이 두 가지는 중국에서도 오래전부터 시행하고 있다. 광고비 등 서울에 집중되었던 돈의 흐름이 분산된다.

478) 미국 등에서 주state 면허를 시행하는 이유가 균형발전이다. 전문직은 돈이 몰린 곳에 몰려있다.

479) 특히 방송 작가들의 주도가 필수 요건이다.

남을 해치지 않는 삶을 경험한다. 먹거리, 물질 등 저차원의 본능보다는 비 본능의 삶을 추구한다. 인간은 다른 동물과 달리 환경에 '악(惡)'이라는 진실을 새기며, 최대한 흔적 없는 생활이 의미 있는 휴메인humane의 삶이 된다. 비거니즘이 일상이 되어 공기처럼 보이지 않는 세상이 만들어지길 희망한다.

◑ 모른다고 바보는 아닙니다. 알면서도 행동하지 않으면 바보가 됩니다.

Not knowing doesn't make you a scumbag. Knowing and not caring that makes you a scumbag.

◑ 인간은 있으나 인류애가 없고, 몸은 있으나 영혼이 없고, 법은 있으나 도덕이 없고, 생각은 있으나 마음은 없다.

I see humans, bodies, rules, minds, but no humanity, souls, morality, hearts.

◑ '인도적'을 판단하기 위해; 그 일이 당신에게도 일어나기를 원하는지 먼저 판단하시오.

To determine whether something is 'humane'; first determine if you would want it done to you.

– 앤드리아 클레다Andrea Kladar(100 for 100 기획자; 100명의 동물을 살리기 위해 100km를 뛴 선수)

◑ 비거니즘은 음식이 아니라 생명에 대한 사랑과 존중이다.

Veganism is not about food, it's about love and respect for life itself.

◑ 인간은 밖에서 사는 짐승들은 영혼이 없다고 경멸하지만, 짐승의 비명은 하늘로 오르며 영혼 없는 인간들을 지켜본다.

From beasts we scorn as soulless in forest, field and den, the cry goes up to witness the soulless of men.

— 프리다 하트리M. Frida Hartley

대화[480] 비거니즘, 채식주의가 더 궁금하면

♣채식종류, ♣비건생활, ♣채식이유, ♣채식분포, ♣채식역사, ♣채식과 환경, ♣식물의 고통, ♣동물원, ♣자연섭리, ♣벌레, 작은 동물, ♣채식과 건강, ♣채식과 행복, ♣먹거리, ♣비건활동, ♣비건이 되기 싫은 질문들

♣ 채식종류

Q 채식주의에도 종류가 있습니까? 그리고 채식주의의 정확한 범위는 어디까지인가요? (우유도 채식주의에 어긋나는가?)

A 채식의 종류를 설명한 표가 본문에 있습니다. 과일식fruitarian, 비건vegan, 폴로pollo 등등으로 나누고 있습니다. 생소한 분들을 위해 첨부하였지만, 조금 생각할 부분이 있습니다. 닭, 우유, 계란 그리고 물살이를 먹고 가끔 소와 돼지도 먹는 식단이 채식일까요.

기존의 채식주의는 간헐적 채식부터 비건식처럼 엄격한 채식, 그

480) 강의나 강연을 들은 사람들과의 실제 대화로 구성하였다.

리고 과일식 등으로 구분합니다. 이외에도 자이나교식 등 분류 기준에 따라 범위가 달라지므로 정확한 범위를 설정하기는 어렵습니다.

진정한 채식주의는 그 종류보다 육식을 피하는 실천입니다. 페스코처럼 소고기나 돼지고기 대신에 그만큼 물살이(물고기)로 대체한다면 채식의 의미가 있을까요. 비건식과 달리 채식인vegetarian이 섭취하는 우유나 치즈, 버터 등은 갓 태어난 송아지의 밥을 인간이 가로채는 잔인한 행위입니다.

Q 해산물도 똑같은 생명인데 해산물도 안 먹는 것이 채식주의인가요?

A 물살이와 갑각류,[481] 조개류 등을 해산물로 지칭한 듯합니다. 이들도 모두 동물입니다. 참고로 멍게나 굴[482]은 동물성이지만 뇌가 사라져 고통을 못 느낀다는 연구가 있어 이를 먹는 유럽 비건들도 있습니다. 그런데 고통이 기준이면 자동차에 치인 로드킬roadkill 동물이나 자연사한 이들을 먹어도 되나, 비건들은 그럴 필요를 느끼지 못합니다. 채식으로 편안해진 몸과 마음을 지키기 위해서입니다.

유사한 갑각류는 고통을 느낄 수 있음이 증명되어 유럽에서는 냉장 운반이나 산 채로 죽일 수 없는 법이 만들어졌습니다. 불판 위에 올려진 조개류 전복을 보셨나요. 뜨거워서 빙빙 돌며 발버둥 치는 모습을 볼 수 있습니다.[483] 밟힌 지렁이처럼 얼굴이 없어도 큰 고통을 느끼고 있음을 바로 확인할 수 있습니다. 다른 물살이는 '물고기는 알고 있다'는 책에서 사람과 별반 다르지 않다는 연구를 볼 수 있습니다. 모든 동물이 그렇듯.

---

481) 랍스터Lobster는 100년까지 산다. 1년에 100여km를 여행한다. 다른 동물들처럼 복잡한 신호로 사회생활을 한다. 고통을 느낄 수 있고 부정적 경험을 기억하고 회피한다. 기절할 수 없어 모든 고통을 고스란히 느낀다. 대부분 산 채로 삶아 극도의 고통을 느낀다.

482) 굴 한 개체는 매일 바다에서 100~200리터의 물을 정화하는 삶을 산다. 수족관 실험에서도 시간당 5리터의 탁한 물을 깨끗이 만든다. 굴을 먹으면 무엇을 먹는 것일까.

483) 전복을 자세히 보면 갑옷을 입은 거북이 같다. 전복은 더듬이와 더불어 또렷한 한 쌍의 눈, 심장과 신장, 그리고 입과 항문이 있다.

Q 채식주의자들은 벌레도 못 먹나요? 혹은 못 죽이나요?

A 사람들은 방어나 이익을 위해 자신보다 작은 동물들을 벌레, 해충으로 명명하고, 무시하거나 이용하며 쉽게 죽입니다. 또한 고등동물, 하등동물로 구분하기도 합니다. 비건들은 '종차별을 반대antispecism' 합니다. 작거나 못생겼다고 무시하는 마음은 인간사회에도 전염될 수 있습니다. 단순히 반대함이 아니라 모든 동물은 자신의 환경에 최적화되어 생존하고 있습니다. 새들이 종차별을 한다면 인간에게 날지도 못하는 하등동물이라 하지 않을까요. 개는 사람보고 그렇게 냄새를 못 맡냐며 무시하지 않을까요. 그리고 곤충들을 사육하여 식용화하는 상업단체 Entovegan이 있는데 비건과 무관합니다.

Q 채식주의에는 채식만 하는 사람들도 있지만, 유제품, 생선, 닭고기 등을 부분적으로 허용하는 채식주의가 있습니다. 그렇다면, 도덕적 윤리를 지키는 채식은 어디까지인지 궁금합니다.

A 철학이 아닌 도덕의 기준은 시대와 지역 그리고 개인에 따라 다릅니다. 하지만 육식은 상대적으로 약한 종의 생명을 착취하고 도살한다는 점에서 죽음 없는 채식이 시대나 지역을 초월하여 존재해야 하는 도덕성이 아닐까요. 따라서 현대의 채식 종류에서는 비록 완벽할 수는 없지만, 최대한 엄격한 채식인 비건식이 개인이나 지구환경에 도덕적이라 판단됩니다. 이는 수많은 과학자 및 환경전문가들의 주장이기도 합니다.

Q '플렉시테리언'은 평소에는 채식주의자로 생활하지만 상황에 따라 육식을 하는 채식주의자로 알고 있는데, '상황에 따라 육식을 한다'에서 어떤 상황이 채식주의자로서 허락되는지 궁금합니다.

A 채식은 누군가에 의해 허용되거나 허락되는 범위는 없습니다. 단체가 아니라 스스로 최대한 노력하는 생활방식입니다.

육식을 해야 하는 상황은 개인적입니다. 개인의 환경이 모두 다르기 때문입니다. 예를 들어 〈동물해방〉, 〈효율적 이타주의자〉의 저자이면서 동물권리를 주장하는 피터싱어는 여행 등으로 채식이 어려울 때 자신을 유연한 비건flexible vegan이라 밝히고 있습니다.

인간은 사회의 동물이므로 여러 상황이 있겠지요. 플렉스테리언들의 육식상황을 예를 들면 생계를 위한 접대나 모임, 부모님 등 사랑하는 사람이 비건 초기 건강을 걱정하며 권유할 때 등 입니다. 오해할 수도 있지만 대부분 비건이 되기 전에 육식을 수 만번 했는데 본인 생각에 어쩔 수 없다고 판단되면 잠시 육식이 가능하다고 생각합니다. 채식은 자격시험이 아닙니다. 누구든 자신의 위치에서 최대한 노력함이 플렉스테리언입니다. 플렉스테리언이 아닌 비건은 실수가 아니면 미미한 육식성분도 섭취하지 않습니다. 오히려 자신도 모르게 먹을까 항상 경계합니다.

Q 비건들은 우월감이나 선민의식을 갖고 있지 않나요?

A 우월감은 상대를 열등함으로 차별하는 행위입니다. 비건들이 실천하는 비거니즘의 핵심이 모든 부당한 차별에 저항하고 반대하는 사상입니다. 오히려 동물식인의 우월감이 죄 없는 동물들을 열등하다 차별하여, 학대하고 죽이는 악습을 만들었습니다.

Q 육식을 줄이는 것만으로도 채식주의에 동참한다고 할 수 있는지 궁금합니다.

A 네, 지식으로 동물들의 고통을 깨달았으면서도 식욕 때문에 육식을 중단하지 못하는 사람들도 있습니다. 비건지향이라는 말에는 비건과 같은 뜻도 있지만, 비건을 향해 다가간다는 뜻이기도 합니다. 담배를 단번에 끊지 못하고 줄여만 나가도 금연활동에 동참하는 일 아닐까요. 어느 순간 동물고통에 공감(느껴지면)하면 쉽게 비건이 됩니다.

Q 라면, 빵, 과자 등 가공식품이나 꿀, 우유 등의 식품에 대해서 채식주의와 어떤 관련이 있는지 궁금합니다.

A 최근 들어 동물권 활동의 영향과 채식주의자들의 증가로 비건 라면, 빵, 과자도 출시되고 있지만, 한국에서 판매되는 거의 모든 과자에 동물성 성분이 있습니다. 건강이 목적인 채식인들은 벌의 노동산물인 꿀과 소의 눈물인 우유를 음용하지만, 비건들은 꿀, 유제품 등 모든 동물유래 식품이나 상품(동물사체, 동물노동, 동물생산)을 거부합니다.

Q 채식 도중 육식의 유혹을 참지 못하고 한 번이라도 먹게 되면 그때부턴 채식주의자가 아닌가요?

A 재미있는 질문입니다. 비음주인이나 금주자가 어쩌다 한 번 술을 마셨다면 음주자일까요. 마음 편하게 다시 채식을 하면 됩니다. 비건들은 실수가 아니면 동물성을 먹는 일이 거의 없습니다. 그리고 완전한 비건생활은 불가능하다고 하였습니다. 자전거를 타다가 날파리가 코나 입, 눈으로 들어갈 때도 있고,[484] 걷다가 개미를 밟아 죽이거나, 여름에 고속운전하면 동물이나 곤충들이 차에 부딪혀 죽일 수도 있습니다. 주의를 늘 하지만 자신을 너무 엄격하게 통제하면 비건생활이 불가능하거나 쉽게 지칠 수도 있습니다. 시행착오를 거치며 실수할 수 있는 상황을 예측하여 마스크를 쓰거나, 바닥을 살피고, 주행속도를 줄일수록 동물들의 희생도 줄어듭니다.

Q 채식위주의 식단이라는 용어가 점차 보편화되고 있는데 그 말의 정확한 의미가 무엇인가요?

A 전문 용어가 아니라 그냥 고기 등 동물성 성분이 없거나 적은 식단이라는 뜻이겠지요. "채식 위주의 식단"이라는 말은 용어의 조작적 정의가 없는, 즉 개인이 편한 대로 설정할 수 있는 식단입니다. 학교나 기업, 기관 등 사회단체 급식당의 경우 유제품이 있는 채식과 없는 비건식이 있습니다.

484) 탄다면 작은 동물이 많은 저녁보다 새벽 라이딩을 추천합니다.

Q 불교에서 하는 채식과 일반 채식은 차이가 있나요?

A 불교 식단에는 일반 채식단 중에서 다섯 가지 매운 채소나 나물인 오신채(五辛菜; 달래, 마늘, 부추, 파, 흥거)를 먹지 않습니다. 맵고 강한 맛이 냄새를 풍겨 다른 수행자에게 피해를 주거나 심신을 흐트린다 생각하여 배려하기 때문입니다. 오신채의 종류는 지역이나 국가의 농산물 특성에 따라 달라집니다.

Q 인간은 채소만 먹고 살 수 있을까요.

A 풀만 먹고 사는 인간에 대한 자료가 없어 모르겠습니다. 다만 풀만 뜯어도 건강하게 사는 동물들[485]은 소, 코끼리, 토끼, 염소, 기린, 코뿔소, 거북이, 침팬지 등 다양합니다. 참고로 과일식을 하는 프루테리언들은 보통 과일과 약간의 채소, 견과류를 섭취합니다.

Q 비건은 육류 소비가 가진 문제점을 지적하고 이와 연결된 동물권리와 지구환경에 신경을 쓰고 있습니다. 그래서 육류를 거부하고 채식 식단을 통해 행동하는 모습을 보여주는데요. 이런 비건은 채식재료로 만든 '고기 맛' 제품에 대해서는 부정적인지, 혹은 긍정적인지 궁금합니다. 그리고 만약 전자, 혹은 후자라면 어떤 관점에서 그렇게 생각하는지 알고 싶습니다.

A 제가 좋아하는 질문입니다. 비건들이 고기 맛을 찾는 이유는 과거의 육식 습관이 만든 까르마Karma 때문입니다. 하지만 점차 고기 맛이나 냄새도 싫어집니다. 점차 고기 굽는 냄새가 역겨워지는 변화를 겪기도 합니다. 고기 맛과 형태를 지닌 대체육인 콩고기, 비욘드미트 등의 섭취는 별 문제가 없다고 생각되나, 비건활동가의 경우 다소 부적절하다고 생각합니다. 예가 될지 모르겠지만 도박을 끊은 사람이 화투를 들고 다니는 모습이라 할까요.

---

485) 초식동물들은 과일도 많이 좋아합니다.

Q 식물도 생명인데 비건들은 채소를 먹을 때는 죄의식을 안 느끼나요? 칭찬과 음악을 들으면 더 빨리 성장도 한다는데.

A 비건활동가들이 많이 듣는 질문입니다. 식물도 생명입니다. 나무는 중력을 알고 위로 자라며, 꽃들은 태양의 위치를 느끼고 따라 움직입니다. 파리지옥은 심지어 동물도 잡아먹습니다. 그리고 식물은 개미나 작은 동물로부터 공격을 당할 때는 독을 만들어 줄기를 통해 잎까지 전달하고 심지어 독의 양을 조절하는 능력도 있습니다.

개나 고양이도 마찬가지지만 인간이 식물이 되어보지 않는 이상 그 고통을 직접 느낄 수는 없습니다. 그렇지만 개가 되어보지 않더라도 개의 고통은 충분히 느끼고 눈으로도 쉽게 알 수 있습니다.

식물이 고통을 느끼는지는 아직까지 밝혀지지 않았습니다. 고통과 반응을 구별하지 못한 연구들은 있습니다. 하지만 어려운 실험이 아니라도 상식수준에서 생각해보면 귀가 없으면 듣지 못하고, 눈이 없으면 볼 수가 없습니다. 만약 눈이 없는데 볼 수 있다면 신에 가까운 개체이거나 모든 눈이 필요 없겠지요.

문헌들을 보면 식물은 환경에 반응하는 능력은 확실하게 있습니다. 여러 실험을 통해서 증명도 되었습니다. 하지만 통증이나 기쁨, 슬픔 등의 감정능력은 증명되지 않았습니다. 눈이 없으면 볼 수 없다고 판단하듯이 통각신경이 없으므로 고통을 느낄 수 없다고 판단합니다.

그리고 생존을 위한 생명의 정의를 고찰해야 합니다. 동물들은 잡아먹히는 일을 싫어하지만, 식물들은 몸이 나누어지고 전파되어 개체를 번식하는 방식으로 살고 있습니다. 향기롭고 맛있는 열매를 만들어 동물들을 유혹하고 그 안의 씨를 동물배설을 통해 멀리 퍼뜨리는 사실입니다. 그리고 칭찬과 음악이 식물을 춤추게 한다는 주장은 사실이 아닌 듯합니다. 여러 실험 결과에 따르면 재배자의 관심이 더 크게 성장한 요인이었고, 또한 효과가 있다면 모든 과수원이나 밭에 음악을 틀고 있겠지요. 식물에 대해 상세한 내용은 책 '식물은 똑똑하다'[486] 등을 참고 바랍니다.

486) 폴커 아르츠트, 식물은 똑똑하다, 들녘출판사, 2013.

♣ 비건생활

Q 단순히 탈육식 외에도 비거니즘에 동참할 방법에는 무엇이 있을까요?

A 비거니즘은 동물해방을 실천하며 환경오염을 줄이고, 그 결과로써 인간도 건강하는 선순환 사상입니다. 따라서 육식 및 지구오염의 여러 원인에 관심을 갖고 실천하는 친환경 활동도 동참 방법이라 생각합니다.

Q 비건 생활에 단점이 있다면?

A 별로 없습니다. 항상 몸과 마음이 평안한 상태이지만, 육식사회에 살다보면 조금만 방심해도 동물유래성분을 먹거나 사용할 수 있습니다. 그래서 늘 주의 깊게 확인해야 하고 조심해야 하는 일이 있지만, 단점이나 불편함으로 느껴지지는 않습니다.

Q 비건은 동물들의 권리와 지구환경, 건강이라는 이유로 한다고 말씀해주셨는데 만약 이 중 한 가지라도 빠지게 된다면 비건이 아닌가요?

A 비거니즘은 동물권리 존중과 동물해방을 통한 지구환경 개선이 목적입니다. 비건은 채식인과 달리 건강을 우선시하지 않습니다. 비거니즘은 내가 죽더라도 죄 없는 다른 생명을 먹거나 죽이지 않겠다는 사상입니다. 감사하게도 채식은 우리를 건강하게 만듭니다.

Q 불쌍한 동물들의 죽음, 학대 등을 막기 위해 채식주의자의 길을 선택한 사람들은 먹는 것에만 신경을 쓰나요? 아니면 의류 등 동물과 관련된 모든 것들에도 신경을 쓰나요?

A 먹거리는 단지 일부분입니다. 동물학대와 관련되는 모든 상품을 거부하고, 기업이나 국가기관, 사회단체를 대상으로 홍보활동도 합

니다. 그래서 비건식품과 제품이 출시되고, 학교나 직장의 급식과 군대식 등도 바뀌고 있습니다.

Q 비건이 되면 더 이상 가죽제품을 사지 않겠지만 갖고 있던 가죽 지갑이나 가방 등은 버려야 하나요?

A 비거니즘은 동물권리에 환경개선도 포함합니다. 버리면 새로운 물건을 사야하고 자원낭비와 환경오염의 원인이 됩니다. 따라서 그대로 사용해도 좋지만 견디기 힘들 수도 있습니다. 비싸고 멋져 보였던 가죽제품에 담겨 있는 동물들의 비명과 사체가 생각나기 때문입니다. 가능한 견딜 수 있을 때까지 사용하기를 추천합니다. 하지만 비건활동가들은 특히 공개장소에서 사용하지 않습니다. 사람들이 오해를 하고 비난하기 때문입니다. 그리고 동물성을 허용하는 듯한 잘못된 신호를 줄 수 있기 때문입니다. 비건활동가들은 인조 가죽제품도 사용하지 않습니다.

Q 감기약과 같은 의약품의 경우 비건들을 위해 따로 마련되어 있는지 궁금합니다.

A 한국에는 아직 없습니다. 그래서 많은 비건들은 긴급상황이 아니면 약이나 주사를 수용하지 않습니다. 감기의 경우 독일에서는 약 대신 캐모마일(국화차)을 추천합니다. 일본도 대다수 의사들이 약을 쉽게 처방하지 않습니다.

Q 사회생활에서 채식이 불편하지는 않을지?

A 나의 식사로 인해 죽는 생명이 없다는 점은 오히려 마음을 편하게 해줍니다. 처음에는 시행착오로 불편하지만, 채식이 익숙해지면 느낄 정도로 불편하지는 않습니다. 우리사회에서도 채식을 이해하는 사람들도 많아지고, 오히려 주위 육식인의 마음을 불편하게 만들지요. 사람들의 마음속에는 혹시 채식을 해야 할까봐, 표현은 못해도 죄 없는 동물을 죽여야 하는 육식에 대해 미안함을 갖고 있지요.

Q 비건인데 가족들이 치킨을 사오라고 하면 어떻게 하나요? 안 사주면 관계가 서먹해지고 사주면 마음이 불편해요.

A 개인의 성향에 따라 다르겠지만 질문의 내용을 보니 마음이 착한 분 같아요. 마음 내키는 대로 하는 자기결정권이 필요합니다. 동물권 활동가들도 특히 많이 겪는 이야기지만 스트레스를 받으면 건강을 해치게 됩니다. 그리고 단기간에 해결하기보다는 유연하게 대처하다 보면 시간이 지나면서 자연스럽게 해결됩니다. 법륜스님 말씀이 생각납니다. 치킨 안 사서 관계가 틀어지면 가족 맞나요^^. 비건 이전에 이미 수백 번(연간 1인당 20명 소비 통계 기준) 사다 줬는데 몇 번 더 사주는 일은 큰일이 아닙니다. 가족들도 서서히 비건에게 지속적으로 요구하지는 않게 됩니다. 오히려 채식으로 따라오는 사례가 많습니다. 활동가들은 대부분 매우 엄격한 비건생활을 하지만, 유연함도 좋은 방법입니다. 화나게 하면 육식을 더 많이 먹는 사람도 있습니다.

Q 제가 사는 몽고지역은 채소가 드물어 거의 육식을 합니다. 이러한 환경에서는 어떻게 해야 하나요?

A 가끔 몽고와 오지 이야기를 듣습니다. 채식을 할 수 없는 환경은 거의 없지만, 특별히 그렇다면 육식을 할 수밖에 없습니다. 내가 살기 위해서 육식을 하지 않겠다는 비건들은 굶어 죽지 않기 위해서 이주를 하겠지만, 식품유통이 안 되는 오지는 자연에 가까우므로 육식이 당연합니다. 자연에서 사자가 사슴을 잡아먹는 일과 같습니다. 대신 그렇게 오지라면 잡아먹히기도 해야 합니다. 비거니즘은 현실에서 가능한 일을 성심껏 노력하는 행동입니다.

Q 채식주의자들은 고기가 정말 먹고 싶을 때 어떤 방식으로 참나요?

A 강연에서 가끔 듣는 질문입니다. 채식을 경험하지 못한 분들은 비건들이 육식에 대한 욕구가 있고 이를 참고 있다고 오해를 하고 있습니다. 비건들은 동물의 고통을 공감하여 채식을 함으로써 동물

을 먹고 싶은 일이 거의 없습니다. 그리고 참고 있다고 생각하는데, 전혀 참고 있지 않습니다. 만약 참고 있다면 채식을 오래하기는 힘들겠지요.

오히려 나도 모르게 동물성분을 먹게 될까 두려워합니다. 마트에서 '고기'를 보면 많이 슬픕니다. 그들이 살아있을 때는 인간과 같이 느끼는 생명이었기에. 쉽게 이해하려면 대부분의 견주가 개고기 생각이 없음과 마찬가집니다. 오히려 두려워 하겠지요 인육을 보는 것처럼.

외국에서 가끔 비건으로 알려진 연예인들이 육식을 하다 들키는 일이 있는데, 이들은 처음부터 동물해방을 위한 비건이 아니라 인기를 위한 비건 흉내vegan washing로 간주합니다.

Q 채식에 대한 이해가 없거나 채식주의자라고 말하기 힘든 사람과 밖에서 식사할 때는 어떻게 해야 할까요?

A 밝히기 힘든 자리나 업무상 피하기 어려운 자리라도 대부분의 식당에서는 밥과 나물이 있습니다. 우리의 전통식단에는 채식 반찬이 많습니다. 그리고 고깃집에도 채식찬이 나옵니다. 식당을 선택할 수 있다면 인디아식당, 분식집 등도 채식단이 있습니다. 채식을 지속하면 육식하는 친구들과의 자리가 불편해질 수 있습니다. 채식도시락이나 햄, 계란, 맛살을 뺀 김밥도 추천합니다. 호주 등 채식이 많이 알려지고 보편화된 국가에서는 회의, 행사 등에서 항상 채식인의 유형을 미리 확인하고 준비합니다. 부러웠습니다.(한국도 이제 제법 많은 식당에서 비건식을 얘기하면 만들어 주십니다)

Q 학교 기숙사 생활을 하면서 채식을 할 수 있을까요?

A 보통은 서너 가지 반찬 중 채식찬이 하나쯤은 있습니다. 채식찬이 하나도 나오지 않을 때를 대비해서 깻잎이나 콩자반 등을 들고 가는 방법도 있습니다. 그리고 채식인들은 입맛이 순해져서 가끔은 밥만 먹어도 맛있고 기분이 좋습니다.

Q 채식을 하고 싶은데 채소가 맛이 없어 싫어하는 어린이들 또는 어른들의 경우 채식을 하기 위한 방법이 있을까요?

A 무조건 강요하면 지속하기 어렵고 오히려 스트레스로 건강이 나빠질 수 있겠지요. 지금은 채식요리에 관한 책들이 많이 출간되어 있습니다. 육식보다 맛있는 채식단도 얼마든지 만들 수 있습니다. 그리고 인간과 같이 감정이 있고, 학대받는 동물들의 사진이나 영상을 본다면 채식을 편하게 받아들이게 됩니다. 어린이들은 동물을 친구로 생각하는데, 육식 반찬은 조리가 되어 별개로 생각합니다. '채식 흡혈귀 딩동' 등 미취학 아동을 위한 책들도 있습니다. 그리고 채식을 3주 정도 하다 보면 육식 냄새가 역겨워지기 시작합니다.

Q 회사나 군대 등 많은 인원에게 밥을 제공해야 할 입장에서 채식을 고려하게 되면 상당부분 신경 쓰이고 힘들 것 같은데, 이 부분에 대해서 해결된 사례가 있나요?

A 채식단이 생각보다 어렵지 않습니다. 전통식 반찬 중 나물이나 버섯, 연근조림 1~2개만 추가해도 충분합니다. 대형식당에는 영양사가 계셔서 조율합니다. 고기 없는 날Meat Free (Mon)Day도 무리 없이 시행되고 있습니다.

비건들은 화려한 반찬을 원하지 않고 오히려 소박한 식단을 좋아합니다. 요리를 위해 에너지를 많이 쓰거나 잔반이 생기는 일을 피하기 때문입니다. 그리고 요즘 많이 출간되는 비건요리책을 보면 맛있는 채식요리를 쉽게 만들 수도 있습니다. 현재 초중고 및 여러 대학 내의 채식당들이 무리없이 운영되고 있습니다.

Q 채식을 하려고 할 때, 처음부터 고기를 끊지는 못할 것 같습니다. 채식으로 바꾸기 위한 단계가 있을까요?

A 단번에 끊는 사람도 있지만 하나씩 서서히 줄이는 방법도 있습니다. 술, 담배, 도박을 한 번에 끊는 사람과 서서히 줄이는 사람이

있듯이. 그리고 동물들의 고통이나 환경에 대한 생각이나 관심은 훨씬 편하게 육식을 줄여줍니다. 동물이 도살되는 다큐멘터리 도미니언Dominion을 추천합니다. 유튜브에서 한글자막도 무료로 볼 수 있습니다. 잔인한 영상들이 많지만 죽어가는 영혼들보다는 덜 고통스럽겠지요. 그리고 인간에 의해 만들어지는 동물의 고통을 외면해서는 안 됩니다.

Q 채식을 하면 초기에 공복감을 자주 느낀다는데 어떻게 해결하나요?

A 참기 힘들 정도면 생고구마, 오이나 바나나 등 과일을 간식으로 추천합니다. 커피나 차 가격으로도 꽤 많은 과일을 살 수 있습니다. 고기는 배가 불러도 억지로 더 먹을 수 있고, 위에서의 소화시간이 채식보다 2~3배 긴 5시간 정도 되므로 포만감이 유지됩니다. 채식은 식사 도중 갑자기 포만감이 오기 때문에 더 이상 먹기가 어려워집니다. 그래서 과식하지 않은 이유도 공복감을 느끼게 합니다. 그리고 공복감은 보통 채식 초기에 느끼지만 점차 배가 없는 듯 몸과 마음이 편해집니다. 좋은 점은 체중관리를 위한 운동은 얼굴 살부터 빠지지만 채식단은 뱃살부터 빠집니다.

Q 채식주의자들은 자신의 애완견에게 어떻게 주나요?

A 동물을 사랑하는 사람 견주나 캣맘들은 대부분 '내 새끼(들)'에게 연어와 닭 등의 동물성이 포함된 사료를 주고 있습니다. 간과한 사실은 나의 개와 고양이를 위해 수많은 다른 동물들은 매일 죽어야 합니다. 이를 인식하고 공감한 사람들은 채식사료를 주며 자신도 채식인이 됩니다. 비건들은 채식사료를 제공합니다.

채식사료가 학대가 아니냐는 의견도 있지만, 오히려 육식사료가 학대라고 판단합니다. 그 이유는 육식으로 인한 질병이 증가함에 반해 채식사료는 동거동물들을 더 건강하게 함을 논문들이 발견하고 지지하고 있습니다. 본문에서 채식사료의 장점을 설명한 연구자료가 있습니다.

역사적으로 채식만을 경험한 '육식동물'은 매우 드뭅니다. 그런데 사자 타이크Tyke와 다른 동물들도 채식만으로 평균수명 이상 건강하게 살았습니다. 육식동물이 반드시 육식을 해야 한다면 이 동물들은 어릴 때 죽었을 것입니다. 인간이 육식동물이라 판단하는 동물들도 채식만으로도 살 수 있음을 증명한 소중한 사례입니다.

보다 쉽게 설명하면, 휘발유로만 간다던 자동차가 한 대라도 맹물로도 간다면, 차는 맹물만으로도 갈 수 있다는 뜻입니다.

Q 채식만 하다가 몸의 영양이 깨져버린 경우, 영양분을 공급하기 위해 잠깐 육식을 한다면 채식주의자가 아닌가요?

A 잠깐 육식하다 다시 채식을 하면 그날부터 또 채식주의자가 됩니다. 채식은 누구의 허락을 요하는 자격시험이 아니라 스스로의 생활습관이나 사상입니다. 그래서 잠깐 육식한다고 채식이 안 되는 기준은 없습니다. 마음 편하게 가능한 채식을 하면 됩니다. 그리고 지나친 소식(素食)을 제외하고 채식으로 몸의 영양이 깨지는 사례는 찾기 힘듭니다. 약한 체질이 채식 때문에 아프다 생각할 수도 있습니다. 수많은 비건 운동선수들조차 채식으로 체력이 오히려 더 나아졌고 피로회복도 빠름을 증언하고 있습니다.

Q 원재료 성분 표기상 식물성 재료로 구성되어 있음을 확인하고 직접 고객센터로 동물성 성분이 함유하고 있는지 확인하는 비건들의 사례 중, 초반에는 동물성 성분이 함유되지 않았음을 공식적으로 답변 받았으나 추후에 미표기된 동물성 성분이 첨가된 논비건 제품임이 드러나는 경우를 본 적이 있습니다. 이 경우에는 확인 이후 신뢰하고 그 제품을 구매하던 비건을 지향하는 소비자가 비건 지향의 실패라고 인지하나요? 이렇게 비건을 지향하다 의도하지 않게 논비건의 식재료를 구매한 경우, 남은 식재료는 어떻게 처리하는지 궁금합니다.

A 남은 재료는 가능하면 육식하는 사람에게 줍니다. 그 사람이 필요한 논비건Non-vegan 상품의 구매와 상쇄하기 위함입니다. 신제품은 보통 제조기업에 확인을 합니다. 대부분의 기업들은 자사상품에 정확한 정보를 제공하나, 성분은 복잡한 다단계를 거치는 일이 많아 다중으로 확인합니다. 그래도 추후에 논비건으로 밝혀지면 그 때부터 구매를 중단하면 됩니다. 비건들은 신제품이나 의심스러운 상품은 구매를 미루거나 하지 않는 방법으로 방어를 합니다.

Q 예를 들어 청각장애인 에티켓처럼 채식주의자에게도 지켜줘야 할 에티켓이 있다면 어떤 것이 있을까요?

A 와~ 배려하는 마음 감사합니다. 한 끼라도 같이 채식을 해주면 좋겠지요. 사실 육식하는 모습이 비건들에게는 매우 불편합니다. 개얘기를 자꾸 해서 미안하지만 이해하기 쉽게, 사람들이 '보신탕'을 먹는 모습에 견주가 어찌 편할까요. 한 끼의 채식에서도 여러 생명을 살릴 수 있습니다.

Q 비건들은 인간혐오가 많은 것 같아요?

A 육식 행위에 대해서 혐오가 분명히 있습니다. 죄만 미워하라고 하지만 과연 범죄자는 혐오스럽지 않을까요. 고통을 느끼는 동물을 죽게 만드는 육식인에 대한 혐오가 있습니다. 범죄가 아니라고 하지만 법은 피해자 동물이 아니라 인간이 만든 것입니다. 비건이 활동하는 이유는 혐오스럽지 않은 인간의 길을 알려줌입니다.

♣ 채식이유

Q 채식주의자들이 채식주의가 된 계기는 무엇입니까?

A 사람마다 다르겠지만, 수천 년 전부터 학문영역을 초월하는 철학자나 사람들은 사유함으로써 '고기'가 어디서 왔는지 깨달았습니

다. 그리고 직접 보지 않아도 동물들의 고통을 사유로 공감하며 채식주의가 되었습니다. 그래서 역사적으로 유명한 채식인들을 검색하면 철학자가 많습니다.

현대에는 주로 책이나 동영상 등으로 동물학대의 진실이 전파되어 이를 공감하고 채식주의자가 됩니다. 앞선 비건들이 있었겠지만, 약 2,500년 전 철학자 피타고라스를 초기 채식주의자로 간주합니다.

Q 부모의 영향을 받아 태어날 때부터 채식을 하는 사람들도 있습니까?

A 예, 비건이나 비건활동가 중에서도 모태비건을 종종 만날 수 있습니다. 우리나라 동물권 비건활동가 중에도 있습니다. 주로 채식의 역사가 깊은 유럽국가에서 온 유학생입니다. 이들은 고기 맛을 모릅니다. 호주에서의 비건 활동 중에서도 부모가 비건이라 태어날 때부터 비건인 아이들이 있습니다. 이들은 어른을 상대로 비거니즘 활동도 하고 있습니다.

Q 왜 스님들만 채식을 하고 일반신자들은 채식을 안하는 것인지 불교가 원래 전파될 때부터 그러했는지 아니면 중간에 바뀌었는지 궁금합니다.

A 스님들도 육식을 금해야 한다는 직접적 교리는 없습니다. 불교도 종파에 따라 육식을 하는 국가도 있습니다. 하지만 불교의 제1번(살생중죄금일참회[487])이나 기독교 등의 십계명 제6번(Do Not Kill)이 '살생하지 마라' 입니다. 살생 없는 육식은 없기 때문입니다. 그리고 육식하는 신자들은 그래서 '신자'이겠지요. 부연하면, 육식을 한다는 뜻은 동물을 죽이는 누군가에게 내가 돈을 주고 그 직업이나 산업을 지원한다는 뜻입니다. 몰랐다면 어쩔 수 없지만, 대충 알았다면 미필적 고의가 아닐까요. 관련 용어로는 달러보우팅dollar voting(산업지원구매)이라고 합니다. 동물살해의 책임자는 도살자나 도축장이 아니라 구매자들입니다.

487) 알게 모르게 동물들을 죽인 큰 죄를 오늘 뉘우친다는 뜻.

Q 채식주의자들은 육식인을 혐오하지 않나요?

A 육식은 인간의 여러 행위 중 하나일 뿐입니다. 하나가 '나쁨'으로 전부를 부정함은 논리도 이성도 아니겠지요. 하지만 육식하는 행위에는 단호히 혐오합니다. 사람은 개인마다 보기 싫어하는 모습도 있습니다. 육식하는 모습을 참기 어려운 비건들은 '끼리끼리' 사귀기도 합니다.

♣ 채식분포

Q 전 세계에서 채식주의자들이 가장 많은 나라는 어디인가요?

A 채식의 종류와 시기에 따른 변수가 있으므로 구글 등에서 최신 정보 검색을 하면 됩니다. 지금까지 비건이 많은 10개국은 주로 영국, 호주, 뉴질랜드, 캐나다, 아일랜드, 미국, 독일, 네덜란드, 스웨덴, 오스트리아입니다. 그리고 채식인은 인디아와 대만에도 많습니다.

♣ 채식역사

Q 과거 고대에는 채식주의자 또는 비건이 존재하였나요?

A 문헌에는 2500년 전 피타고라스를 시작으로 많은 채식주의자가 나타납니다. 건강을 위한 채식이 아니라 인간의 악습에 대한 고뇌이므로 현대의 비건이라 할 수 있습니다.

그리고 그 앞에 유명하지 않은 채식인이 있었는지는 아무도 모르겠지요. 채식이나 비건으로 검색되는 사람 이외에 똘스또이Tolstoy나 니어링Nearing처럼 작품이나 자서전에서도 나타납니다. 주목을 하지 않으면 모르고 넘어가는 부분입니다.

Q 개 식용은 우리의 전통문화인데 왜 반대를 하나요?

A 육식을 지키기 위해 전통을 언급합니다. 문화는 고유하지만, 변천도 합니다. 예전에 먹었더라도 세계가 반대하면 따를 필요도 있습니다. 하나를 덜 죽이면 풍선효과도 있지만, 덜 죽인다는 도덕적 방향이니까요. 굳이 전통을 지키자면 개를 잡아먹기 위해 길거리의 전봇대에 묶어서 죽을 때까지 몽둥이로 머리를 때려야 합니다. 죽이는 방법도 전통으로 보호해야 하지 않을까요.

♣ 채식과 환경

Q 비거니즘을 통해 동물권리를 주창하고, 불필요한 동물의 탄생과 성장을 막아 온실가스를 줄여 지구온난화의 방지에 확실하게 기여할 수 있다고 하는데, 이 내용에서 불필요한 동물의 탄생이 무엇이며 동물을 죽이지 않는다고 해서 지구온난화 방지에 확실히 기여를 할 수 있는지 궁금합니다.

A 중요한 질문입니다. 자연에서의 동물들은 '살기 위해' 다른 동물들을 잡아먹지요. 하지만 현대의 인간은 생존보다는 '맛'을 즐기기 위해 다양한 동물을 먹고 과식도 합니다. 지구온난화 먼저 설명할게요. 자료들을 보면 출처마다 약간의 차이는 있지만, 공장식 축산 등 육식을 위한 산업에서 발생하는 이산화탄소와 제조에너지산업에서의 배출이 반반입니다. 온난화는 방지보다 최대한 늦추는 노력이 필요합니다. 따라서 채식 외에도 미니멀라이프를 지향함이 중요하고, 또한 채식이라도 많은 에너지를 사용하여 과도하게 먹는다면 비거니즘으로 보기는 어렵겠지요.

인간은 식용으로 많은 동물을 탄생시키고 마음대로 죽입니다. 한 예로 사람들의 취향에 선택받지 못한 믹스견들은 대부분 육식당에 팔립니다. 자본주의 단점으로 가격경쟁을 위해 열악한 환경에서 더 많은 동물을 생산합니다. 그리고 대충 먹고 버립니다. 모든 식당이나 가정에서의 엄청난 잔반을 보면 이해가 되겠지요. 많이 세심해질 필요가 있습니다.

♣ 식물의 고통

Q 식물도 생명이라고 여겨진다면 고통을 느낄 수 있다고 생각합니다. 채식주의자들이 식물의 고통과 소비하는 것에 대해서 어떻게 생각하는지에 알고 싶습니다.

A 동물처럼 보이지 않는 식물의 고통을 느낄 수 있음은 대단한 능력입니다. 하지만 사람들이 육식을 '수호'하기 위해 많이 하는 핑계입니다. 하지만 "고통을 느낄 수 있다고 생각" 함은 공감능력이 있다는 뜻입니다. 동물들이 고통을 느끼지 않고 고통의 몸부림을 단순히 반작용이라고 생각하는 사람들도 아직 있습니다. 식물도 생명입니다. 중복된 설명이지만 현재까지 식물의 감각과 반응의 존재는 확인되었으나 고통은 아직 증명되지 않았습니다. 파리지옥처럼 동물 같은 식물도 존재하므로 판단이 어려운 분야입니다.

동물은 팔다리가 잘렸을 때 대부분 피를 흘리며 죽지만, 식물은 그 부분에서 다시 성장합니다. 이를 재생regrow이라고 부릅니다. 식물의 고통이 확인된다면 현재의 비건들은 프루테리언으로 바뀌겠지요. 동물권 활동을 하다 보면 도살장에서 눈물을 흘리며 고통에 몸부림치는 장면을 보면서도 식물도 생명이라고 평등을 주장하는 사람들을 종종 봅니다. 평등을 위해서는 식물뿐만 아니라 오히려 인육을 포함한 모든 고기를 먹어야겠지요. 하지만 하나라도 덜 먹는 방향으로 가야 합니다. 그래서 인간과 가까운 개부터라도 먹지 말자는 주장[488]을 합니다.

♣ 동물원

Q 채식주의자들의 입장에서 수많은 동물들을 가둬 놓은 동물원에 대한 생각이 궁금합니다.

488) 국내 개식용인구(1년 1회 이상 섭취기준) 약 20%(1,000만 명). 도살견 수 연평균 150만 명, 국회 자료.

A 동물들이 무슨 죄를 지어 영원히 나갈 수 없는 교도소에 있을까요. 인간은 필요한 동물을 모두 가두고 있습니다. 이익이 없는 동물은 쫓아내거나 죽입니다. 여기에 반려동물도 예외는 아닙니다. 동물원은 자연에서 자유롭게 사는 동물을 구속하는 학대 현장입니다. 대부분 학습 현장으로 착각하고 있지만, 특히 아이들에게는 약한 대상을 마음대로 속박할 수 있다는 생각을 심을 수 있는 위험한 교육장입니다.

비건활동가는 동물원 설립을 반대하는 활동을 하고 있으며, 기존 동물원들을 폐쇄하기 위한 노력도 하고 있습니다. 이외에도 투우장bullfighting이나 소싸움장bullwresting,[489] 경마장, 돌고래쇼 등도 개체 수를 파악하며 해방활동을 하고 있습니다.

Q 아픈 동물을 안락사해야 하나요?

A 질문에서 '아픈'을 먼저 정의해야 합니다. 얼마나 아픈지 당사자가 아니면 고통의 정도를 알 수 없으므로, 동물의 질병을 인간에 대입하면 고통의 정도를 객관적으로 알 수 있습니다. 모든 동물이 투병에서 느끼는 고통의 정도는 같다고 보기 때문입니다. 따라서 인간도 견디기 어려운 고통이며 회생 가능성이 없으면 신속한 안락사가 이유 없는 고통을 줄이는 길입니다. 안락사는 부정적 이미지가 있지만, 고통을 줄이기 위해 인간도 원하는 방법입니다.

♣ 자연섭리

Q 동물은 먹이사슬이 존재하며 동물의 세계에도 약한 놈은 강한 놈에게 잡아먹히게 된다. 사람이 동물을 먹는 행위는 정당한지

489) 피를 흘리고 끝내 죽임을 당하는 스페인 등의 투우와 달리, 한국 청도 등의 소싸움장은 힘겨루기 싸움이다. 싸움소로 키워지고 도태되는 과정도 똑같이 잔인한 학대이다. 최근에는 동물권 운동으로 국내 신설 투우장들이 취소되고 있다.

궁금합니다.

A 예, 우리가 이해할 수는 없지만 자연세계는 그렇게 만들어져 있습니다. 다큐멘터리 등에서 어린 동물이 포식자에게 먹히는 과정은 정말 세상 무엇보다 잔인합니다. 거기서 '육식의 비통함'을 느낍니다. 인간은 굳이 육식을 하지 않아도 건강하게 살 수 있음이 비건들에 의해 증명되었음에도 그 잔인한 육식을 계속하고 있습니다.

게다가 인간은 단순히 동물을 잡아먹는 강한 놈이 아니라 맛과 과식, 오락을 위해 더 다양한 동물들을 조작하여 태어나게 합니다. 태어난 동물들을 죽는 순간까지 속박하며 다양한 고통도 줍니다. 가두어진 양계장, 축사, 수족관, 그리고 움직이지도 못하게 결박해둔 바다가재, 낙지, 앵무새 등 무수히 많은 동물들이 '먹힘' 보다 힘든 긴 고통을 느끼고 있습니다. 앵무새나 금붕어 등이 밀폐된 공간에 갇혀 있는 상태를 직접 보고 조금이라도 공감하면 패닉panic이 올 정도입니다.

Q 동성애를 옹호한다면 동물과의 결혼도 인정해야 하지 않나요?

A 동성애와 동물과의 결혼은 관련이 없습니다. 종차별 반대와 이어집니다. 아주 가끔 주장 같은 의견을 듣습니다. 결혼은 표면상 이성과의 결합이지만 그 안에는 사랑과 섹스, 권리와 의무 등 여러 요소를 포함합니다. 출산은 모든 기혼자가 가능하지만, 의무는 아닙니다. 출산은 혼인 없이 가능합니다. 동성과 동물과의 결혼에서도 언급한 모든 것이 가능합니다. 동물과 가족을 맺는 세태에 결혼을 인정받을 필요는 없습니다. 사랑한다면 사실혼으로도 하면 됩니다. 다만 상대의 동의가 전제되지 않으면 학대가 됩니다.

♣ 벌레, 작은 동물

Q 대부분 농약을 사용하여 채소를 재배하는데 이때 농약을 먹고 죽는 동물이나 벌레들이 있습니다. 재배하는 과정에서 다른 생명을 해친 채소를 먹는 것은 비건에 어긋나나요?

A 비거니즘에 어긋납니다. 벌레를 죽이지 않기 위해 뿌리식물은 먹지 않는 자이나교도 있습니다. 하지만 인간이 자연 속에서 살지 않는 한 완벽한 비거니즘을 실천할 수 없습니다. 스스로 완벽하다고 생각하는 비건들도 학습을 하다 보면 끊임없이 허점이 보입니다. 완벽할 수 없다고 모두 포기하기보다는 완벽에 가까워질 수 있도록 노력하는 태도가 비건지향 혹은 비건입니다.

농사에서 삶의 터전이 파괴되거나 죽어가는 작은 동물들은 무수히 많습니다. 그래서 가능하면 유기농 식품을 추천하는 이유입니다. 조금 더 비싸지만 조금 덜 먹으면 됩니다. 현대의 인간은 너무 많이 먹어 영양과잉을 우려하는 발표들이 있지요. 고기 1kg을 만들기 위해서는 농약을 친 채소와 곡물 5~20kg을 먹여야 합니다. 육식은 여기서 훨씬 더 많은 작은 동물(벌레 등)이 죽어야 하는 식단입니다.

Q 곤충을 먹는다는 것에 관하여 궁금한 점이 많습니다. 추천해 주실 책이나 영상이 있으실까요?

A 질문의 정확한 뜻을 모르겠지만 Google에서 'Veganism'과 'Bugs'를 입력하면 자료를 많이 찾을 수 있습니다. 급격한 인구증가와 자원고갈로 인해 염려되는 미래의 식량을 위해 대체식량으로 곤충에 대해 연구하고 대량 사육하고 있지만 매우 위험해 보입니다.

동물이 아무리 작거나 인간과의 관련성이 낮아 보여도 자연생태계에서는 중요한 존재입니다. 채식인들이 영양을 염려하여 곤충식을 하는데 이들을 비건으로 오해하는 보도가 종종 있습니다.

참고로 많은 연구에 따르면 현재의 식습관으로 지구가 버틸 수 있는 인구의 한계를 2050년 100억 명(2020년 기준 79억 명)으로 계산합니다. 이에 비해 모두 채식을 한다면 지구는 10배(약 1,000억 명)의 인구를 감당할 수 있다는 보고가 다수 있습니다.

Q 김치를 담글 때 들어가는 소량의 젓갈조차도 육식이라고 먹지 않는데, 미생물(원생동물)으로 발효한 미원은 어떻게 되는 건지 궁금합니다.

A 미원은 뺄 수 있으므로 첨가하지 않아야겠지요. 그리고 인간이 관리할 수 없는 미생물(바이러스, 원생동물 등)은 어쩔 수 없습니다. 인간의 몸은 많은 부분 미생물로 이루어져 있습니다. 거리활동에서는 보통 이렇게 설명합니다. 미생물까지 걱정하는 마음으로 눈 앞에서 절규하는 동물부터 생각해주시기를.

Q '배양육'에 대하여 어떻게 생각하는지 궁금합니다.

A 세계적으로 비건 수가 증가하면서 '고기맛'을 잊지 못하는 비건 입문자들과 채식에 관심 있는 사람들을 위해 대체육이 만들어지고 있습니다. 대체육은 크게 육류인 배양육과 콩, 밀 등으로 만든 콩고기, 밀고기 등이 시판되고 있습니다.

비건들은 시간이 지나면서 자연채식으로도 충분해지며, 잡(육)식인들에게 배양육 등은 동물학대를 조금 줄이는 방법이기는 합니다. 하지만 배양육도 실제 고기와 같은 성분이고 동물이 희생되므로 건강을 위해서라도 추천하지 않습니다.

♣ 채식과 건강

Q 채식 위주로 식단을 짜면 육식보다 피부에 더 좋을까요?

A 모릅니다. 체질에 따라 결과가 다르겠지요. 우리 몸은 먹거리로 만들어집니다. 상한 음식을 먹으면 탈이 납니다. 채소에서 식중독을 유발한다는 보도도 있지만, 자료를 깊게 찾아보면 식중독을 일으키는 대부분의 원인균은 육류에서 발생합니다. 따라서 피를 맑게 하는 건강한 음식이 피부에도 좋겠지요. 채식이 피부와 건강에 이롭다는 사실을 비건들은 체득하고, 의학계에서도 지지하고 있습니다.

그리고 피부는 외부 화장품이 만드는 것이 아니라 내부 음식이 만든다는 단순한 진실을 생각해야 합니다. 화장품은 피부를 개선하기보다는 대체로 덮는 역할을 합니다. 그렇지 않다면 화장품으로 아름다워진 맨얼굴을 일상에서 보여야 하지 않을까요.

Q 청소년들은 성장기에 충분한 영양섭취가 필요한데 이러한 청소년들을 위한 채식이 있을까요?

A 현재 청소년과 성인의 식단이 같지 않나요. 초등학생들도 같은 식사를 하고 있지 않나요. 또한 대부분의 청소년은 비만율이 증가하는 등 영양과잉 상태입니다. 육식으로 영향섭취를 해야 한다는 생각은 편견이고 오히려 위험한 고정관념입니다.

청소년도 성인과 같은 채식으로 충분하고, 미국과 영국의 식품영양학회에서는 아기 때부터의 채식도 전혀 문제가 없음을 발표하였습니다. 오히려 육식이 건강을 해칠 수 있는 가능성이 높습니다. 최근의 청소년 비만도가 객관적 증거입니다. 동물권활동가 중에는 고기 맛을 모르면서도 건강한 모태 비건들도 있습니다.

Q 채식주의를 하면 결핍되는 영양소(비타민B_{12}, 아연 등등)가 생기는데 이것을 충분히 해결하기 위해 무엇을 얼마나 먹어야 하나요?

A B_{12}(Cobalamin) 등은 자주 거론되는 질문입니다. 그리고 전문가들 사이에서도 영양학적 논란이 있는 주제입니다. 매우 복잡한 설명이 필요하지만 일반적으로 베지닥터 등 국내비건의사단체, 해외 비건닥터들도 문제없음을 발표하고 있습니다.

간혹 불안한 서구 비건들은 비타민 형태로 시판되는 약을 먹기도 하나, 한국사람이 먹는 김, 미역, 다시마, 매생이, 파래 등의 해조류와 표고버섯에 상당량이 포함되어 있습니다. 이는 주로 초식동물의 장내 미생물에 의해 만들어지는데, 과도한 육식은 오히려 흡수를 방해합니다. 또한 B_{12} 결핍은 노화 등 다양한 원인에 의해서도 발생하니, 신체검사나 MMA 검사를 통해 수치를 확인하고 부족시에만 보충제를 먹으면 됩니다.

Q 성장기에 필수영양소인 단백질의 공급이 콩과 같은 식물성 단백질만으로 충분한가요?

A 예, 오히려 동물성 단백질보다 식물성 단백질이 완전하다는 연구가 많습니다. 상추 등의 채소에도 단백질과 칼슘 등 인체에 필요한 모든 영양소가 있습니다. 소나 토끼 등이 풀만 먹는데도 건강한 이유입니다. 그리고 소고기도 풀 먹은 소로 만들어지지 않나요.

Q 어린이, 임산부, 노인 등 채식만 했을 경우 건강에 무리가 갈 수 있는 사람들에게도 육식을 제외하고 필요한 영양분을 채울 수 있는 계획이나 방법이 존재하는지 궁금합니다.

A 채식으로 건강을 해치는 대상은 거의 없습니다. 현실에서 육식인도 병이 들면 오히려 채식으로 전환합니다. 채식만으로 영양분은 충분하며, 그 증거로 비건 운동선수들을 검색하기 바랍니다.

Q 당뇨나 고혈압 같은 기저질환을 가진 환자들에게도 채식이 도움이 될까요?

A 진행상태에 따라 다르겠지요. 채식이 피를 맑게 함은 부인할 수 없는 사실입니다. 당뇨와 고혈압, 뇌졸중, 심장병 등은 혈관오염과 막힘에서 시작되는 질환입니다. 채식이 당뇨와 고혈압을 개선한 사례는 쉽게 찾을 수 있습니다. 한 예로 2021년 뉴욕시장에 선출된 분(2022.1.1.부터 업무시작)은 비건으로 그의 어머니가 몇 개월의 채식으로 당뇨와 고혈압 약을 끊을 수 있었음을 공식상에서 발표하였습니다.

Q 현 사회를 살아가는 많은 여성이 식이장애를 겪고 있습니다. 이는 특정 음식을 나쁜 음식으로 규정하고, 금지하는 과정을 통해 나타나기도 합니다. 스스로의 신체를 조각하기 위하여 특정 음식을 제한하는 것과 비거니즘을 실천하기 위하여 자신의 의지

로 사체를 금지하는 일은 엄연히 다를 것입니다. 그렇지만, 모두가 같은 가치관을 같은 무게로 가지고 있을 수는 없다고 생각합니다. 동물권과 환경에 대한 인지 공감은 부족하지만, 그럼에도 비건을 실천하고 있는 사람도 있을 거 같아요. 비거니즘적 가치를 생각하다 보니 자연스럽게 먹기 싫어졌다고 느끼지 않는 사람도 있을 거 같습니다. 그런 사람에게는 비건이 '억제의 과정'일 수도 있을 거 같습니다. 또는, 원래 식이장애를 겪어본 사람이 음식을 통제하는 과정에서 본래 가지고 있던 문제가 또다시 작동할 수도 있을 거 같습니다. 만약 한 개인이 비건을 실천하는 과정에서 식이장애를 경험하게 된다면 어떻게 해야 할까요? (사체를 먹어야 한다는 해결책은 존재할 수 없다는 생각하에 오래 해 온 고민입니다.)

A 식이장애 혹은 섭식장애Eating disorder는 연예인이나 운동선수, 그리고 일반인 중에서 급속한 체중감량 등에서 나타나는 현상입니다. 신체가 감당하기 어려운 부분과 심리적 요인이 함께 장애를 만듭니다. 채식으로 전환하고 싶다면 천천히 몸의 무리가 덜하고 심리적으로도 덜 불편한 상태를 유지하면서 바꾸는 방법을 추천합니다. 물론 심리적 문제는 심리치료를 함께 해야 합니다. 예민함도 한 원인이 되니 의사들은 마음을 내려놓는 방법도 추천합니다.

Q 장기간 채식을 하면 혈액 지방을 줄일 수 있습니까?

A 늦지 않았다면 혈관죽상화를 줄입니다. 육식습관은 평균적으로 20년 후 결과가 나타남으로 보고됩니다. 이전에는 50~60대에서 발생하던 고혈압, 당뇨 등이 현재에는 20~30대에서 급격히 증가하고 있습니다.

Q 장기간 채식을 하면 노화를 늦출 수 있습니까?

A 유전 영향도 있겠지만 경험상 비건들은 많이 싱싱해 보입니다.[490] 피가 맑으면 피부도 좋아져 젊고 건강하게 보이겠지요. 그리고 건강하다는 뜻은 아프지 않다는 뜻입니다.

Q 채식이 모든 질병에 좋습니까? 혹시 그렇지 않다면 무슨 질병이 있습니까?

A 채식으로 많은 질병을 치유하는 사례를 보지만 만병통치약은 아닌 듯합니다. 몸이 육식으로 인해 병들기 전에 채식으로 보호해야 합니다. 과일이나 채소를 먹고 병난 사람을 본 적이 있나요.

Q 건강을 유지하기 위해서는 필수적으로 단백질과 여러 가지의 영양소가 적절하게 혼합된 음식을 섭취하여야 된다고 알고 있는데 건강을 유지하면서 채식주의가 되기 위하여 시작할 수 있는 첫 번째 도전을 어떻게 시작하면 좋을까요?

A 육식을 하나씩 줄이고 가능한 자연에 가까운 상태의 채식을 하면 좋습니다. 예를 들어 사과쥬스보다는 사과하나를 물에 담궈 두었다가 껍질 채 먹습니다. 단, 모든 과일은 껍질내면에 상한 부분이 있을 수 있으므로 조심해야 합니다.

Q 건강을 위해 채식주의를 하는 것을 굉장히 긍정적으로 생각을 하고 있는데 채식을 위주로 식단을 관리하여 먹게 되면 우리 몸에 필요한 영양분들이 채소에만 적절하게 분포가 안 되어있다고 들었는데 이렇게 되면 채식주의자들의 식단이 보통 사람들의 식단보다 더 안 좋은 식단이 되는 건지 아니면 다른 방법을 통해 나머지 필수영양소들을 섭취하는지가 궁금합니다.

A 대부분의 사람들은 채식을 건강식으로 인정하고 이미 알고 있습니다. 상추를 많이 먹고 있을 때와 고기를 많이 먹고 있을 때 어느 쪽을 걱정합니까. 채식단은 모든 영양소를 포함합니다. 설명한 대로 소고기도 건초와 풀을 먹은 소로 만들어집니다.

---

490) 반종차별Antispecism로 사람에게도 싱싱하다는 표현을 한다.

Q 어린아이들은 무조건 고기가 필요한 영양소인데 어린아이들은 그럼 채식주의를 못하는 건가요?

A 학습 후에도 '무조건' 고기가 필요하다고 판단되면 육식을 하면 됩니다. 채식으로 인한 불안과 스트레스가 더 건강을 해칠 수 있습니다.[491)]

Q 한국에서는 유럽이나 미국과 같이 더 많은 육류를 소비하는 국가들이 추구하는 채식을 따라 하며 지나친 채식으로 섬유소가 위장벽을 상하게 하며 소화가 오히려 잘되지 않을 수 있다는 문제점이 있다는 것을 매체를 통하여 알게 되었습니다. 이처럼 건강을 해치면서도 채식을 고집하는 것이 과연 바람직한 것인지에 대해 궁금합니다.

A 매우 드문 사례입니다. 커피도 위장이 쓰린 사람과 괜찮은 사람이 있습니다. 대부분 신선도가 큰 영향을 끼칩니다. 섬유소가 건강을 해친다고 판단되면 살기 위해서 몸에 편한 음식을 먹어야겠지요. 비건활동가처럼 죽더라도 살생을 하지 않겠다는 생각이 아니면.

(연구나 발표는 대부분 충돌되는 부분이 있습니다. 특히 제약사들의 금전적 지원을 받는 의사와 소, 돼지, 우유 등의 자조협회의 지원을 받는 교수와 학회 연구, 언론 등은 사실을 왜곡 과장하는 일이 있습니다. 이들의 지원을 받지 않는 전문가들의 주장이 더 정확하지 않을까요)

Q 엄격한 채식을 실천하는 비건들의 경우, 반려동물에게는 어떤 음식을 제공하는가요? 특히 반려동물 중에서도 육식을 할 수 밖에 없는 개나 고양이 등을 키우는 경우가 궁금합니다.

491) 효율적인 비건 활동을 위해 육식을 확고하게 고집하는 사람은 설득을 빠르게 포기하는 매뉴얼이 있다. 그 시간에 다른 사람들과 이야기 할 수 있기 때문이다.

A 이제 국내에서도 약 1,000~1,500만 명[492]의 반려동물인이 있습니다. 동물을 키우는 비건도 많이 있습니다. 반려동물을 통해서 종차별 사상이 없어지면서 비건이 됩니다. 동물을 죽여 먹이며 동물을 키우는 종차별을 거부하기에 비건들은 가능한 채식사료를 제공합니다. 개나 고양이도 채식사료가 적합하며 학대가 아닙니다. 변비, 구내염, 털빠짐 등에서 고통 받던 반려동물들이 채식으로 건강상태가 좋아진 사례는 많습니다. 참고로 출생부터 육식을 거부하고 야생평균수명 10년 가까이 매우 건강하게 살다 간 유명한 채식사자와 장수로 기네스북에도 오른 개 브램블Bramble은 27세까지 살았습니다. 채식하는 반려동물이 많아지면 건강하고 장수하는 사례가 많이 등장하겠지요. 사례가 있으면 다른 동물에게도 그 가능성이 충분합니다.

Q 부모님이 채식주의인 경우, 자녀들에게 채식주의의 식단을 권장하는지 궁금합니다.

A 당연히 비건들의 자녀들, 게다가 지인들에게도 채식단을 권장합니다. 채식이 건강한 식단임을 체험을 통해 쉽게 느끼기 때문입니다. 그리고 권장이 아니라 비건실천을 통해 건강과 마음의 평안함을 가까이서 보고 느끼면서 자연스럽게 비건을 따라 하는 경우가 더 많습니다.

Q 채식을 하는 중 결핍된 영양소를 비타민에서 얻는 방법도 괜찮나요? 혹은 비건전용 비타민이 존재하나요?

A 사람들은 광고에 의한 건강 강박증으로 공산품인 비타민을 먹고 있습니다. 모든 약은 부작용이 있습니다. 자연의 모든 동물은 비타민 복용 없이도 잘 살고 있지 않나요. 인간보다 건강하게 보이기도 합니다.

비건식으로 결핍되는 영양소는 없습니다. 넘쳐나는 비타민 광고에

492) 국내 조사기관에 따른 차이가 큼.

속지 않았으면 합니다. 인간과 유사한 포유동물이면서 채식인 소. 양. 염소. 코끼리. 토끼 등은 풀만 늘 먹어도 건강합니다. 이들보다 더 다양하고 많은 음식을 먹는 인간이 비타민까지 먹어야 할까요. 비타민 B_{12}를 포함하여 결핍은 채식이 아니라 체질이나 생활환경의 영향이므로 검사 후에 복용여부를 결정함이 이상적이지 않을까요.

Q 임신부들은 임신기간에 충분한 영양섭취가 필요한데 임신부를 위한 채식이 있을까요?

A 사람들은 몸에 좋은 음식을 '많이' 먹어야 건강하다는 착각을 합니다. 몸에 좋다면 '묻지도 따지지도 않고' 입에 털어 넣는 실수를 합니다. 그래서 건강원의 동물성분이나 홍삼 등 농축성 식품도 섭취합니다. 의사가 아니어도 조금만 생각하면 상식으로도 판단할 수 있습니다. 인간이 공장에서 만들었거나 가공한 식품보다는 자연이 주는 자연에 가까운 음식이 가장 안전하고 건강한 음식입니다. 임산부뿐만 아니라 모두에게 깨끗하고 싱싱한 곡류, 채소, 과일이 좋습니다. 치명적인 식중독은 육류, 어패류에서 발생합니다. 철저하게 검증되지 않은 약물은 비타민이라도 피해야 합니다.

Q 'MBC 다큐스페셜 채식의 함정'에서는 채식이 영양불균형을 초래한다고 방송을 했습니다. 특히, 성장기인 어린아이의 경우 골고루 영양분을 섭취해야 한다고 말하고 있는데 비건은 어릴 때부터 시작해도 괜찮을까요?

A "골고루 영양분을 섭취"라는 말은 사실 위험한 표현입니다. 무엇이든 모두 골고루 먹어야 함이 아니라 '몸에 이로운 음식만' 골고루 먹어야 하지 않을까요.

육식이 몸에 해롭다는 인식은 있는데 고기 맛을 잊지 못하면 '골고루'가 육식을 합리화합니다. 장기가 깨끗하고 어릴수록 건강을 지켜야 합니다. 어릴 때부터 육식을 한 2030세대들의 최근 고혈압, 비만, 당뇨 발생률 급증이 이를 증명합니다. 골고루 먹었는데 왜 이런 치명적인 결과가 나타났을까요. 방송이나 책에서 채식이 해롭다는 이견도 있습니다. 전혀 논리적이지 않은 내용을 확인합니다.

이해단체인 우유·육류협회(자조자집단) 등의 지원을 받는 방송이나 학회세미나 등에서도 왜곡된 정보를 만듭니다. 가능한 많은 자료와 사례를 검색하기 바랍니다. 탈육식에서 이해관계가 없는 비건활동가나 의사, 연구자의 정보가 더 정확하지 않을까요.

♣ 채식과 행복

Q 채식주의자로 살아가면 먹는 일에 대한 행복감이 어느 정도 느껴질까요?

A 답을 즐겁게 하고 싶은 질문입니다. 채식인(우유, 계란 섭취)이 아닌 비건은 행복을 자신도 모르게 느낍니다. 자연에서 맑은 공기를 마시면 저절로 기분이 좋아지듯, 여러 유해물질이 함유된 육류가 몸에 없으면 몸과 마음이 상쾌해지고 깨끗해집니다. 비건들은 육식인보다 체취가 거의 없다는 연구[493]가 있습니다. 오히려 사람을 끄는 매력적인 체취가 나며 생리도 정상이 된다는 연구[494]도 아주 많이 있습니다.

행복은 몸과 마음이 편해짐이 기본조건이 아닐까요. 나의 식사 때문에 죽는 동물도 없다 생각하면 더 기쁘지 않을까요. 그리고 먹는 일에의 집착보다 다른 의미 있는 일이 더 행복하겠지요.

Q 일상생활을 할 때 채식주의로 인하여 불편함을 겪으신 적이 있나요?

493) Gina Florio, This Is the Most Surprising Side Effect I Experienced After Going Vegan, Popsugar, Dec. 24, 2017.

494) https://www.iamgoingvegan.com/do-vegans-smell-better-or-worse/ 이 외에 많은 지지연구가 있다. 자세한 내용은 키워드 vegan, body, odor로 검색 가능.

A 비건 초기에는 생활정보 부족으로 불편함이 있지만 마음은 편합니다. 시간이 지나면 심신이 모두 편해집니다.

♣ 먹거리

Q 채식주의자가 먹을 수 있는 인스턴트 음식과 같은 즉석식품이 있을까요?

A 한국에서도 지난 약 3~4년 동안 여러 비건푸드vagan food가 출시되고 있습니다. 중소 전문기업과 대기업들도 냉면, 라면, 만두 등 매우 다양하게 비건식을 출시하고 있습니다. 이들 음식이 맛있기는 하지만 가능하면 자연에 가까운 식품을 섭취함이 중요합니다.

Q 채식주의의 대표적인 음식 샐러드는 몸에 좋다지만, 인스턴트식품회사 (맥도널드, 서브웨이 등)에서 판매하는 샐러드도 안전하게 섭취할 수 있을까?(많은 사람들의 손길을 스쳐서 건너온 채소들이 과연 우리가 바로 재배하거나 시장에서 싱싱한 것을 골라 사 먹는 것처럼 몸에 좋을까요?)

A 싱싱하여야 하고 위생 상태도 중요하지요. 앞에서 설명한 대로 자연상태에 가까운 음식, 가능하면 로컬푸드local food에서 싱싱한 유기농 채소나 과일을 구매하면 토양오염 및 플라스틱을 줄이는 데도 도움이 됩니다. 샐러드는 드레싱 선택에서도 신중하여야 합니다. 과도한 당류나 육류가 포함될 수 있습니다. 구내식당이 없으면 소박한 도시락의 일상화를 적극 추천합니다.

Q 배양육(인공고기)은 동물의 세포를 배양하여 만들어진 고기이니까 채식주의자들은 이것을 먹어도 되나요?

A 배양육의 시작에는 줄기세포 등을 채취해야 하므로 동물이 희

생됩니다. 당연히 먹지 않습니다. 그리고 비건 초기에는 카르마 Karma가 있어 고기 생각이 나지만 나중에는 냄새도 역겨워집니다.

꽃향기는 매일 맡아도 즐겁지만, 고기집 근처의 주민들이 냄새에 고통스러워하는 뉴스도 여럿 있습니다. 채식의 상쾌함을 체득하고 나면 육류(배양육)나 인공육(대체육)을 '외면'할 겁니다.

그리고 콩이나 밀로 만든 대체육이라도 개고기맛, 고양이맛, 토끼맛 비건푸드가 출시된다면 사람들이 좋아할까요.

Q 채식 식단을 하면 식비가 더 많이 들지는 않는지?

A 종종 듣는 소문입니다. 채식이 훨씬 저렴합니다. 고깃집에서 상추는 그냥 주지만, 쌈밥집에서 고기는 그냥 주지 않습니다. 채식은 평범한 곡물, 채소류, 과일로 이루어집니다. 채식단은 외식에서도 '고기'만큼 비싼 메뉴가 없습니다.

Q 채식주의를 지키며 음식을 먹으려 할 때 외식이나 쇼핑의 경우 선택할 수 있는 선택지가 많이 없는 걸로 들었습니다. 이에 대한 정보나 다른 해결책이 있을까요?

A 최근 수년 동안 국내에서도 채식당이 수십 배로 늘었습니다. 주거지의 식당을 찾아두면 편리하고 김밥. 비빔밥. 쫄면. 비빔국수, 비빔냉면, 비빔밀면 등 육류와 계란, 햄 등만 빼고 주문할 수 있는 메뉴도 많습니다. 여행 시에는 검색엔진과 '해피카우', 'Happycow' 앱을 설치하면 국내외에서 비건식당과 옵션식당을 편리하게 찾아 즐길 수 있습니다. 국내용 '채식한끼'도 있습니다.

Q 채식을 처음 시작할 때 부담되지 않는 간단한 채식이나 거부감이 들지 않는 방식에 대해 알고 싶습니다.

A 기존식단에서 육류를 조금씩 줄이는 방법도 있습니다. 그리고 채식당에서는 육식 맛이 나는 메뉴가 많습니다. 동물학대에 관한 정

보를 많이 접할수록 채식에 대한 거부감은 사라집니다. 시간이 지나면 자극적인 맛에 길들여졌던 입맛이 순해져 상추만 먹을 수도 있게 됩니다. 동물들이 풀을 뜯듯. 그리고 경험상 채식이 풀만 먹는다고 생각한 분들이 비건식당에 다녀온 후 채식으로 전환한 분들이 주위에 꽤 많습니다.

Q 현재 우리나라에서는 채식주의자 또는 비건을 하시는 분에게는 식당 또는 식품에 대해서 많이 부족한 편입니다. 혹시 앞으로 미래에 대해서 채식주의에 대한 산업발전 전망에 대해서 궁금합니다.

A 그동안 한국이 조금 늦었지만 급속히 변해가고 있습니다. 검색엔진에서 '비건' 이나 '채식'을 입력하면 많은 변화와 정보를 알 수 있습니다. 산업전망은 BCG Matrix를 적용하면 시장규모와 경쟁자가 함께 증가하는 '스타Star'에 해당합니다. 호주나 미주, 유럽처럼 거의 모든 식당에서 채식옵션 메뉴를 만들면 증가하는 채식인들도 여유롭게 목표시장에 포함할 수 있습니다.

Q 완전한 채식주의자는 아니지만 채식위주의 식단을 짜보려고 할 때 무슨 음식을 위주로 먹는 게 좋다고 생각하십니까?

A 기본적으로 곡물, 채소, 과일 세 가지입니다. 이 셋의 조합으로 다양한 음식을 만들 수 있습니다. 환경과 건강을 생각하면 가능한 유기농 채소와 과일, 그리고 현미 등의 통곡물이 좋습니다.

Q 채식주의든 육식주의든 상관없이 골고루 먹는 게 가장 좋은 것이 맞다고 생각하는데.

A "편식 없이 골고루 잘 먹어야 한다"는 말이 지금의 환경 재해를 가져 왔습니다. 먹거리를 가려야 합니다. 그리고 육식은 누구의 허락이 아니라 자신의 선택입니다. 수많은 동물들을 죽이고 환경을 오

염시켜도 고기를 먹겠다면 어쩔 수 없습니다. 육식은 부도덕이라 생각하지만 아직 합법입니다.

♣ 비건활동

Q 우리나라에서 채식을 하기 힘든 이유로 급식과 군대를 꼽는 이들이 많다고 합니다. 이 문제에 대해 채식주의자들은 어떻게 대응하고 있는지 궁금합니다.

A 채식주의자들, 정확히는 최근의 비건활동가들이 학교급식과 군대식을 바꾸었습니다. 전국의 많은 초중고 학교급식에 채식을 제공하기 시작하였고 횟수를 늘려가고 있습니다. 군대 내에서의 채식선택권도 확보되었습니다. 대학교 교직원 식당도 고기 없는 날이 시작되었습니다. 그리고 비건은 밥과 반찬 하나 정도의 소식으로도 만족합니다.

Q 만약 집이나 주위 사람들에게 채식을 강요받는다면 어떻게 대처해야 하나요?

A 군대 등 폐쇄 시설에서의 구속 상태가 아니면 강요가 아닙니다. 생각에 반하는 권유가 강요로 느껴지기도 하지만 사실은 권유입니다. 마음대로 하면 됩니다. 그리고 채식을 권유하는 가족이나 지인이 자신들의 이익을 위해서 그럴까요.

Q 우리나라는 아직 해외와 비교했을 때 상대적으로 비건을 위한 식당이 많이 없다고 보는데 많이 생기기 위한 방안에 대해서 궁금합니다.

A 채식인들이 많아지면 시장논리인 수요와 공급의 법칙에 따라 다양한 비건식당이 생깁니다. 종종 공급에서 편리해진 수요를 창출하기도 합니다. 교직원식당을 예로 들면 '고기없는 날'을 처음에는 거부하였지만 시간이 지나면서 선호도가 높아졌습니다. 이제 한국

에서도 비건증가에 따라 비건산업도 급성장하고 있습니다. 하지만 식당이나 산업 식품도 좋지만 가능한 저탄소를 배출하는 자연(가정)식을 즐기기 바랍니다. 모두가 살아야 하는 지구입니다. 문명은 발전한다고 표현하지만 실제로 거의 모든 산업은 환경을 파괴하고 있습니다. 높은 빌딩이 아름다워 보이지만, 지구도 좋아할까요. 사려 깊은 비거니즘 확산이 유일한 지구회생 방법입니다.

Q 비건에 대한 관심이 급증함에 따라 한편으로 비건이라는 단어를 남용하는 문제점도 발생하고 있습니다. (예를 들어 고기 패티가 들어가지 않았다는 이유로 치즈, 닭알, 심지어는 새우튀김이 들어간 음식에 비건을 붙인다거나, 조개 등이 들어간 요리에 비건페스코라는 이름을 사용한다는 등) 이에 대해 규제할 수 있는 법안이 마련되어 있는지, 혹은 마련되고 있는지 궁금합니다.

A 아직 육식이 합법인 시대입니다. 개인도 식단선택에서 주의해야 합니다. 육식인들은 정보가 부족하여 어류를 육류로 보지 않는 사람도 많습니다. 비건이 많아지면 기업들도 매출증대를 위해서 채식 제조를 선택하겠지요. 다만 비건제품과 상관없이 상품의 성분표시와 내용물이 다르면 안전표시기준위반으로 제조자가 처벌됩니다. 한국은 비건시장 도입기라서 기업들이 실수를 하기도 합니다. 비난보다는 취지를 공감한 응원이 필요하지 않을까요.

Q 다양한 종류의 생명의 존엄을 위해 비거니즘을 시작하여 돼지, 소, 닭 등의 고기 소비가 줄어든다면 관련 산업에 종사하고 있던 노동자들에게도 영향이 클 것 같습니다. 다 같이 살기 위해 비거니즘을 시작하는 이유도 있는데 이러한 문제점은 어떻게 극복해야 할까요?

A 당연히 다른 일을 찾아야겠지요. 이 질문을 종종 듣는데 사실 육식을 계속하기 위한 핑계입니다. 외국에서는 도살장이 동물보금자리sanctuary로 바뀌기도 하고, 국내에서도 도살노동자가 활동가의 도움으로 직종을 전환한 뒤 소득은 줄어도 오히려 행복해하고 있습

니다. 또한 축산업과 동물착취 산업을 포함하여 모든 산업은 쇠퇴기가 있습니다. 축산업은 죄 없는 생명을 학대하고 죽이는 산업임을 단호하게 인식해야 합니다. 축산업과 같은 노예제도를 폐지할 때 노예상인들을 걱정해야 할까요.

Q 한국도 최근 채식 혹은 비건 제품들이 많이 출시되는데, 종종 채식·비건 제품인 것처럼 마케팅을 하지만 아닌 경우들이 있었습니다.(ex: 버거킹의 플랜트 와퍼는 비건인 줄 알았으나 소스가 논비건, 심지어 대기업인 노브랜드 버거에서는 '닭들에게 휴식'이라는 식의 문구로 광고를 했지만, 실제로는 닭알 등 동물성분을 사용) 처음에 롯데리아에서 채식 버거를 출시했을 때 소비자에게 혼선을 주었던 실패 사례가 있는데도 왜 계속 이러한 일이 일어날까요? 단순히 출시 전 시장조사 부족일까요? 이 부분에 대한 교수님의 의견은 어떠신지 궁금합니다.

A 초보운전이 서툴 듯이 모든 시작은 실수를 포함합니다. 비거니즘에 대한 기업들의 이해 부족으로 정보가 많은 대기업도 실수를 하였습니다. 앞으로 점차 완벽해집니다. 개선되는 행위에서의 실수를 비난하는 악습보다는 이해하고 포용해야 하지 않을까요. 비거니즘은 매우 쉬운데도 비건 마음이 아닌 사람은 이해하기 어려울 수도 있습니다. 물론 비건들도 시행착오를 거쳐 점차 완벽에 가까워집니다. 이런 문제를 방지하기 위해 비건들을 채용하는 기업들도 생겨나고 있습니다.

또한 한국에도 비건인증원[495]이 있어 기업이나 비건들이 편해졌습니다.

Q 비건을 시작하게 된 사람들 중 상당수가 아무렇지 않게 먹어왔던 음식(동물에서 비롯된 음식들)이 어떤 단계를 거쳐 자신의 식탁에 올라오는지를 알게 된 충격을 이유로 꼽는다는 것을 확

495) 한국비건인증원(www.vegan-korea.com).

인했습니다. 실제로 육식을 위해 피할 수 없는 생명의 죽음은 다양한 이유에 의해서 숨겨져 왔습니다. 그렇다면 육류 소비 전 모든 사람이 이 사실을 알아야 한다고 생각하는지, 만약 그렇다면 어떤 방식으로 알릴 수 있는지 비건의 입장에서 생각한 의견이 궁금합니다.

A 비건활동가는 '육식의 진실'을 알리는 사람들입니다. 비건이 어려운 일이 아니라 도살장의 벽이 유리로 되었다면 모두가 쉽게 비건이 될 겁니다. 알리는 방법은 시민들과의 대화, 강연, 언론활동, 영화제작 등 다양합니다.

Q 교수님께서는 선천적으로 채식주의자가 되신 건지 아니면 어떤 요인에 의하여 채식주의자가 되신 건지 궁금합니다.

A 저를 포함하여 대부분이 후천적 비건입니다. 동물학대 사진 한 장을 30분간 보면서 여러 생각 끝에 그 자리에서 바로 비건이 되었습니다. 다른 주제지만, 비건활동가들은 여러 차별에 저항하며 서로 '~~님'으로 통일된 호칭을 사용합니다. 그 동안 어색해했던 학생들도 많았지만 저는 님이 편합니다. 이메일 답변에서 제가 여러분들을 항상 '~~님'으로 표현하는 이유입니다. 또한 비거니즘은 먼저 말하기 전까지는 개인에 관한 질문을 하지 않습니다. 간혹 평가가 되는 차별요소 발생을 방지하기 위함입니다.

Q 한국의 한식을 살펴보면 어쩌면 다른 서구의 국가들보다 더 채식·비건 친화적이라고 생각합니다. 하지만 아직 외국만큼 아직 채식·비건 문화 혹은 동물권 의식이 발달되지 못했습니다. 그 이유는 뭐라고 생각하시나요? (다양한 측면)

A 우리도 이미 삼국시대부터 불교의 영향으로 동물권 의식이 있었습니다. 그리고 살생 없는 채식단(한식)도 이어져 왔습니다. 조선시대와 근대에 들어 육식이 급격히 증가하였지만, 지금 한국도 급속히 변화하고 있습니다. 의식은 국가마다 발달하는 시기가 다르고,

때론 후퇴하기도 합니다.

Q 국내에 비건니즘, 채식주의와 관련하여 어떤 단체가 있으며 관련 단체들은 어떤 일을 하나요?(여러 캠페인, 행사?, 워크샵? 등등)

A 거리홍보활동, 직접구조, 보호소운영, 페스티벌, 세미나 등 경계가 없는 다양한 활동을 합니다. 단체는 검색엔진에서 찾아보시기 바랍니다. 특히 외국에는 더 다양한 단체들이 있습니다. 개인적으로 활동하는 단체는 책 표지 안쪽에 있습니다. 키워드: '동물단체', 'Animal Right Group'

Q 채식주의자들이 식당에 들어와 채식을 하라고 소리 지르는 경우가 있다고 들었습니다. 이러한 방식으로의 채식 권유에 대해 어떻게 생각하시나요?

A 본문에서도 소개하였지만, 2013년 미국 샌프란시스코에서 시작된 동물권단체 DxE(Direct Action Everywhere)의 한국팀 활동 중의 하나입니다. 호주와 미국 등에서도 활발한 활동입니다. 이러한 방식의 채식권유에 대한 평가는 사람마다 다르겠지요. 육식의 진실을 깨닫는 사람, 불쾌하게 생각하는 사람 등.

직접행동은 불법이지만 하위도덕과 상위도덕 사이에 있습니다. 윤리학을 보시면 법을 준수하는 도덕, 그리고 공공의 이익과 이타주의를 실천하기 위해 범법행위를 하는 상위도덕beyond the law 개념이 있습니다. 단, 조건은 자신의 이익이 아닌 이타주의에 기반해야 합니다. 사람들이 무조건 법을 준수하면 독재자들이 좋아합니다. 그리고 세상은 개선될 수 없습니다. 디엑스이는 이타주의 동물권 단체의 하나입니다.

Q 동물단체들이 야생동물은 구조해서 자연으로 되돌려 보내는 반면 길고양이나 개들은 구출한답시고 데려와서 일정기간 입양이 안되면 안락사 시켜버리는데 이렇게 인간과 살았던, 길에 떠도

는 동물들이 안락사 당하지 않고 자연에서 살 방법은 없나요.

A 어려운 문제이고, 인간의 욕심과 사치가 지금도 그 어려운 문제를 계속 만들고 있습니다. 야생동물은 당연히 치료 후 야생으로 돌려보내야 하고, 개, 고양이 등 도시동물들은 자연에서 살기가 어렵습니다. 종종 떠돌이 개들이 집단화를 이루며 들개떼가 되어 인간을 위협하기도 합니다. 이는 무책임한 인간이 저지른 업보입니다.

따라서 매년 입양이 되지 않는 약 5만 명의 유기견이나 고양이들은 구조 후 안락사(사실은 편안한 죽음이 아닌 살해)를 할 수밖에 없습니다. 안락사를 피하는 방법은 정부가 대규모 동물피난소를 만들어 모든 동물이 자연사할 때까지 최소 20년 이상 관리해야 합니다. 하지만 이 방법은 도덕적 문제가 있습니다. 채식을 하지 않는다면 한 명의 개가 평생 살기 위해서 닭이나 소, 돼지, 연어 등 수많은 다른 동물들이 죄없이 희생되어야 합니다. 인간과의 종차별이 아니라 무책임하게 입양하는 사람들로 인해 수천수만 배의 다른 동물이 죽어야 하는 구조입니다. 그리고 현재와 같은 무제한 입양체계는 연간 10만 명 이상의 유기동물을 양산하고 있습니다. 중성화[496]를 통해 도시동물의 개체 수를 지속적으로 줄임이 유일한 방법입니다.

Q 적극적인 채식이나 비건활동은 못하더라도 동물들을 위해서 동물단체에 기부를 하고 싶은데 어떻게 해야 하나요?

A 동물단체를 지원하는 간접적인 활동도 죄 없는 동물들의 해방을 위해서 의미 있는 일입니다. 검색을 통해 여러 단체들을 찾을 수 있습니다. 활동가들이 비건들로 구성된 단체를 추천합니다. 육식과 동물권리. 환경과는 상충되기 때문입니다.

동물들을 이용하여 영업을 하는 단체들도 많이 있으니 주의할 필요가 있습니다. 단체의 활동을 감시하고 확인함은 기부자의 의무입니다.

496) 중성화의 잔인함은 본문에서 언급하였다. 수술 후 후유증과 장애도 있다.

Q 수많은 국가에서 동물들을 무참히 학대하고 인도적인 도살로 포장을 하며 불편한 진실을 외면하면서 왜 채식주의에 대하여 국가차원에서 적극적으로 홍보를 하지 않고 있는지, 그리고 동물들에 대한 이러한 부적절한 행위에 대하여 항의하고 직. 간접적으로 동참할 수 있는 대표적인 채식주의 단체가 지역에도 있는지 궁금합니다.

A 국가나 기관도 사람에 의해 움직입니다. 또한 모든 정부는 표가 많은 편의 편을 듭니다. 그리고 이익단체들의 영향력이 있습니다. 예를 들어 우유(한돈-, 한돈-, 육우-)자조금관리위원회 등은 조직적으로 홍보를 합니다. 이들과 관련기업들(우유회사 등)은 많은 광고비를 언론에 제공하지요.

정부와 언론 등이 동물권을 주장하면 육식인들도 반발할 수 있습니다. 그래서 다른 나라처럼 시민들의 공감대도 형성되어야 하고, 그래야 여러 활동과 대국민 홍보가 있게 됩니다. 채식주의 단체는 춘천채식모임, 채식평화연대 등 전국에서 검색할 수 있고, 아니면 어디서든 몇 명만 모여도 새롭게 활동할 수 있습니다.

Q 동물들을 인도적으로 도살하는 방법은 없을까요?

A 많이 생각하는 질문입니다. 이 질문을 받으면 웃으며 '어떻게 죽여드릴까요?'로 답을 합니다. 사람들이 놀라지만 스스로 생각하기를 바라는 마음 때문입니다. 인도적 도살humane killing은 없습니다. 동물이 원하지 않는 죽음을 인류애 방식(人道)으로 죽일 수 있다는 생각은 '착각'입니다. 현실에서 동물들은 목이 반쯤 잘리는 참수로 죽임을 당합니다. 소, 돼지, 닭, 오리 등 인간이 식용으로 먹는 동물은 수요가 많아 빨리 저비용으로 확실히 죽여야 합니다. 동물을 사육하고 죽이는 일의 목적은 오직 수익(돈)입니다. 동물의 고통을 공감한다면 처음부터 시작하지 않았겠지요.

♣ 비건이 되기 싫은 질문들

Q 단백질이 필요해서

A 채소에 단백질과 단백질을 이루는 아미노산amino acid이 풍부합니다. 채식만으로도 인체에 충분한 영양을 공급할 수 있습니다.

Q 고기가 맛있다.

A 대부분의 생고기는 비려서 먹기가 어렵습니다. 고기가 맛있다고 느낌은 구울 때의 지방성분 때문입니다[497]. 고기 자체가 맛있다면 굳이 온갖 양념을 뿌리거나 요리를 할 필요가 없겠지요. 대부분의 고기는 고기 맛이 아니라 양념 맛입니다. 인체에 해로운 양념도 많이 포함됩니다.

고깃집 주위의 주민들은 냄새 때문에 매일 고통스러워합니다. 과일이나 꽃향기는 매일 맡아도 괜찮지 않나요. 사실 고기는 사후 썩어가는 동물의 사체이지만, 종종 여러 화학처리로 맛있게 보이도록 포장되었을 뿐입니다.

채식은 매우 다양하고 자연향기가 나며 채소밭도 쉽게 볼 수 있는데, 도축장은 왜 숨길까요.

Q 치즈없이 살 수 없어

A 포유류 아이들이 맛없는 젖을 계속 빨게 하기 위해서 젖에는 중독성이 있는 카소모르핀casomorphine-7 성분이 든 카세인casein 단백질이 포함[498]되어 있습니다. 소젖에는 카세인이 사람 젖보다 2배 넘

---

497) 두부도 많이 구우면 식물성 지방에서 고기와 같은 향이 난다. 따라서 고기향이 아니라 지방의 향이다. 콩과 유사한 식물인 커피도 신선한 생두를 로스팅하면 옐로우포인트yellow point에서 지방성분 배출로 환상의 향기를 맡을 수 있다.

498) Kunz, C; Lonnerdal, B., Human-milk proteins: analysis of casein and casein subunits..., American Journal of Clinical Nutrition, The

게 포함되어 소화불량과 면역관련질환을 유발할 수 있습니다.

Q 칼슘이 필요해

A 채소와 콩류에 칼슘, 섬유질 등 식물영양소phytonutrients, phyto-chemicals가 충분히 있습니다. 우유와 육류의 섭취는 칼슘을 오히려 빼앗아 배출시킵니다. 검색을 추천합니다.

Q 비건식이 비싸

A 간장 등 유기농 양념이나 유기농[499] 콩류, 과일 등은 무농약이나 저농약보다 조금 더 비쌉니다. 하지만 비건들은 가장 비싼 고기류를 구매하는 비용을 절약합니다. 비건식당은 대중식보다 약간 더 비싸지만, 고기류처럼 비싼 요리가 없습니다. 다만 한국은 과일값이 높지만, 공급이 많아 가격이 낮은 제철 과일을 추천합니다.

비건식은 3차산업인 식당이나 2차산업인 제품보다 1차산업인 자연식을 지향합니다. 집에서의 채식은 비용을 많이 아낄 수 있습니다. 자연에 가까운 상태의 채소와 열매, 과일 등을 섭취함이 비용과 건강에 좋지 않을까요.

Q 육식과 유제품이 관습이다.

A 술과 담배, 그리고 노예제도도 과거에는 관습이었으나 이제는 악습과 불법이지요. 육식도 동물의 고통과 환경오염으로 점차 악습으로 간주되고 있습니다. 인구증가에 따라 함께 증가하는 축산업은 엄청난 땅과 물을 소비하며 열대우림과 해양생물을 파괴하고 있습니다. 간단히 몸에도 안 좋고 환경도 파괴하는 육식을 고집하는 이유가 무엇일까요.

American Society for Clinical Nutrition, 51(1), 1990: 37-46.

499) 유기농=무농약+무화학비료, 무농약=무농약+화학비료권장량의 1/3내, 저농약=농약과 화학비료 권장량의 1/2이내, 모두 친환경으로 분류된다.

Q 인간은 육식인이야

A 현생인류 호모사피엔스Homo Sapiens는 잡식을 할 수 있는 동물이지만 생리학적으로는 채식에 더 적합한 이유는 다음과 같습니다.

(1) 인간은 육식에 필요한 발톱claws이나 송곳니fangs가 없다.
(2) 육식동물은 탄수화물을 소화시키는 프티알린ptyalin[500]이 없다.
(3) 육식동물은 먹은 고기가 쉽게 썩어서, 빠른 소화를 위해 장(창자)의 길이가 신체의 3~5배이지만, 초식동물은 식물성 섬유의 소화를 위해 10~20배이다.
(4) 컬럼비아대학의 헌팅건 해부학박사에 따르면 육류가 장에 오래 머물면 대장암이나 결장암의 발생이 높아진다.

참고로 판다의 식단은 대나무가 99%를 차지하고, 코알라는 유칼립투스와 과일을 먹어도 건강하게 생존합니다.

Q 안 먹으면 동물이 많아짐

A 동물들은 자연생태계와 무관하게 축산업자와 소비자들이 특정 장소에서 대량으로 탄생시킵니다. 그리고 곧 죽입니다. 마치 조물주 같습니다.

끝으로 지금 이 순간에도

세계 도처 도살장이라는 아우슈비츠Auschwitz에서

죄 없는 동물들을 슬픔과 비명 속에 죽게 만드는

잔혹한 상황의 모든 책임은

육식을 하는 바로 당신에게 있음을 알립니다.

500) 초식동물 침샘에서 분비되는 아밀리아제amylase.

맺음말

동물살해와 환경오염이 사라지는 지구를 위해 현존하는 가축과 반려동물은 자연 수명이 다할 때까지 사회와 인간이 선으로 양육해야 한다.

생태계와 무관한 가축과 반려동물은 이제 고통스러운 지구에 태어나지 않아야 한다.

살해와 오염을 지속하는 한, 인간도 궁극적 반출생으로 멸종되어야 한다.

이 길이 인간중심의 세상에서 벗어나는 포스트 휴머니즘이자, 생명과 지구에 대한 도덕이다.

♣ 각주 외 참고자료

◑ 도서

10대와 통하는 동물 권리 이야기 (이유미)
HIDDEN (Ellyn Kail)
Nutrition in Contemporary Nursing Practice (Marilyn L. Green)
The World Peace Diet (Will Tuttle)
Think Like a Vegan (Emilia A. Leese 외)
vegan in 30 days (sarah taylor)[501)]
고기 먹을수록 죽는다 (모비 외)
나는 왜 채식주의자가 되었는가 (하워드 F. 리먼)
도로 위의 야생동물 (최태영)
동물과 대화하는 아이 티피 (티피 디그레)
동물과 이야기하는 여자 (리디아 히비 외)
동물과 함께하는 삶 (아이샤 아크타르)
동물들의 세계와 인간의 세계 (야콥 폰 윅스퀼)
동물윤리대논쟁 (최훈)
동물을 먹는다는 것에 대하여 (조너선 사프란 포어)
동물의 생각에 관한 생각 (프란스 드 발)
동물해방 (피터싱어)
모기 (티모시 C. 와인가드)
모두를 위한 환경개념사전 (김희경 외)
물고기는 알고 있다 (조너선 밸컴)
반려동물을 생각한다 (이학범)
사랑해 사랑해 사랑해 (로제티 슈스탁)
생명사랑 십계명 (제인 구달)
성장으로부터의 해방 (니코 페히)
아무도 미워하지 않는 개의 죽음 (하재영)

501) 저자가 모두 소문자를 원한다.

어느 채식의사의 고백 (존 맥두걸)
어머니 지구를 살리는 녹색세대 (린다 실베르센 외)
여자가 우유를 끊어야 하는 이유 (제인 플랜트)
역사 속의 채식인 (이광조)
외모 왜뭐 (여성환경연대)
우리 몸은 채식을 원한다 (이광조)
우유의 역습 (티에리 수카르)
유기동물에 관한 슬픈 보고서 (고다마 사에)
육식 건강을 망치고 세상을 망친다 1, 2 (존 로빈스)
육식의 불편한 진실 (존 로빈스)
육식의 성정치 (캐럴 J. 아담스)
육식의 종말 (제레미 리프킨)
음식혁명 (존 로빈스)
인지부조화 이론 (레온 페스팅거)
잘못된 식생활이 성인병을 만든다 (미국상원영양문제특별위원회)
조화로운 삶 (헬렌 니어링 외)
지구가 큰일났어요 (이안, 마리루)
채식이 답이다 (베지닥터)
채식주의자 (한강)
채식주의자 뱀파이어 (임옥희)
채식하는 사자 리틀타이크 (조지 웨스트보 외)
채식 흡혈귀 딩동 (임정진 글, 박실비 그림)
태어나지 않는 것이 낫다 (데이비드 베너타)
프랑켄슈타인은 고기를 먹지 않았다 (캐럴 J. 아담스)
한국고라니 (김백준 외2)

◑ 논문

심층 채식주의에 나타난 조화와 공존의 태도 (전병술)
Albala, Ken. (2015). The SAGE Encyclopedia of Food Issues, Volume 1. SAGE Publications. p.1429. ISBN 978-14522-4301-6
Green, Marilyn L; Harry, Joann. (1981). Nutrition in Contemporary Nursing Practice. Wiley. p.205.

ISBN 978-0471038924
Guthrie, Helen Andrews. (1989). Introductory Nutrition. Times Mirror/Mosby College Publishing. p.602. ISBN 978-08016-2201-4

◑ 영상[502](cowspiracy, domonion, seaspiracy)

고깃집 Casa de Carne (House of Meat), 2019, 2분24초
도미니언 Dominion (지배자들), 2018, 120분
씨스피라시 Seaspiracy (바다의 음모), 2021, 89분
어쓰링즈 Earthlings (지구생명체), 2005, 95분
카우스파라시 Cowspiracy (소의 음모), 2014, 91분
칼보다 포크 Forks over Knives, 2011, 96분
My Octopus Teacher (Netflix)
Chasing Coral (Jeff Orlowski)
Virunga (A grain media film)
Our Planet (Netflix)

◑ 기타 자료

101 Reasons To Go Vegan
Called to Rescue
Land of Hope and Glory
Maximum Tolerated Dose
The Best Speech You Will Ever Hear
The Cove
The Excuses Speech
The Game Changers
The Ghosts in Our Machine
This Speech is Your Wake Up Call
What the Health

502) 대부분 YouTube와 Netflix에서 시청 가능하다.

♣ 찾아보기

가

가마우지 낚시 191
가이 포크스 97
가해경험트라우마성스트레스 212
강형욱 138
개 브램블 141
건강한 자기 299
겔워터 22
계층주의 73
고기 없는 날 373
고기에 긍정적 태도 270
고기의 역설 271
고름세포 91
고양이 채식 158
고통등급 201
곤충산업 202
골다공증 90
공감의 효과 216
공개구조 235
공장식 농장 183
공장식 축산 57
공장축 264
과식수 22
과잉공감자 53
구글트렌드 71
구조할 권리 98
그린워싱 189
글래스킬 194
까르마 57, 81, 367

나

네팔 가드히멀축제 193
논비건 38

다

다크투어 48, 174
달러보우팅 211, 377
닭(비건활동가 신영님) 101
도구적 학대 294
도널드 왓슨 53
도덕적 이탈이론 270
도미니언 47, 374
도축인 209
동맥경화증 114
동물 질병 204
동물보금자리 397
동물보호 국민의식조사 152
동물보호법 247
동물복지 188
동물해방물결 74, 97
돼지(디엑스이) 101
디엑스이 98

라

락다운 98
락타아제 92
락토 베지테리언 24
로드킬 194, 363
로비건 21
로컬푸드 393
리처드 라이드 287

마

마이크로비건 15, 17, 351, 353,

355, 358, 359
말 못하는 동물을 위한 사람 96
맥시멈라이프 167
맷 피클스 64
무의식적 학대 294
무지개다리 306
문화적 학대 294
물발자국 166
미니멀리즘 34
밀집가축사육시설 242

바

바비굴링 80
바이밸비건 286
반달리즘 233
반려동물 151
반려동물인 137
반출생주의 175
반출생주의자 165
배터리 케이지 242
버나터 176
범죄행위자의 트라우마 212
법 만능주의 98
배스킨라빈스 221
베지테리어니즘 13
베지테리언 12
보금자리 98
부리자르기 195
브이 포 벤데타 97
비거너리 71
비거니스트 14
비거니즘 13
비건 13
비건 혐오 230
비건 흉내 372
비건섹슈얼 226
비건소사이어티 53
비건식 21
비건워셔 189
비건인증원 398
비건지향 14
비건푸드 37
비건활동가들 44
비욘드밋 45
비질 174, 264
빌 클린턴 104

사

사자 타이크 141
사향고양이 191
사향족제비 191
살처분 241
상리공생 22
생애유기율 153
생추어리 43, 100, 156
서울애니멀세이브 74
세계 비건의 날 53
세미베지테리언 25
소(동물해방물결) 101
소의 음모 35
쇼펜하우어 175
수족절단 195
스캇 니어링 105
식물식 28

아

아웃리치 97
아힘사 28
악어 바비야 141
안내견 199
안병제거 195
애니멀호더 155
애착형성 304
앨바트로스 163
에릭 애덤스 104
연지벌레 34

오보 베지테리언 24
오스트로비건 286
외상후스트레스장애 48, 199
우유·육류협회(자조자집단) 392
웨인 숑 235
윌리엄 램 54
유(젖)당불내증 92
육식 투어 231
육식동물 29
육식주의자 81
윤리적다운 192
의도적 학대 295
이차성외상스트레스장애 48
인도 가장 189
인도적 도살 188, 402
인지부조화 82

자

자비연대 235
자아방어기제 82
자이나교 채식주의 28
잡식동물 29, 326, 329, 332, 334, 338, 342, 345, 348
재생 380
정크비건 17
정통파유대교의식 193
정형행동 193
제노사이드 86
제레미 리프킨 215, 216
종차별 85
줄리언 사불레스쿠 64
중성화 156
지구가열화 166
지앤쩌청 241
지중해식 27
진실의 큐브 49

차

체코의 연구 229
초식동물 30
최소주의자 생활 310
추적가능다운 192
치맥축제 103

카

카세인 403
카소모르핀 403
캣쇼 144
케어 235
콜린 캠벨 28
쾌락 원칙 301
큐브 96

타

탄소발자국 26
태어나게함 175

파

퍼시 비시 셸리 54
페스카테리언 25
페스코 25
펫쇼 144
폴로테리언 25
푸아그라 77, 191
프란시스 버근스트 64
프루테리언 22
프리건 14, 15
피터 싱어 64, 287

하

하나뿐인 지구 169
한국반려동물보고서 152
한국채식연합 74
해탈 298
해피카우 394

헬렌 리스 216
호딩 155
호딩장애자 198
회색지대 247
휴메인워싱 188
희귀동물 243

‖ A ‖

Ahimsa 28
albatross 163
animal hoarder 155
ANONYMOUS for the VOICELESS 96
antinatalism 175
antinatalist 165
antispecism 364
atherosclerosis 114
attachment formation 304
AV 74

‖ B ‖

babi guling 80
Babiya 141
Bands of Mercy 235
Baskin-Robbins 221
battery cage 242
begetting 175
beyond meat 45
Bill Clinton 104
bivalvegan 286
Bramble 141

‖ C ‖

CAFO 242
carbon footprint 26
CARE 235
carnist 81
Carnivore 29
carnivore tour 231
casein 403
casomorphine-7 403
cat show 144
classism 73
cochineal 34
cognitive dissonance 82
cormorant fishing 191
Cowspiracy 35
CUBE 96
CUBE of TRUTH 49
Cultural Cruelty 294

‖ D ‖

dark tour 48, 174
David Benatar 176
debeaking 195
Deliberate Cruelty 295
dollar voting 211, 377
Dominion 47, 374
Donald Watson 53
DxE, Direct Action Everywhere 98

‖ E ‖

ego defense mechanism 82
emancipation 298
Eric Adams 104
exotic animals 243
eyestalk ablation 195

‖ F ‖

factory animal 264
factory farm 57, 183
fixing 156
foie gras 191
Francis Vergunst 64
freegan 15
frugivore 22

Fruitarian 22

‖ G ‖

gel water 22
genocide 86
glasskill 194
global heating 166
Global Traceable Down Standard, GTDS 192
google trends 71
greenwashing 189
grey zone 247
Guy Fawkes 97

‖ H ‖

Happycow 394
Helen Riess 216
Herbivore 30
Highly Sensitive Person 53
hoarding 155
Hoarding disorder 198
humane killing 188, 402
Humane Research Council 연구 56
humane washing 188, 189

‖ I ‖

Instrumental Cruelty 294

‖ J ‖

Jain vegetarianism 28
Jeremy Rifkin 215, 216
Jian Zhicheng 241
Julian Savulescu 64
junk-vegan 17

‖ K ‖

karma 57, 81, 367

‖ L ‖

lactase 92
Lacto-Ovo vegetarian 25
Lacto-vegetarian 24
lactose intolerance 92
LCA(Last Chance for Animals) 97
legalism 98
local food 393
lockdown 98
luwak 191

‖ M ‖

Matt Pickles 64
maximum life 167
Meat Free (Mon)Day 373
meat paradox 271
Mediterranean Diet 27
micro-vegan 15
minimalism 34
minimalist lifestyle 310
moral disengagement 270
mutilation 195
mutualism 22

‖ N ‖

Nepal's Gadhimal Festival 193
No Planet B 169
non-vegan 38
n맥축제 103

‖ O ‖

Omnivore 29
Open Rescue 235
Orthodox Jewish(Chicken-Killing) Ritual 193
osteoporosis 90
ostrovegan 286
outreach 97

Ovo-vegetarian 24

‖ P ‖

Percy Bysshe Shelley 54
Perpetration Induced Traumatic Stress(PITS) 212
Perpetrator Trauma 212
Pescatarian 25
Pesco 25
pet show 144
Peter Singer 64, 287
Plant-based Diet 28
pleasure principle 301
Pollo 25
Pollotarian 25
Post-Traumatic Stress Disorder(PTSD) 48
Post-Traumatic Stress Disorder, PTSD 199
Pro-meat Attitudes 270
pus cells 91

‖ R ‖

rainbow bridge 306
Raw Vegan 21
regrow 380
Responsible Down Standard, RDS 192
Richard Ryder 287
Right to Rescue 98
roadkill 194, 363

‖ S ‖

sanctuary 43, 98, 100, 156, 397
Schopenhauer 175
Scott Nearing 105
Secondary Traumatic Stress Disorder(STSD) 48
semi-vegetarian 25
speciesism 85
stamping out 241
stereotypical behavior 193

‖ T ‖

The Empathy Effect 216
The Vegan Society 53
Thomas Colin Campbell 28
true self 299
Tyke 141

‖ U ‖

Unintended Cruelty 294

‖ V ‖

V for Vendetta 97
Vandalism 233
vegan 13
Vegan Food 37
vegan washer 189
vegan washing 372
Vegan-diet 21
vegan-oriented 14
veganism 13, 17
veganist 14
veganists 44
vegansexual 226
veganuary 71
vegaphobia 230
vegetarian 12
vegetarianism 13
vigil 174, 264

‖ W ‖

Wayne Hsiung 235
weasel 191
William Lambe 54
World Vegan Day 53

저자 약력

■ **상 헌**, Ph.D. (신 상 헌)

- 비거니스트, 교수
- 상헌은 2018년부터 비건 활동가 단체인 '어나니머스(ANONYMOUS for the VOICELESS, AV)' 서울팀 운영자이자, 호주 Animal Rights Activism Sydney 및 AV 멤버른 활동가이다.
- 대학에서는 전공인 국제경영학과 더불어 2019년부터 봄, 가을학기 3학점 정규과목 '채식주의(영문명 Veganism)'를 강의하며 비건을 출산한다. 동물권, 채식 단체, 학교 등에서 기부 강연도 한다.
- EJVGLF@gmail.com
  (EJVGLF : Enjoy Vegan Life)

비 건 All About VEGAN / 증보판

초 판 1쇄 발행 —— 2023년 3월 3일
증보판 1쇄 발행 —— 2024년 8월 10일
지은이 —— 상 헌
펴낸이 —— 전 두 표
펴낸곳 —— 도서출판 두남
서울시 강동구 성내로 6길 34-16 두남빌딩
신 고 : 제25100-1988-9호
TEL : 02) 478-2066, 2067
FAX : 02) 478-2068
E-mail : dnbooks@dunam.co.kr
http://www.dunam.co.kr

정가 25,000원

ISBN 978-89-6414-999-7 03590